KB186225

시대를 걷다

시대를
걷다

— 이상돈 회고록 —

보수적 자유주의자의 여정(旅程)

에디터
editor

목차

제7장 2011～2012년 새누리당 비대위·총선

제8장 2012년 제18대 대통령 선거

제9장 2013～2015년 자유의 시간

1년 전인 2020년 3월, 나는 20대 국회 4년 임기를 마무리하고 있었다. 총선을 앞두고 국회 의원회관은 적막할 정도로 조용했고, 코로나바이러스 덕분에 세상이 천천히 움직이는 것 같았다. 드디어 내가 '은퇴'를 앞두고 있다는 생각이 들었다. 푸른 꿈을 갖고 대학에 입학한 해가 1970년이니 반세기가 훌쩍 흘렀고, 70세를 지칭하는 고희(古稀)가 나에게 성큼 다가온 것이다. 1951년에 태어나서 1970년에 대학에 들어간 내가 이제 고희를 맞게 되었으니 세월이 많이 흘렀음을 새삼 느끼게 된다.

돌이켜보면 10년 동안 대학에서 공부했고, 30년 동안 대학에서 교수 생활을 했다. 마지막 10년은 격변하는 정치적 소용돌이를 일선에서 마주했다. 그동안 책도 여러 권 펴냈고, 신문과 잡지에 글도 많이 썼다. 아카데미와 저널리즘, 그리고 현실정치를 함께 경험하면서 달려오다 보니 고희를 맞게 된 셈이다. 모든 사람은 나름대로 우여곡절과 희로애락을 겪으면서 살아가게 된다. 모든 사람의 삶이 가치 있듯이, 내가 살아온 세월이라고 해서 특별히 더 의미 있다고 할 수는 없다. 그렇다고 하더라도 나는 보통 사람들, 보통 교수들이 경험하기 어려운 일들을 겪으면서 살아왔다고 생각한다. 최근 10년 동안 자의 반 타의 반으로 뉴스의 대상이 되면서 지냈던 시간이 특히 그러하다. 30년 동안 교수를 했지만 뚜렷한 학술적 업적은 내지 못했다. 그보다는 시대가 요구하는 지식을 폭넓게 탐구해서 전달하고 그것을 현실에 적용해 보려고 했다. 그런 결과로 저널리즘과 인연을 맺게 되었고 끝내는 현실 정치에 발을 들여놓게 됐다고 생각한다.

2020년 5월 말로 국회의원 임기를 마치고 자연인으로 돌아와서 그간에 겪은 일을 간간이 페이스북과 홈페이지에 남겼더니 그것을 정리해서 책으로 내보라는 권유를 여러 곳에서 받았다. 나 자신도 남기고 싶은 말도 있고, 이제는 말할 수 있는 사실도 있어서 지난 세월을 정리해서 책으로 내게 됐다. 내가 살아온 이야기보다는 내가 보아 온 세상, 그리고 그 세상 속에서 내가 겪었던 일을 중심으로 지나간 세월을 되돌아보았다. 지난날을 돌이켜보니, 놀라울 만큼 모든 것이 연결되어 이어져 내려왔음을 느꼈다. 그 기간이 6·25전쟁부터 2020년 20대 국회 마지막까지 70년 동안이니까, 자체가 우리나라 현대사이다. 젊은 시절에 내가 보고 겪었던 일, 그리고 오랜 공부를 통해 쌓은 지식이 나중에 내가 체험하게 되는 사회적 정치적 상황과 긴밀하게 연결되어 있음을 알게 되어 나 자신도 놀랐다. 책 제목이 된 '보수적 자유주의자'라는 명칭은 2011년 한 해 동안 경향신문의 '대화' 시리즈를 같이했던 김호기 교수가 나에게 붙여 준 것인데, 나를 가장 잘 정의한 용어라고 생각한다.

나는 고등학교 시절부터 대학교수를 선망했는데, 그 꿈은 이루었다. 그 시절부터 신문 잡지에 글을 쓰는 사람을 부러워했는데, 그 꿈도 달성했다. 일찍이 정치에 관심을 가질 수밖에 없었고, 미국에 관심이 클 수밖에 없었던 가족사가 있었다. 세상을 알게 될 때부터 미국 역사와 정치에 관심을 가졌고, 대학입학 후에는 미국 헌법을 내 나름대로 공부했다. 미국 유학 중에는 새롭게 대두한 환경문제를 공부했다. 교수가 된 후에는 강의와 연구 외에도 신문 잡지에 기고를 활발히 했다. 메이저 신문에서 8년 동안 비상임 논설위원을 지내면서 그 매체의 힘을 빌려 영향력을 발휘하기도 했다. 아카데미즘과 저널리즘의 시각에서 우리 정치와 사회를 지켜보았고, 결국에는 정치 일선에 서기도 했다.

이 책은 내가 겪었던 세상과 그로 인해 내가 받은 영향, 그리고 그런 세상에서 내가 하고자 했던 일, 그리고 실제로 한 일을 시대순으로 정리한 것이다. 어려서는 집안의 어른이셨던 외조부 춘곡(春谷) 고희동(高羲東)의 영향을 많이 받았다. 외조부는 단순한 화가가 아니라 시대를 앞서간 선각자이며 민주주의를 염원했던 분이었다. 나의 외가에 대해선 별도로 책을 낼 만하지만 여기서는 내가 소년으로 겪었던 외조부에 대해서만 다루었다. 나의 중·고등학교 시절은 그 시절 그곳에서 있었던 일을 간단하게 정리했다. 놀라울 정도로 그 시대에 있었던 일들이 50년 후와 연결되고 있음을 새삼 느끼게 된다. 서울에서 자라고 명문 학교에 다닌 '우리'라고 부를 수 있는 집단은 제대로 공부하고 또 본격적으로 외국 유학을 나가기 시작한 세대였다. 1970년대 말에서 1980년대 초에는 사회에 진출해서 경제발전과 과학발전을 이룩하는 데 큰 역할을 했지만, 정치적으로는 뚜렷한 족적을 남기지 못했다. 김영삼·김대중 대통령이 이끌던 세대에서 곧장 '386' 또는 '586'이라고 부르는 1980년대에 대학을 다니면서 '민주화운동'을 했던 세대로 주도권이 넘어갔기 때문이다.

나는 미국 유학 생활을 미국 남부 뉴올리언스와 마이애미에서 했다. 그 기간 중 미국에선 지미 카터가 몰락하고 로널드 레이건의 시대가 열렸으며 '보수 전성기'가 시작됐다. 인종 분규 등 갈등과 혼란이 많았던 뉴올리언스와 마이애미에서 그 시대의 미국을 경험한 나는 그 시절의 경험으로 세상을 보게 됐다. 이스턴항공이 몰락하고 AT&T가 분할되는 모습을 보면서 자유시장과 경쟁이 의미하는 바가 무엇인지를 깨달았다. 좋은 의도로 시작한 복지정책이 초래한 황폐한 모습을 두 도시에서 직접 보았다. 유토피아가 금방 이루어지는 것처럼 말하는 진보주의의 허상을 본 것이다.

이렇게 해서 1970년대 서울에서 민주주의와 법치주의를 염원했던 나는 미국 유학 중 보수주의와 자유시장경제를 받아들이게 됐다. 그것이 오늘날 내가 '보수적 자유주의자'라고 불리게 된 계기이다.

나의 30대~50대는 대학교수였다. 헌법, 환경법, 한미 통상법, 국제환경법 등 지식을 바탕으로 학술 활동을 하는 한편 정부의 자문 역할을 했다. 그 연장선에서 조선일보 비상임 논설위원으로 환경문제와 사법제도 등에 관한 사설과 칼럼을 썼다. 조선일보 지면을 빌려서 외국 신간을 소개하는 글을 기고해서 지적 지평을 넓히는 데도 기여했다. 노무현 정권이 들어서면서부터 이념적 정책을 비판하는 글을 많이 썼고, 그런 과정을 통해 박근혜 전 대통령과 교감을 하게 됐다. 나는 노태우 정권의 업적이 제대로 평가받지 못하고, 김영삼 대통령이 임기 말에 경제위기에 제대로 대처하지 못한 것을 안타깝게 생각했다. 노무현 대통령 취임과 더불어 나타난 우리 사회의 심각한 쏠림 현상을 우려했다. 이명박 같은 사람이 대통령이 되는 상황을 지켜보는 것이 매우 힘들었다. 그런 점에서 나는 박근혜 전 대통령이 나라를 균형 있게 발전시킬 수 있겠다고 생각했다.

이 책의 많은 부분은 내가 어떻게 해서 이명박 전 대통령을 부정적으로 보게 됐으며, 또 어떻게 해서 박근혜 전 대통령과 인연을 맺게 됐는지를 다루고 있다. 아마도 독자들이 가장 궁금해할

부분이기도 할 것이다. 내가 4대강 사업에 반대하는 활동에 앞장 서게 된 것 자체가 운명인지도 모른다. 나는 환경법, 수리권 등 4 대강 사업과 관련된 법을 공부한, 4대강 사업을 반대할 수 있는 준비된 비판자였다. 노무현 정권을 비판적으로 보고 이명박 정권 에 반대한 나는 진보 정권하에서 야당을 이끌었고 부패한 보수 정 권의 여당 내 야당이었던 정치인 박근혜가 나라를 반듯하게 세울 수 있다고 생각했다. 박근혜 전 대통령과의 인연과 그 연장선에서 치른 2012년 총선과 대선, 그리고 그것이 결실을 맺지 못하는 과 정은 우리 정치사의 한 장(章)이다. 그 과정을 이 책에 담담하게 풀어놓았는데, 처음 공개하는 사실도 있다.

책의 마지막 부분은 2016년 총선에서의 국민의당의 성공과 20 대 국회에서의 대통령 탄핵, 그리고 대선을 거쳐서 제3당이 몰락 하는 과정을 지켜본 나의 증언이다. '제3당 정치혁명'을 알리면서 화려하게 출발했던 국민의당이 불과 2년 만에 몰락했다는 사실은 지금 생각해도 놀라울 뿐이다. 정당을 이끌어 가는 것이 얼마나 어려운 것인지를 절감했던 시절이었다. 나의 증언이 그 시절에 있 었던 일을 이해하는 데 도움이 되기를 바라는 바이다. 마지막으로 20대 국회 환경노동위원회에서 내가 했던 활동을 중심으로 4년 동안 있었던 일을 정리해서 기록했다. 20대 국회 환경노동위원회 는 국회 역사상 환경 사안을 가장 전향적으로 다루었던 시기로 기 록될 것이라고 나는 생각한다.

내가 큰 어려움 없이 오늘날까지 세상을 헤쳐 올 수 있었던 것은 지금은 하늘나라에 계신 부모님 덕분이다. 두 분의 헌신이 없었더라면 오늘의 나는 존재하지 않았을 것이니, 아버지 이승우와 어머니 고계본에 대한 추억과 감사를 여기에 기록하고자 한다. 또한 결혼 후 40년 동안 말없이 지지하고 응원해 준 아내 강덕자에게도 감사의 뜻을 표하고자 한다. 편집과 출판에 애써 준 에디터 승영란 대표에도 깊은 감사를 표하고자 한다.

2021년 5월 25일
이상돈

제1장

1951~1969년

부산 피난둥이에서 청년으로

집안의 큰 어른 외조부 고희동

나의 친가는 경주 이(李)씨로 원래 충남 공주에서 살아왔는데, 조부께서 보성(普成)학교를 다니면서 서울의 서촌에 자리를 잡으셨다. 지금은 큰 의미를 잃어버린 나의 본적이 종로구 체부동으로 되어 있는 것도 그래서이다. 나의 외가는 제주 고(高)씨로 조선 중기에 서울로 올라와서 자리 잡았다. 외고조부께서는 역관(譯官)으로 성공했고, 아들들도 모두 역관을 지낸 구한말(舊韓末) 개화기의 유명한 역관 집안이었다.

나의 어머니 고계본(高癸本: 1928~2014)은 우리나라 최초의 서양화가인 춘곡 고희동(高羲東: 1886~1965)의 1남 4녀 중 막내딸로 태어났다. 일제 말기에 경기고녀(지금의 경기여중고)에 다녔고 해방 후 나의 아버지와 결혼을 했다. 1950년 6·25전쟁이 발발하자 90일 동안 북한 인민군 치하에서 고생했는데, 특히 나의 외조부 고희동은 간신히 납북(拉北)을 면할 수 있었다. 그러다 1951년 1·4후퇴 때 부산으로 피난해 1953년 7월 휴전협정이 체결될 때까지 머물렀다. 그 와중인 1951년 12월 부산 영주동에서 내가 태어났다. 소위 말하는 '피난둥이'로 태어났다. 외조부는 내가 경기중학교 2학년 때인 1965년 10월에 돌아가셨는데, 그때까지 집안의 어른이고 중심이었다.

외조부가 젊어서 겪으신 일은 전설 같은 실화이다. 10대에 한성법어학교(漢城法語學校)에서 프랑스어를 공부해서 궁내부(宮內府) 주사(主事)로 프랑스어 통번역을 하셨다. 그러다 나라가 망하자 관리의 길을 접고 일본 유학길에 오르셨다. 도쿄미술학교(東京美術學校)에서 한국인 최초로 서양학과 졸업을 하고 돌아왔다. 동아일보 창간호 제호(題號)를 그리고, 중앙, 보성 등 고등학교에서 미술을 가르치셨다. 일본에서 서양화를 공부했지만, 나중에는 동양화로 바꾸시고 총독부의 선전(鮮展)에 대항해서 서화협회전(書畫協會展)을 개최하는 등 일제강점기 동안 민족 미술을 지키셨다. 또한 중추원(中樞院) 참의(參議)를 받으라는 총독부의 회유를 거절했고, 창씨개명(創氏改名)도 하지 않았다. 공산주의를 싫어해서 해방 후에는 우익 문화계의 리더가 되었다. 그 때문에 김일성의 지시를 받은 인민군에게 납치될 뻔했던 위기를 겪었다.

외조부의 부친 고영철(高永喆: 1853~1911)은 중국어 역관이었는데, 김윤식(金允植)이 이끄는 영선사(領選使)의 일원으로 톈진(天津)에 머물면서 영어를 공부했고, 우리나라 최초 대미(對美) 외교사절단인 보빙사(報聘使)의 일원으로 미국을 방문하고 돌아왔다. 그래서 나의 외증조부 고영철은 한국인 최초로 영어를 공부했으며, 한국인 최초로 미국을 방문한 일행의 일원이라는 기록을 갖고 있다. (김영철,《영어 조선을 깨우다》, 일리, 2011) 보빙사 부사(副使)

였던 홍영식(洪英植)을 수행하고 귀국한 외증조부는 갑신정변(甲申政變)에 휘말리지 않았으며, 그 후 봉화, 고원 등지에서 군수를 지냈고 나라가 망해 가자 관직을 그만두었다. (조은정,《춘곡 고희동》, 컬처북스, 2015)

반면에 외조부의 큰아버지 고영희(高永喜: 1849~1916)는 구한말(舊韓末) 망해 가던 대한제국에서 탁지부(度支部) 대신 등 요직을 맡으면서 나라를 일본에 팔아넘긴 대표적인 친일 매국노로 오명(汚名)을 남겼다. 나는 어려서부터 외조부가 부친 고영철의 영향으로 일본 식민 정부와 거리를 두었을 것이라는 이야기를 들었다. 중학교 들어가서 책자를 찾아보니까 고영희가 정미칠적(丁未七賊)과 경술국적(庚戌國賊) 명단에 드는, 이완용 못지않은 친일 매국노였음을 알게 됐다. 나는 고영철-고희동의 후손으로 태어난 것을 감사하게 생각하면서 자랐다.

외조부는 그림은 많이 남겼지만, 자신이 살아온 역정(歷程)에 대해선 글을 남기지 않았다. 특히 일본 유학을 떠난 연유라든가 도쿄에서의 생활에 대해선 자식들에게조차 언급이 없어 늘 궁금했었다. 그러다 2000년대 들어서 우리나라 근대에 관한 관심이 높아져 그 시기에 대한 연구가 활발해지면서 궁금증이 다소나마 해소되었다. 아마도 외조부께서는 큰집 고영희(高永喜)와의 관련 때문에 그 시절에 대해서 말씀을 하지 않으신 것 같다는 생각이 들었다.

6·25전쟁과 부산 피난 시절

어릴 때부터 어머니한테 들어 온 전설 같은 이야기가 있다.

"외증조부님이 미국을 다녀오셨고, 그 영향을 받은 외조부님은 일본은 절대로 미국과 싸워 이길 수 없다고 생각하셨지. 그래서 일제 말기에 중추원 참의를 받으라는 최남선과 이광수의 권유를 뿌리쳤고, 창씨개명도 안 하셨다. 그런데 6·25 때 미처 피난을 떠나지 못해 하마터면 북한 인민군한테 붙잡혀서 돌아가실 뻔했다. 해방 후에 이승만 대통령을 좋아하셨는데 이승만 대통령이 독재를 하자 멀어지고 장면(張勉) 박사와 가깝게 지내셨다."

서울이 공산군 치하에 있을 때 외조부는 북한 인민군에 의해 납치될 뻔했는데, 나의 어머니의 기지(機智) 덕분에 화를 면했다. 외조부께서는 해방 후 정국에서 우익 문화계의 리더 역할을 했고, 1949년에는 미 국무부 초청으로 문화사절단의 일원으로 미국 곳곳을 두루두루 방문했다. 말하자면 우익 친미 문화예술인이셨으니 당연히 북한군의 타깃이 되었을 것이다. 나중에 알려진 바에 의하면 김일성은 "남조선 문화예술인 중에서 고희동과 장발(張勃: 장면 박사의 동생)은 도저히 용서할 수 없으니 반드시 잡아 오라"는 특별 지시를 내렸다고 한다.

서울이 북한군에 점령당하자 신변의 위협을 느끼신 외조부는 급한 대로 원서동 집을 나와 막내딸이 사는 체부동 우리 집으로 피해 오셨다. 하지만 그곳도 안전한 곳은 아니었다. 며칠 후 서울 외곽으로 피해야겠다고 결정하고, 가실 곳을 궁리하며 떠날 준비를 하고 있었다. 그런데 떠나기 바로 전날 밤에 인민군 부대가 체부동 집에 들이닥쳤다. 어머니는 급한 대로 시간을 벌면서 외조부를 부엌 뒤에 높이 쌓아 놓은 장작더미 속으로 숨게 해서 그 위기를 넘겼다. 다음 날 당신의 상징이다시피 한 긴 턱수염을 자르고 승복 같은 옷과 벙거지를 쓰고 도보로 도봉산 기슭의 작은 암자에 도착해서 서울이 수복될 때까지 계셨다.

외조부가 도봉산으로 피해 가신 동안에도 인민군과 그 앞잡이들은 외조부 댁에 드나들면서 행패를 부렸고, 급기야는 작은 손자 중벽(당시 경기고 1학년: 나한테는 외사촌 형이 된다)을 강제로 의용군으로 끌고 갔다. 아마도 외조부를 납치하지 못한 데 대한 앙갚음이었을 것으로 생각된다. 미군과 국군에 의해 서울이 수복된 후 얼마 지나서 같이 끌려갔던 친구가 원서동 집을 찾아와 슬픈 소식을 전했다고 한다. "낙동강까지 끌려갔는데, 어느 날 미군기들이 폭격을 엄청나게 해서 인민군이 혼란에 빠진 틈을 타서 중벽 형과 같이 탈출했어요, 그런데 사방에서 폭탄이 터지는데다 중벽 형은 더 이상 기운이 없어 못 가겠다고 해서 저만 혼자 탈출했어요." 아마도 당시 미군이 낙동강 건너편 인민군 부대에 B29 폭격기를 동원해서 융단폭격했던 지점까지 끌려갔다가 미처 탈출하지 못하고 사망한 것으로 생각된다.

어린 나이에 인민군으로 끌려가서 죽었으니 그 소식을 들은 가족들은 얼마나 비통했을 것인가. 9·28수복 후 도봉산에서 원서동 집으로 돌아오신 외조부는 "그놈들이 나를 못 잡더니 대신 어린 손주를 잡아가서 죽게 했다"고 애통해하셨다고 한다. 그런 이야

기를 들은 나는 차라리 국군으로 전사라도 했으면 떳떳하게 국립
묘지에 묻혀 있지 않겠나 하고 생각했다. 고중벽이 죽지 않았더라
면 경기고등학교 49회로 1953년에 졸업했을 것이다.

유엔군과 국군이 중국 공산군에 밀려서 내려오고 서울을 또다
시 인민군에게 내주게 되자 나의 친가와 외가 모두 부산으로 피난
을 떠났다. 나의 친가는 부산 영주동 40계단 위에 방을 얻어서 살
았고, 외조부 등 외가는 영도에 방을 얻어서 전쟁이 끝날 때까지
살았다. 그런 와중에 내가 태어났다. 피난지에서 특별하게 할 일
이 없으셨던 외조부는 나를 무척 귀여워하셨다고 한다.

올바른 삶의 방향을 일러 주신 외조부

외조부에 대한 나의 가장 오래된 기억은 수송초등학교(당시에는
수송국민학교라고 부름)에 입학하기 전, 정초에 부모님과 함께 원서
동 집으로 세배 갔던 일이다. 평소에는 화실로 사용하셨다는 큰
방은 손님들로 북적거렸고, 집 밖으로 나오면 창덕궁에서 흘러나
오는 맑은 물이 개천을 이루어 흐르는 모습을 볼 수 있었다. 어느
늦가을에 부모님과 함께 경복궁 경내에서 열린 국전(國展)을 보러
간 기억도 나는데, 사람들이 외조부를 에워싸고 이야기하는 장면
이 희미하게 뇌리에 남아 있다. 또 언젠가는 외조부가 계시는 경
복궁의 석조건물을 찾아간 적이 있었는데, 사람들이 외조부를 높
은 분으로 모시는 것 같았다. 당시 외조부는 국전 심사위원장이고

대한민국예술원장이셨으니까 막강하셨을 때였다.

내가 초등학교를 들어갈 즈음 외조부는 종로구 원서동 집을 팔고 동대문구 제기동이란 낯설고 먼 곳으로 이사하셨다. 제기동은 우리가 살던 도렴동에서 멀기도 하거니와 집이 작아서 몹시 실망했다. 당시 나는 서울은 경복궁 주변과 남대문까지로 알았는데, 제기동은 너무 멀어서 서울 같지 않았다. 외삼촌 사업이 잘못돼서 할 수 없이 원서동 집을 팔아야 했다니, 외조부께서 상심이 크셨을 것이다.

내가 희미하게나마 기억하는 가장 오래된 선거는 1956년 대선이었다. "못 살겠다 갈아 보자"라는 구호를 내걸고 신익희(申翼熙) 선생과 장면 박사가 대통령과 부통령 후보로 나섰던 선거였는데, 신익희 선생이 급서(急逝)해서 이승만이 대통령으로 당선되었다. 우리가 살던 서울의 사대문 안 사람들은 원래 민도(民度)가 높아서 절대적으로 야당을 지지했고, 우리 집안의 분위기도 물론 그랬다. 1960년 대선 때는 사대문 안 서울 사람들은 당연히 조병옥(趙炳玉) 박사를 대통령으로 지지했으나 미국에서 급서하고 말았다. 나는 당시 집안 어른들의 탄식을 지금도 기억하고 있다.

외조부님의 일거수일투족은 어린 나에게 많은 영향을 미쳤다. 자연스럽게 정치 이야기에도 귀를 기울이게 되었고, 올바른 삶에 대한 방향성에도 대해서 알게 모르게 공부가 되었던 것 같다.

4·19혁명과 5·16군사정변, 그리고 우리 집

그러다가 1960년 봄에 4·19혁명이 일어났다. 나는 당시 수송초등학교 3학년이었는데, 우리가 살던 도렴동 집 마당에서 보면 지금은 정부종합청사가 들어서 있는 자리에 있던 경찰 무기고 건물이 보였다. 그때 나는 무기고 3층 창에서 총을 들고 세종로 거리를 내려다보는 경찰관을 볼 수 있었다. 총소리를 들으면서 집에서 며칠을 지냈더니 이승만 대통령이 하야를 선언했다. 자유당 정권이 무너진 것이다.

당시 경찰은 지금의 정부종합청사 자리에서 청와대(당시는 경무대라고 불렀다)로 올라가는 도로와 청와대 입구에서 총을 발사해 많은 학생이 죽거나 다쳤다. 내가 다니던 수송초등학교의 6학년 학생이 총에 맞아 죽어서 4·19혁명 최연소 희생자가 되었다. 그 이듬해 경기중학교를 들어간 친구들이 무덤을 찾아 꽃을 바치는 모습이 신문에 났다. 그들이 경기고등학교를 졸업했다면 나보다 3년 선배인 경기고 63회가 된다. 수송초등학교에서 나와서 광화문 거리 큰길만 건너면 동아일보와 서울신문 건물이 나오는데, 4·19혁명 와중에 불타 버린 서울신문의 모습은 지금도 기억에 생생하다.

4·19 후 집안 분위기는 흥분된 듯이 보였다. 그때 아버지께서는 무슨 사업을 하신다면서 자가용 지프를 갖고 계셨는데, 외조부가 타고 다니시도록 했다. 어머니는 외조부가 국회의원에 출마하신다고 했고, 그런 탓인지 온 집안이 분주해졌다. 외조부는 참의

원 후보로 서울시 대선거구에 출마하셨다. 7월 29일 선거를 앞두고 여름방학이 시작되자 나는 한강 백사장에서 열린 유세 현장을 찾았다. 한복을 입은 외조부께서 단상에 올라가서 무어라고 말씀을 하셨는데, 어머니는 외조부와 같이 계신 분이 백낙준 박사라고 알려 주었다.

7월 29일 총선에서 외조부와 백낙준 박사는 참의원에 무난히 당선됐다. 그즈음 외조부는 시내 한복판에 있는 우리 집에 자주 오셨다. 시내에 오실 일이 많아 시내에 있는 우리 집에 자주 들르신 것이다. 제2공화국 국회가 개원하는 날, 나는 태평로 국회 앞도로 옆에 세워둔 지프 차 속에서 외조부가 최연장 의원으로 제2공화국 국회 개원 사회를 하시는 것을 라디오로 들었다.

그즈음 우리는 보다 넓은 내자동 집으로 이사를 했다. 원래부터 사회 명사였던 외조부가 참의원이고, 또 장면 국무총리와도 가까웠으니 온 집안이 신바람 났던 시절이었다. 그러나 좋은 시절은 1년을 가지 못했다. 5·16군사정변이 발생한 것이다. 지금은 종로구청이 자리 잡고 있는 수송초등학교에 가려면 세종로 큰길을 건너야 했는데, 5·16 그날 아침은 아버지께서 나를 학교까지 데려다주셨다. 세종로 거리에는 장갑차와 무장군인들이 서 있었고, 그 모습을 본 아버지는 연거푸 한숨을 내리쉬셨다. 부모님이 "학생들이 정권을 갖다주어도 민주당 사람들은 지키지도 못 한다"고 한탄하시는 소리를 여러 번 들었다. 어린 나이에 나는 4·19와 5·16의 현장을 목격했을뿐더러 그런 변화가 집안에 영향을 주었음을 느꼈다.

5·16군사정변으로 참의원직을 잃은 외조부께서는 모든 사회활동을 접고 제기동 집에 칩거했다. 그러고는 그림에 몰두하셨다. 자신의 삶이 얼마 남지 않았음을 아시고 마지막으로 예술혼을 불태우셨던 것 같다. 그 기간에 외조부는 자신의 손자 손녀들에게 일일이 이름을 적어 넣은 그림을 그려 주셨다. 얼마 남지 않은 삶의 마지막 순간에 후손들이 평생 간직할 그림을 그려 주신 것이다. 나에게 그려 주신 그림은 우뚝 솟은 암석과 활짝 핀 꽃 한 송이를 담은 것인데, '석수화개(石秀花開)'라는 제호(題號)를 붙여 주셨다. "암석이 곧게 솟고 꽃이 활짝 피었다"는 뜻이니, 바르게 살고 잘되라는 의미를 주신 것이라 생각했다.

참의원을 지내시는 동안에 외조부는 민간방송 허가를 받았다. 지금 같으면 국회의원 겸직 금지 규정이 있지만, 당시는 그런 제한이 없어서 가능했을 것이다. 하지만 그 방송 허가는 실제로는 전기 기술자인 나의 아버지 이승우(李勝雨: 1921~2005)가 얻은 것이다. 일본 요코하마 전문학교(지금은 가나가와대학 神奈川大學)에서 전기공학을 전공한 아버지는 지금의 한전, 조선맥주, KBS 등 여러 곳에서 일을 했는데, 민간 라디오방송을 하고 싶어 했다. 그런 연유로 4·19 후 민주당 정권이 들어서자 외조부 명의로 허가를 받아냈다는 것이다. 아마도 외조부가 사위를 위해서 장면 총리에게 부탁하셨을 것으로 생각된다. 이는 MBC 생성 과정에 관해서 박사학위 논문을 쓴 최홍미의 연구 결과와도 일치한다. (최홍미, 〈MBC 생성의 역사적 과정에 관한 일 고찰〉, 외국어대 박사 논문, 2007)

그런데 후속 투자가 제대로 이루어지지 않아 개국하지 못하고 있던 와중에, 서울에서 민간방송을 하고자 하던 김지태(金智泰: 1908~1982)가 방송 허가를 인수해서 문화방송이 탄생한 것이다. 김지태는 당시 민주당 정권 시절이니까 명망가이자 장면 총리와 친분이 있는 외조부를 회장으로 모시고, 본인은 사장으로 실제로 방송사를 운영했다. 나의 아버지는 투자금 상당액을 회수해서 후에 다른 사업을 시작했다. 어머니는 아버지가 방송국을 너무 쉽게 생각하고 일을 벌여서 중도에 그만두고 말았다고 하셨다. 여하튼 이런 연유로 문화방송 초대 회장은 외조부로 기록이 남아 있다. 김지태가 운영하던 문화방송은 5·16 후에 군사정부에 의해 5·16 장학회로 넘겨져서 오늘날까지 말도 많고 탈도 많은 정수장학회 문제를 만들었다.

1962년 초, 외조모가 급환으로 돌아가시자 외조부는 큰 충격을 받으셨다. 평소에는 종교에 초연하셨던 외조부가 장면 박사를 대부로 천주교 세례를 받으셨다. 쓸쓸하신 탓인지 내자동 우리 집에도 자주 오셨고, 한 번 오시면 며칠씩 묵고 가셨다. 당시에는 경제력이 있는 사위는 막내 사위인 나의 아버지밖에 없었고, 우리만 당신께서 친숙한 사대문 안에서 살았기 때문이다.

1963년 10월, 내가 초등학교 6학년 때 대통령 선거가 있었다. 윤보선 전 대통령과 박정희 장군의 싸움이었다. 우리 집을 위시해서 사대문 안 서울 사람들은 대부분 윤보선 전 대통령을 지지했다. 자정 무렵까지 개표 중계방송을 보았는데, 윤보선 후보가 앞서고 있었다. 그런데 다음 날 일어나 보니 박정희 후보가 당선된 것으로 나왔다. 부모님은 말할 것도 없고 할아버지, 할머니도 이 세상을 어떻게 사냐며 탄식하셨다. 그래서 내가 "박정희가 대통령이 되면 우리나라가 망해요?"라고 부모님께 물었더니 아무 말도 하지 않으셨다.

나중에 중학교에 들어가서 알게 된 사실은, 당시 우리 같은 서울 사람들은 동아일보를 보았는데, 동아일보가 박정희의 사상이 의심스럽다고 몰아붙여서 그걸 걱정했다는 것이다. 5·16 후 군사정부 시절 동아일보 편집국장을 지낸 김영상(金永上: 1917~2003)은 나의 어머니의 외사촌 형부였다. 어머니의 외가는 조(趙) 씨인데, 1세대 영문학자 조용만(趙容萬: 1909~1995) 교수가 어머니의 외사촌 오빠이고, 김영상과 조용만은 처남 매부 사이였다.

경기중학교를 목표로 입시 공부에 열중하고 있을 때인 그해 11월에는 존 F. 케네디 대통령이 사망하고, 우리는 국회의원 선거를 치르는 등 어수선했던 것이 지금도 기억에 남아 있다. 이렇게 해서 나의 소년 시대는 끝났다.

시대를 앞서갔던 외조부의 삶과 죽음

1964년 3월, 나는 경기중학교에 입학했는데, 외조부는 나에게 "잉글리쉬는 컴프리헨션뿐만 아니라 컴포지션과 컨버세이션도 잘해야 한다"고 몇 번이나 말씀하셨다. "영어는 독해뿐 아니라 작문과 회화도 잘해야 한다"고 하셨던 것이니, 얼마나 시대를 앞서가셨던 분인지 알 수 있다. 외조부는 "장박(張博)과 정박(鄭博)은 영어를 잘한다"고 몇 번씩이나 말씀하셨다. '장박'은 제2공화국 총리를 지낸 장면(張勉) 박사를, 그리고 '정박'은 제2공화국 정부에서 외무부 장관을 지낸 정일형(鄭一亨) 박사를 말하는데, 두 분 모두 미국에서 공부하셨고 민주당 신파 정치인으로 외조부와 가까우셨다.

정일형 박사는 내자동에 사셨는데, 우리 집에서 몇 집 걸러 있는 큰 집에 살고 계셨다. 어머니의 회고에 의하면, 외조부께서 우리 집에 오시면 어떻게 알고 정일형 박사가 댁으로 초대해서 아침을 같이하셨다고 한다. 한번은 우리 집에 오신 외조부가 정 박사가 집에 계시는지 알아보라고 하셔서 그 댁으로 뛰어가서 문을 두드리고 물어본 적이 있었다. 그때 한 청년이 대문을 조금 열고 "안 계시는데…" 했는데, 아마도 정일형 박사의 아들인 정대철 전 의원일 것으로 생각된다.

1964년 늦가을, 외조부가 우리 집에 오셨는데 내자동 성당(세종로 성당)을 가자고 하셨다. 내가 손을 잡아 드리고 성당을 갔는데, 성당에는 아무도 없었다. 수녀님이 나오셔서 "미사가 없습니다"라고 하자 외조부는 "내가 시간을 잘못 알았구나" 하시면서 잠시 앉으셔서 높이 걸려 있는 십자고상을 올려보셨다. 집으로 모시고 오는 길에 외조부는 "내가 내년을 못 넘길 것 같다"고 하셨다.

1965년 3월 말, 외조부께서 쓰러지셨다는 연락이 와서 어머니는 급히 제기동 집으로 가셨고, 나도 학교가 끝난 후 그리로 향했다. 외조부의 주치의 격인 김동익 박사(서울대 병원장을 지내셨다)께서 바로 오셔서 응급처치를 하신 덕분에 외조부는 일어나 앉으셨으나 표정이 전과 같지 않으셨다. 잠시 후 장면 박사가 문병을 오셨다. 외조부와 장면 박사는 한일협정(한일기본조약) 반대 등 시국에 대해 말씀을 나누셨던 것으로 기억된다. 그리고 외조부는 병세가 차츰차츰 나빠지셨고, 그해 10월 22일 돌아가셨다.

외조부님의 영결식은 지금의 세종문화회관 자리에서 예총장(藝總葬)으로 치러졌다. 키가 작은 박종화 예술원장이 조사를 읽었고, 장면 박사와 백낙준 박사가 앞 좌석에 앉아 계셨다. 가을 하늘은 푸르렀고 국화 향기가 진했다. 그 이듬해 봄, 장면 박사가 숙환으로 돌아가셨다. 외조부가 돌아가시고 1년도 안 돼 장면 박사가 돌아가시자 왠지 모를 허전함이 느껴졌다. 한 시대가 지나가는 기분이었다.

돌이켜보면 외조부는 일제 식민 통치를 싫어했고, 북한 공산주의와 이승만 독재정치에 반대했다. 그런 점에서 4·19 후 1년간은 외조부가 평생 희망하고 추구했던 세월이었다. 이런 경험으로 인해 나는 어떻게 해서 이승만 정권이 독재의 길을 갔고, 어떻게 해서 4·19가 일어났고 또 5·16이 일어났는가에 대해 일찍부터 많은 관심을 갖게 되었다.

20년간의 박정희 시대

내가 초등학교 4학년이던 1961년에 5·16이 일어났고, 내가 미국 유학 중이던 1979년 가을에 박정희 대통령이 10·26사태로 사망했으니 열 살 소년이 서른 살 장년이 될 때까지 좋으나 싫으나 박정희의 시대를 살았던 셈이다. 당시는 선거에서 여촌야도(與村野都)가 확실했다. 즉 시골은 여당인 공화당, 서울을 위시한 도시는 민정당, 민중당, 신민당 등으로 이름이 바뀐 야당이 강했다. 특히 서울, 그중에도 사대문 안인 종로구와 중구는 여당인 공화당이 당선될 수 없는 지역구였다. 교육을 받은 중산층이 많이 살았기 때문이다.

교육을 받은 사대문 안 서울 사람들은 민주주의가 무엇인지를 알았을뿐더러, 6·25 남침 후 90일 동안 북한군 지배하에서 그들의 흉악한 모습을 보았다. 이들은 이승만 정부가 서울을 사수(死守)한다는 거짓말 방송을 틀어 놓고 정부만 서울을 빠져나간 데 실망하고 분노했다. 생각해 보면 그런 서울 사람들이 우리나라 보수의 본류가 아닌가 한다. 그들은 어떤 일에 종사하든 교육을 받은 계층이었고, 그때에도 신문을 구독하고 라디오와 TV를 통해 세상을 볼 수 있었던 사람들이었다.

내가 경기중·고등학교를 다니던 1964년에서 1970년 초까지만 해도 정치적 회오리바람이 여러 번 불었다. 중학교 1학년 때이던 1964년은 야당이 한일협정 반대와 월남 파병 반대를 걸고 장외 투쟁을 했고, 서울대 등 주요 대학은 반대 시위가 극심했다. 결국은 6·3 계엄령이 선포되기에 이르렀다. 고등학교 1학년이던 1967년에는 부정선거 규탄 시위로 대학가가 시끄러웠는데, 3학년 선배들은 교정에서 부정선거규탄대회를 열어서 우리도 덩달아 참가했다.

고등학교 3학년이던 1969년에는 3학년 학생들이 3선 개헌 반대 집회를 하려다가 운동장에 나가지도 못하고 교실에서 농성하는 일이 있었다. 그런 우여곡절을 겪고도 경기고등학교 1970년 졸업생들은 그해 서울대학교에 330명 이상 합격하는 기염을 토해서 개교 이래 최다 기록을 세웠다. 그것도 대부분 커트라인이 높은 법대, 상대, 문리대, 공대, 의대를 들어갔으니 대단한 기록이 아닐 수 없다.

수시로 바뀐 입학시험 제도

나는 입학시험을 치렀던 세대이다. 일제강점기 때에는 북촌이라고 부르는 곳에 있는 교동국민학교가 제일 좋았고, 중고등학교는 공립으로는 제1고보와 제2고보, 그리고 경기고녀, 사립으로는 중앙, 휘문, 보성, 이화, 숙명이 좋은 학교였다. 나의 부모님은 교동국민학교와 제2고보 및 경기고녀를 졸업했다.

일제강점기에도 중고등학교는 입학시험을 통해서 들어갔고, 해방 후에도 그런 전통이 이어져 왔다. 어느 정도 사실인지는 알 수 없으나 이승만 대통령이 이끌던 자유당 시절에는 중·고등학교 입시도 공정성이 상당히 흔들렸다고 들었다. 초등학교 교장이 추천하면 무시험으로 입학하는 제도도 학교에 따라 있었고, 학교 예산이 부족해서 보결이라는 이름의 뒷구멍 입학도 있었다고 한다. 그러나 5·16 후에 그런 것들은 없어졌다. 5·16 세력이 내세운 이른바 혁명공약이 부패 척결을 강조했기 때문이다. 무엇보다 5·16 후에 공무원 시험과 입학시험을 정부가 공정하게 관리하게 되었다. 오직 시험 성적으로 입학이 결정되는 공정한 시대가 열린 것이다.

내가 경기중학교에 입학한 해는 1964년이다. 그 전해만 해도 입시 과목은 국어, 산수, 사회, 자연 네 과목과 체력검정이었는데, 그해 여름 별안간 국어, 산수 두 과목과 체력검정만을 하도록 시험제도가 변경되었다. 그래서 국어, 산수만 시험을 보았는데, 경기중학교 커트라인은 5.5개였다. 즉 다섯 문제 틀리면 합격했고 여섯 문제 틀리면 불합격이었는데, 0.5개는 체력검정 점수였다. 시험문제가 평소보다 쉽게 나와서 이처럼 커트라인이 높았던 것인데, 그 이듬해는 다시 국어, 산수, 사회, 자연 전 과목 시험으로 환원되었다. 어느 인터넷 백과사전에는 박정희 대통령 큰딸 박근혜가 우리와 같은 학년이라서 시험을 쉽게 볼 수 있도록 그해만 두 과목을 보고 쉽게 출제했다고 하는데, 당시 그런 이야기는 듣지 못했다. 어쩌면 선생님들과 부모님들은 그런 이야기를 들었을지 모르지만 나는 들은 기억이 없다. 박근혜 전 대통령은 수녀회가 운영하는 성심여중을 들어갔다.

당시 경기중학교 입학정원은 420명인데, 4대 명문 초등학교라고 불렀던 덕수, 수송, 혜화, 사대부국(서울대 사범대학 부속초등학교) 졸업생이 전체 입학생의 삼 분의 일을 차지했다. 아무래도 서울의 교육받은 중산층 가정에서 자란 아이들이 이런 초등학교에 다녔기 때문일 것이다. 내가 다닌 수송초등학교는 경기중학교에

경기 중고등학교 교정

35명 정도 합격해서 45명 정도 합격한 덕수초등학교 다음으로 합격자를 많이 냈다. 수송초등학교는 학생이 줄어서 1977년에 폐교됐다.

그때는 고등학교 진학도 시험을 치러야 했는데, 경기고등학교 한 학년은 480명이었다. 경기중학교 졸업생 420명 중 약 100명은 경기고로 진학하지 못했고, 그 대신 경북중, 부산중, 광주서중 같은 지방 명문중학교를 나온 학생들이 경기고등학교를 들어왔다. 내가 고등학교 진학한 해가 1967년인데, 그해 박정희 대통령 둘째 딸 박근령이 경기여중에 합격했다. 그런데 그것을 두고는 말이 많았다. 그해에 경기여중이 특기생을 뽑았는데, 박근령은 미술 특기생으로 입학했기 때문이다.

당시 경기여중·고 교장은 우리나라 가정학 초창기 학자인 주월영(朱月榮)이었다. 주월영 교장의 남편은 서울대 지리학과 육지수

(陸芝修) 교수인데, 육 교수는 도쿄제국대학을 나온 우리나라 1세대 지리학자로 육영수 여사의 4촌 오빠이다. 그래서 박근령의 경기여중 입학을 두고 말이 있었다. 중학교 입학시험은 1969년도부터 폐지됐다. 어릴 때부터 입시공부를 하는 게 문제가 많다는 게 공식적인 이유였다.

1970년에 경기고를 66회로 졸업한 나는 서울법대에 입학했는데, 그때는 대학 입학 예비고사가 있어서 그걸 합격하지 못하면 대학을 갈 수가 없었다. 경기고 3년생은 예비고사를 100% 합격했고, 그다음 각 대학이 독자적으로 출제한 본고사를 보아야 했다. 당시 서울대 본고사는 550점 만점이었는데, 법과대학 커트라인이 269점으로 인문사회계에서 제일 높았다. 그만큼 시험문제가 어려웠다는 의미인데, 시험 수준은 교과서만 공부해서는 어림도 없었다.

나와 같은 학년인 박근혜 전 대통령은 서강대 전자과를 입학했는데, 성실하고 공부도 잘했다는 소문이 친구들 사이에서 돌았다. 박근혜가 서강대를 입학한 이유도 천주교 예수회가 운영하는데다 데모도 하지 않는 조용하고 공부만 하는 대학이기 때문이라는 이야기가 있었다. 그해에 박근령은 경기여고에 진학했는데, 그때는 동일계 고교 무시험 진학으로 제도가 바뀌어서 입학시험 없이 진학했다. 3년 후에 박근령은 서울대 음대에 진학해서 무난하게 졸업했다.

고등학교 입학시험은 1974년도 입학생부터 폐지됐다. 무시험 입학, 이른바 뺑뺑이 시대가 온 것이다. 그래서 경기고등학교도

1973년 3월에 입학해서 1976년 2월에 졸업한 학년이 시험을 보고 입학한 마지막 졸업생인 경기 72회다. 그리고 경기 등 사대문 안에 있던 명문 학교들은 강남으로 이전했는데, 경기고등학교는 1976년 3월에 봉은사 근처 넓은 부지로 학교를 옮겼다. 이때부터 대한민국의 강남 시대가 열리게 된 것이다.

입학시험 제도는 어떤 이유에서든 바뀔 수 있지만, 우연인지 어떤지 박정희 대통령 자녀들은 제도가 바뀌는 해에 입학했다. 그럼에도 불구하고 5·16 후 입시는 정말 엄정하게 이루어졌다는 사실을 부인할 수는 없다. 시험 성적이란 학생의 두뇌와 근면성, 가정환경 등 여러 요소에 의해 좌우되며, 사람마다 태어나는 환경이 천차만별이라서 원천적인 평등이란 존재하지 않지만, 그런 것을 감안하더라도 입학시험은 가장 공정하고 공평한 기준임이 틀림없다. 시험 비중을 줄이고 내신이니 학생부니 하는 것들을 사용할 때부터 우리나라는 입시에서의 공정성이 흔들렸다고 나는 생각한다.

나의 눈으로 세상을 보게 되다

나는 경기고등학교 다닐 때 영어와 독어 공부를 열심히 했고, 근대문학 전집과 현대문학 전집을 독파하면서 밤에는 임국희 아나운서가 진행하는 〈한밤의 음악 편지〉를 들었다. 당시 고등학교 선생님들은 문학 전집을 고등학교 1, 2학년 때 미리 읽어 두어야 서울대에 들어갈 수 있다고 누누이 강조했다. 현대문학으로는 선우휘의 《햇불》, 최인훈의 《광장》이 기억에 남으며, 유주현의 실록 대하소설 《조선총독부》를 탐독했다. 당시 〈한밤의 음악 편지〉에 자주 흘러나왔던 '샌프란시스코에선 머리에 꽃을 꽂으세요(San Francisco, Be Sure to Wear Flowers in Your Hairs)'는 언제나 들어도 좋은 노래다.

고등학교 2학년이던 1968년에는 참으로 많은 일이 일어났고, 그것은 내가 세상을 보는 관점에도 큰 영향을 주었다. 돌이켜보면 격동의 1968년을 지나면서 비로소 나의 눈으로 세상을 보게 되었다. 1968년은 여러 면에서 20세기 후반기에 전기(轉機)를 가져온 중요한 한 해였다.

1968년 한 해 동안 북한군이 남한 깊숙이 침투한 일이 두 차례에 걸쳐 일어났고, 미 해군 함정이 북한군에 납치되는 등 엄청난 일들이 발생했다. 그해 1월 21일, 북한군 30여 명이 청와대 근처까지 침투해서 경비 중이던 경찰과 교전을 벌인 사건이 일어났다. 생포된 김신조가 "박정희 목을 따기 위해 왔다"고 해서 충격을 주었다. 종로 경찰서장이 청와대 입구에서 교전 중 전사했으니 보통 일이 아니었다. 당시 우리 집은 옥인동에 있었는데, 큰 폭음을 연거푸 들었다. 무슨 사고가 난 줄 알았는데 그것이 북한 공비(共匪)와의 교전 때문이었음을 아침에 알게 됐다.

청와대 침투사건의 충격이 가시기도 전인 1월 23일, 미 해군 함정 푸에블로(USS Pueblo) 호가 원산 앞 공해(公海)에서 북한 해군 군함에 의해 납치되는 사건이 발생했다. 이로 인해 미 해군 항모

전단이 동해로 급파되는 등 한반도에는 전운이 감돌았다. 10월 30일~11월 1일에는 동해안 울진, 삼척지구에 북한 무장공비 120명이 침투해서 민간인 수십 명을 학살하는 사건이 발생했다. 뒤늦게 우리 군이 투입되어 그들 대부분을 사살하고 몇 명을 포로로 잡았는데, 그 과정에서 우리 군경의 희생도 컸다. 그때 교전 중 전사한 영관 장교가 경기고 재학생 부친이어서 그런 일이 주변에서 생길 수 있음을 절감했다.

1968년은 우리 군에도 특별한 해이다. 육군 2개 사단과 해병여단을 보내어 참전 중인 월남전이 변곡점을 찍었다. 그해 1월 30일에는 북베트남군과 베트콩이 대공세를 펴서 월남 북부의 후에가 점령당하고, 사이공의 정부 청사가 공격을 당했으며, 미국 대사관 근처에서 미군과 북베트남군이 치열한 교전을 했다. 북베트남군에 의한 '구정(舊正) 대공세(Tet Offensive)'였다. 미군은 반격을 가해서 사이공과 후에를 다시 확보했지만, 베트남전쟁에서 미국이 성공하고 있는지는 의심스러워 보였다.

전 세계적으로도 뒤숭숭했던 혼돈의 1968년

1968년은 내가 처음으로 미국 대통령 선거를 주의 깊게 지켜본 해이기도 하다. 뉴햄프셔주 민주당 예비선거에서 베트남에서의 미군 철수를 내세운 미네소타 출신 상원의원 유진 매카시가 돌풍을 일으켜서 언론은 이를 또 다른 '매카시 선풍'이라고 표현했다.

이를 지켜본 로버트 케네디가 대선 출마를 선언할 것이라고 했다. 3월 31일 존슨 대통령이 대통령 재선 불출마를 선언했다. 존슨의 얼굴은 피로감이 역력했다. 나 역시 월남전이 결국은 실패했다고 느꼈고, 막강한 군사력을 가진 미국의 좌절이 남의 일같이 느껴지지 않았다.

1968년은 마틴 루터 킹 목사와 로버트 케네디 상원의원이 암살된 해이기도 하다. 흑인 인권 운동을 이끌던 킹 목사는 그해 4월, 한 백인의 총에 맞고 사망했다. 6월에는 로버트 케네디 상원의원이 로스앤젤레스에서 시르한 시르한이라는 암살자의 총에 맞아 사망했다. 혼돈의 1968년이었다.

1968년은 유럽도 혼란스러웠다. 4월 독일에선 좌파 운동권 학생이던 루디 두치케가 반대파의 총에 맞고 부상한 사건을 계기로 베트남전쟁 반대, 자본주의 체제 타파 등을 내건 시위가 크게 일어났다. 5월에는 프랑스 파리에서 소르본대학교 캠퍼스를 중심으로 대규모 대학생 시위가 일어났고 결국에는 심각한 소요 사태로 발전했다. 당시 우리 언론은 현지 특파원 기사를 통해 이 같은 신좌파(New Left) 운동과 스튜던트 파워에 대해 상세하게 보도를 했다. 나는 당시 조선일보 논설위원이던 남재희 전 장관이 쓴 스튜던트 파워에 대한 기사를 주의 깊게 읽었다.

체코슬로바키아에선 '프라하의 봄'이 있었다. 알렉산더 두브체크(1921~1992)가 공산당 서기장으로 선출되자 국민들의 민주화 요구가 터져 나왔고, 그러자 그해 8월 소련군이 탱크를 앞세우고 프라하를 무력으로 점령해 버린 것이다. 체코슬로바키아에는 친

(親) 소련 정부가 들어섰고, 미국 등 서방은 그 모습을 무력하게 지켜보고만 있었다.

일본도 1968년은 매우 소란스러웠다. 도쿄대 등 주요 대학에서 시위가 빈발하더니 1969년 1월에 도쿄대 강당이 불에 타는 큰 사건이 발생했다. 그러자 도쿄대는 그해 입시를 중단해서 도쿄대는 1969년 입학생이 없게 되었다. 고교 3학년이던 1969년 가을, 우리는 도쿄대가 입시를 취소한 사건을 남의 일처럼 생각할 수 없었다. 당시 서울대도 3선 개헌 반대 시위로 휴교를 하는 등 학사가 제대로 운영되지 않았기 때문이다.

1969년 고등학교 3학년 때, 자주국방 태세를 강화한다고 고등학교에 교련 과목이 생겼다. 대학 입학시험 공부에 바쁜데 보통 귀찮은 일이 아니었다. 월남전에 참전하고 돌아온 육군 장교들이 예편해서 교련 교사로 부임해 왔는데, 이들은 월남전에서 일어났던 일을 이따금 이야기해 주곤 했다. "미국이 월남에서 비참하게 패배했다. 월남 국민의 정신이 글러 먹어서 그렇게 됐다"고 예비역 대위인 교관이 힘주어서 이야기했다. 맞는 말이지만 고등학교 3학년한테 운동장에서 행진하는 훈련을 한다고 우리의 국방 태세가 좋아질 것 같지는 않았다.

입학시험을 앞둔 그해 9월, 경기고 3학년생들이 학내에서 3선 개헌 반대 집회를 하려다가 운동장에 나가지도 못하고 교실에서 구호를 외치면서 몇 시간 동안 농성을 한 적이 있었다. 그 시위의 주동자는 경기중학교 수석 입학 이래 단 한 번도 전교 1등을 내놓은 적이 없던 임지순 학우였다. 임지순은 1970년 서울대 전체 수석으로 물리학과를 들어갔고, 졸업 후 버클리로 유학 가서 박사를 한 후 모교 물리학과 교수를 지냈다.

우리들의 3선 개헌 반대 시위는 '찻잔 속 태풍'이었지만, 그로 인해 경기고 교장이 경질되는 등 파동은 만만치 않았다. 서울대 휴교가 길어지자 이러다간 1970년도에 서울대가 입시를 하지 않는 것은 아닌가 하고 걱정하기도 했다. 만약 그렇게 되면 학원에 다니면서 재수를 해야 하느냐, 아니면 연·고대라도 일단 들어가야 하는 것이 아니냐고 우리는 수군거리기도 했다.

제2장

1970 ～ 1979년

법과 정치를 공부하다

1970년, 서울법대 70학번으로 입학

내가 대학에 들어갈 무렵에는 전국적으로 치러지는 대학입학 예비고사에 합격하고, 그다음 대학별 본고사를 치러야 했다. 학과별 경쟁률과 커트라인이 공개되기 때문에 학과 순위가 공공연하게 매겨졌다. 서울대 입시는 서울대 교수들이 출제하고 채점을 했는데, 고등학교 교과서 수준의 공부로는 법학과, 경제학과, 경영학과, 정치외교학과, 그리고 물리학과, 전자공학과, 의예과는 쳐다보지도 못했다. 내가 입학한 1970년에는 550점 만점에 커트라인이 250점을 넘는 학과는 앞에 언급한 7~8개 학과 정도였다. 그 정도로 시험문제가 어려워서 당일 실수로 시험에 떨어지는 경우는 거의 없었다. 말하자면 변별력이 확실한 입시였다.

1970년 서울법대 입학생 160명 중 경기고 출신이 48명, 서울고가 10명, 경복고가 5명이었다. 그 외 용산, 중앙 등 서울지역 고교는 대략 한 학교에서 2~3명 정도가 들어왔다. 반면에 경북고, 광주일고, 전주고, 부산고, 경남고 등 지방 명문고 졸업생이 많았으니 그때만 해도 수도권 집중이 심하지 않았다. 그리고 여학생은 한 명도 없었다. 서울법대에 여학생이 입학하기 시작한 것은 1974년부터다. 동기생 중 지방 명문고 출신으로는 이낙연이 있다. 광주일고를 졸업한 이낙연은 학내 신문 잡지에 글을 썼던 것으로 기억하는데, 졸업 후 군대에 가는 바람에 고시 공부는 못했다. 제대 후에 동아일보에 취직해서 정치부 차장과 국제부장을 지내다가 국회의원이 됐고, 전남 도지사를 거쳐 국무총리가 됐다.

경기고 출신 동기생 중에선 이주영과 신기남이 사법시험에 합격하고 법조인 생활을 잠시 하다가 일찍이 국회에 진출했다. 서울고 출신 동기생으로는 모교 민법 교수를 하다가 대법관을 지낸 양창수, 그리고 지금 큰집에 가 있는 원세훈이 있다. 경복고 출신 동기생으로는 검찰에 몸담고 있다가 박근혜 정부에서 잠시 민정수석을 지낸 홍경식과 풀무원을 굴지의 식품 회사로 키우고 한국의 식품산업을 업그레이드한 남승우가 있다. 나는 남승우야말로 우리 동기는 물론이고 서울법대를 빛낸 매우 자랑스러운 동문이라고 생각한다.

풀무원은 원혜영 전 의원의 부친인 원경선 선생께서 세우신 생명농업운동이 그 뿌리다. 원 전 의원은 남 전 사장과 경복고교 동기인데, 유신반대 운동을 하느라 대학에서 제대로 공부를 하지 못했다. 부친을 도와서 풀무원을 어렵게 유지하던 원혜영은 부유한 친구 남승우에게 도움을 요청했다. 대학 졸업 후 현대건설에 다니던 남승우는 일생일대의 결심을 하고 그 요청을 받아들였다.

물론 나는 이런 사정을 유학을 마치고 돌아와서야 알게 됐다.

남승우가 두부, 콩나물 장사를 한다고 해서, "도대체 그게 무슨 말이냐"고 되물었던 것이다. 원 의원이 정치를 시작하자 회사는 남 사장이 이끌어갔고, 세월이 흘러 풀무원은 굴지의 식품 회사로 성장했다. 남승우는 풀무원 사장직을 물러났고, 원혜영 의원은 20대 국회를 끝으로 불출마를 선언했다. 두 사람은 물러나는 모습도 아름다웠다.

외부 세상과의 통로였던 미국 시사 주간지 〈타임〉

1970년 서울대 법대에 입학한 후 가장 먼저 한 일이 주간지 〈타임(TIME)〉을 정기구독한 것이다. 경기중·고등학교 다닐 때 이따금 서울대 교복을 입은 대학생이 붉은 테두리가 분명한 〈타임〉을 들고 다니는 것이 무척 부러웠다. 하지만 나중에 안 일인데, 서울대생이라고 해도 〈타임〉을 제대로 읽는 학생은 거의 없었다. 이화여대 학생을 만나러 신촌에 있는 빅토리아 다방을 기웃거릴 때 멋으로 들고 다닌 경우가 대부분이었다.

여하튼 미국 등 외국에 관심이 많았던 나는 그때부터 시사 주간지 〈타임〉을 정기구독해서 오늘날에 이르고 있다. 더욱 중요한 사실은 50년 치를 꼬박 집에 모아두고 있다는 것이다. 요새는 인터넷과 케이블 덕분에 워싱턴포스트와 CNN을 실시간으로 접할 수 있지만, 그때는 〈타임〉과 주한미군방송(AFKN)이 나라 밖 사정을 접할 수 있는 유일한 창구였다.

나는 1971년 펜타곤페이퍼사건, 워터게이트사건, 베트남전쟁 종식 등 세상 돌아가는 사정을 타임을 통해 보았다. 워터게이트사건의 진상이 드러나자 사설을 게재하지 않던 〈타임〉이 닉슨의 사임을 촉구한 사설을 실은 것은 대단한 사건이었다. 〈타임〉이 닉슨의 사임을 촉구한 사설을 실었다는 소식은 AFKN이 긴급뉴스로 보도했고, 며칠 후 도착한 〈타임〉의 그 사설은 실로 당대의 명문장이었다.

내가 환경문제에 관심을 갖게 된 계기도 〈타임〉을 통해서였다. 타임을 구독하기 시작한 1970년은 미국에 있어서 환경 원년(元年)과 같았다. 1970년에 환경보호처(EPA)가 발족했고, 대기정화법(The Clean Air Act)이 의회를 통과했기 때문이다. 민간운동으로 '지구의 날(Earth Day)' 행사가 시작된 해도 1970년이었다. 〈타임〉에 나온 환경과 생태에 관한 기사를 통해 나는 환경문제에 대해 눈을 떴다.

이처럼 나는 다른 서울법대생들과 달리 사법시험보다는 세계정세와 미국 정치와 미국 사회에 관심이 많았다. 소송법, 부동산거래법, 회사법, 어음수표법 같은 과목에 전혀 흥미를 갖지 못한 나는 법조인은 내가 갈 길이 아니라고 생각했다. 그런데도 법학을 공부한 것은 논리적 사고를 증진하고, 민주주의와 사회정의에 관한 고민을 하게 한 밑바탕이 되었기에 평생을 두고 큰 도움이 되었다고 생각한다.

'1971년의 봄', 그리고 유신 조치

당시 서울대 법대는 대학 4년 과정이라고는 하지만, 1학년은 공릉동에 있는 교양과정부에서 공부했다. 수강 과목도 전공은 법학개론, 정치학개론, 경제원론뿐이었고 나머지는 국어, 영어, 독어, 자연과학 등 교양과목이었다. 대학을 다니는 것 같지도 않아서 1년을 그냥 놀았다고 하는 것이 정확한 표현이다. 그 후에 그런 식의 교양과정은 폐지되고 단과대학 중심으로 돌아갔다. 대학 2학년 시절인 1971년은 대선과 총선이 있는 해였다.

2학년이 되는 1971년 봄부터 1973년까지 3년간 동숭동 캠퍼스에서 공부했다. 하지만 학부 6학기 중 1972년 1학기와 1973년 1학기만 온전하게 수업을 하고, 나머지는 휴교령, 계엄령 등으로 학교 문을 닫았다. 그러면 한적한 사찰에 방을 얻어서 책을 싸들고 가는 친구가 많았는데, 동기생 중에는 그러다가 아예 스님이 된 경우도 있다.

대선과 총선을 앞두고 있던 1971년 봄은 대학가가 교련 반대 시위로 매우 시끄러웠다. 월남전에서 미군이 사실상 패배하자, 박정희 정부는 예비군 제도를 도입하고 고등학교와 대학에 교련 과목을 신설했다. 고등학교와 대학에서 1주일에 한두 시간은 군사 훈련을 받으라는 것이었다. 그러다가 1971년부터 교련시간을 늘리겠다고 하자 서울대에서 반대 시위가 일어났고, 시위 슬로건이 장기독재 반대로 발전하자 정부가 강력하게 대처해서 대학이 휴교하는 등 파문이 일었다.

1971년 4월 대선에선 박정희 대통령이 당선됐고, 한 달 후 5·25 총선이 치러졌다. 당시 야당이던 신민당은 이른바 진산(珍山) 파동으로 혼란에 빠졌고, 일제강점기에 만주에서 독립군을 이끌었던 김홍일(金弘壹) 장군이 총재 권한대행으로 선거를 지휘했다. 선거일을 며칠 앞두고 칠순의 애국지사 김홍일은 신민당에게 '호헌선(護憲線)'을 달라고 호소했다. 그런 호소 탓인지, 야당인 신민당은 개헌을 저지할 수 있는 의석을 훨씬 넘어서 공화당을 위협했다. 전체 204석 중 공화당은 113석을 차지했고, 신민당은 89석을 차지했다. 서울에선 신민당이 18석을 얻었고, 공화당은 유진산(柳珍山)이 출마를 포기한 지역구에서 장덕진이 당선되는 데 그쳤다. 대구에서도 공화당이 참패했는데, 이효상 국회의장도 낙선했다. 이것이 이른바 '1971년의 봄'이다. 이렇게 해서 개헌이 불가능해지자, 그다음 해에 유신 조치가 이루어졌다. 1971년 봄, 총통제 개헌음모가 있다는 폭탄선언을 하고 서울법대를 뜬 유기천(劉基天) 교수의 발언이 사실이었다.

그때 서울대생 신민당사 난입 사건이란 것이 있었다. 당시 우리 법학과 대표 등 여러 명이 당시 야당이던 신민당 당사에 몰려가서 당 대표 등과의 면담을 요청했던 사건이다. 그런 과정에서 약간의 실랑이가 있었는데, 그것을 폭력행위라는 등의 이유를 걸어서 검찰이 기소했다. 학과 대표가 잡혀가서 재판을 받게 되자 법정에 응원 가자고 해서 덕수궁 옆에 있던 법원에서 함께 방청했는데, 나는 그때 처음 법정을 구경했다. 서울지검 공안부 김 아무개 검사가 발언하자 학생들이 야유해서 주의를 들었다. 재판은 증인으로 나온 신민당 관계자가 학생들과의 대화가 평온했다고 증언해서 결국 무죄 판결을 받고 풀려났다. 우리는 그 재판부 재판장 양헌(梁憲) 부장판사를 존경했다.

10월 유신 후 정부는 법관 재임명 제도를 도입하고 재임명 심사를 했다. 그리고 서울대생 신민당사 난입 사건 담당 재판장과 배석판사를 재임용에서 탈락시켰다. 그때 탈락한 배석판사가 장수길이었다. 법복을 벗고 변호사가 된 장수길은 그즈음 미국에서 공부하고 귀국한 김영무 변호사와 함께 로펌을 만들었는데, 그것이 김앤장(Kim & Chang)이다.

국가배상법 위헌 판결과 미 국방부 비밀문서 사건

돌이켜보면 대학 다닐 때 나에게 가장 큰 영향을 주었던 두 개의 판결이 있었다. 두 개 모두 1971년 6월에 나온 것이다. 첫째는 국가배상법 군인·군속 이중배상 금지조항과 법원조직법 대법원 정족수 조항을 위헌으로 판시한 우리나라 대법원의 판결이고, 둘째는 미 국방부의 베트남전쟁 비밀문서를 〈뉴욕타임스〉가 입수해서 보도하는 것을 미국 정부는 금지할 수 없다고 판시한 미국 대법원의 판결이다. 우리 대법원의 판결은 '1971년의 봄' 분위기를 더욱 고조시켰고, 미국 대법원의 판결은 베트남전쟁에 대한 반전(反戰) 여론을 확산시켰다.

국가배상법 판결의 배경은 다음과 같다. 당시 우리나라는 월남에 전투부대를 보내서 전사자가 나오던 때였다. 군 복무 중에 전사하면 유가족은 유족연금 등을 받게 되는데, 그 액수가 그리 많지 않았다. 그런데 군 복무 중 교통사고 등으로 사망하게 되면 국가의 불법행위로 인한 사망이라고 해서 국가배상법에 의거해 배상을 받을 수 있었다. 그렇게 되면 후방에서 사고로 사망한 장병이 전사한 장병의 경우보다 금전적 배상을 더 많이 받게 되는 결과가 되기 때문에 국가배상법은 단서 조항을 두어서 다른 법률에 의해 국가로부터 보상을 받게 되면 국가배상을 청구할 수 없게 하였다. 이렇게 되니까 군 차량이 사고를 내서 민간인이 사망하게 되면, 민간인의 유가족은 군인이 사고로 사망한 경우보다 국가로부터 배상금을 더 많이 받게 되었다. 학자들은 군인, 군속에 대한 이중배상 금지조항은 신분에 의한 차별이기 때문에 위헌이라고 보았다.

제3공화국 헌법은 미국 헌법을 따라서 대법원이 법률의 위헌 여부를 최종적으로 판결할 수 있도록 했다. 하급심에서 군인·군속에 대한 이중배상 금지조항이 위헌이라는 판결이 나오기 시작했고, 대법원이 이를 곧 심리할 것으로 예상됐다. 그러자 공화당 정권은 1970년 8월 9일 법원조직법을 개정해서 "대법원 전원합의체는 3분의 2 이상 출석과 출석 인원 3분의 2 이상 찬성으로 결정"하도록 했다. 국가배상법 조항을 위헌으로 판시하려면 대법원 판사 3분의 2의 찬성이 필요하도록 한 것이다. 그런데 헌법은 대법원이 정당 해산 판결을 할 경우에만 5분의 3 찬성으로 한다고 규정하고 있었다. 학자들은 법률로 대법원의 의결정족수를 3분의

2로 정할 수 없다고 보아서 이 같은 법원조직법 조항 자체를 위헌으로 보았다.

1971년 6월 22일, 대법원은 드디어 판결을 내렸는데 정부의 완패였다. 16명의 대법관으로 구성된 대법원은 9대 7 판결로 국가배상법 단서 조항을 위헌으로 판시했고, 의결정족수를 강화한 법원조직법 조항은 11대 5로 위헌으로 판시했다. 이로써 제3공화국 헌법하에서 최초로 법률에 대한 위헌 판결이 내려졌다. 이는 대단한 사건이었다. 민복기 대법원장, 그리고 그를 이어서 대법원장이 되는 이영섭 대법원 판사는 두 사건 모두 정부를 지지하는 소수의견 편이었다. 국가배상법 사건에서 위헌 쪽에 섰던 방순원, 김치걸 판사 등은 10월 유신 후 시행된 법관 재임용에서 모두 탈락했다.

서울대생 신민당사 난입 사건 등 몇몇 시국 사건에서 무죄가 나오고 대법원이 국가배상법 조항을 위헌으로 판결하자, 박정희 정부는 사법부를 옥죄기 위한 조치를 단행했다. 그것이 오늘날 '1차 사법파동'이라고 부르는 사건이다. 그해 7월 28일, 검찰은 서울지법 이 아무개 부장판사와 최 아무개 판사에 대해 구속영장을 신청했다. 현장 검증을 위해 제주도에 출장을 갔다가 함께 간 변호사로부터 향응을 받았다는 이유였다. 당시는 판사가 지방 출장을 가면 변호사가 비용을 대는 것이 일종의 관례였는데, 이를 집어서 미리 공표하고 구속영장을 신청한 것이다. 그러자 전국의 법관들이 들고일어났고, 서울형사지방법원 판사들은 법관회의를 열고 집단 사표를 법원장에게 제출했다. 이것이 우리나라 최초의 사법

파동이었다. 결국에는 문제가 된 두 판사가 사직했고, 서울형사법원장도 사직했다. 당시 판사들의 사표를 모아서 제출했던 유태흥 수석부장판사가 이어서 서울형사법원장이 됐다.

우리 대법원이 국가배상법 조항을 무효화시킨 획기적인 판결을 내리고 1주일이 지난 1971년 6월 30일, 미국 대법원은 '뉴욕타임스 대 미국(The New York Times v. The United States)'이란 역사적 판결을 내렸다. 뉴욕타임스가 미국이 베트남전쟁에 개입하게 된 경위에 관한 국방부 비밀문서(The Pentagon Papers)를 입수하여 지면을 통해서 공개하자 닉슨 대통령은 미국의 국가안보를 위협한다면서 보도 중지를 요청했고, 이에 불응하자 법무부는 법원에 대해 보도 중지 영장을 청구했다. 이에 대해 뉴욕타임스가 헌법에 보장된 언론의 자유를 침해한다고 주장하자, 대법원이 사안의 중대성과 시급성을 인정해서 직접 다루기로 해서 나온 판결이었다.

미국 대법원은 6대 3의 판결로, 미국 정부는 뉴욕타임스의 보도를 억제할 수 없다고 판시했다. 닉슨이 임명한 워렌 버거 대법원장과 역시 닉슨이 임명한 해리 블랙먼 대법관, 그리고 보수적 법 해석으로 유명한 존 할란 대법관은 반대 의견을 냈다. 진보적 성향인 휴고 블랙, 윌리엄 더글러스, 윌리엄 브레넌, 서굿 마셜 대법관, 그리고 중도적이던 포터 스튜어트, 바이런 화이트 대법관은 언론의 자유를 지지해서 다수 의견을 이루었다.

미 국방부 비밀문서 판결은 우리 언론도 1면에서 크게 다루었다. 나는 정기 구독하던 〈타임〉은 물론이고 〈뉴스위크〉도 서점에서 사서 그 판결에 대해 열심히 공부했다. 돌이켜보면 내가 미국 대법원에 대해 깊은 관심을 갖게 되고, 서울대 대학원에서 이에 대해 석사학위 논문을 쓰게 된 계기는 국방부 비밀문서 사건이 었다.

유신정권하에서의 대법원장과 법무부 장관

내가 서울법대에 다니던 시절의 법무부 장관은 신직수(1927~ 2001)이었다. 5·16 후 중앙정보부 차장을 지낸 신직수는 1963년 ~1971년 검찰총장을 지냈고, 1971년~1973년 법무부 장관, 그리고 1973년~1976년 중앙정보부장을 지냈다. 그는 군 법무관 출신으로 박정희 대통령 등 5·16 세력과 군 시절 같이 근무한 인연이 있었다. 그 시절 대법원장은 민복기(閔復基: 1913~2007)였다. 민복기 대법원장은 서울법대 학생들 사이에서도 평가가 매우 안 좋았다.

박정희 대통령은 법무부 차관과 대법원 판사를 잠시 지낸 민복기를 1963년에 법무부 장관으로 임명했다. 민복기는 1966년까지 법무부 장관을 지내고 1968년에 법관추천회의에 의해 대법원장으로 추천됐다. 그는 1978년까지 대법원장을 지냈으니까 제3공화국과 유신 후 제4공화국에 걸쳐 10년간 대법원장 자리에 있었다. 1975년 인혁당 상고심 재판에서 사형을 확정 지은 대법원장이 민복기였다.

민복기와 비교되는 인물이 조진만(趙鎭滿: 1903~1979)이다. 조진만은 1951~1952년 잠시 법무부 장관을 지낸 탁월한 법률가였다. 조진만은 5·16 후 군사정부에 의해 대법원장으로 임명되어 1968년까지 대법원장을 지냈다. 비록 군사정부라고 하더라도 대법원장으로 임명된 조진만, 그리고 대법원 판사로 임명된 방순원, 사광욱, 홍순엽, 이영섭은 존경받을 만한 법조인이었다. 조진만 대법원장은 한글 전용론자라서 그때부터 법원 판결이 한글 타자로 나오게 됐다. 한자 용어에 익숙해 있던 판사들이 한글로 판결문을 쓰니까 우스운 일이 많았다. 예를 들면, '우족으로 하복을 상축하여 지상에 전도케한 바 비골이 와해되었다' 같은 문장이 판결문에 나오곤 했다. '오른발로 아랫배를 위로 걸어차서 땅에 고꾸라지게 해서 코뼈가 무너졌다'는 뜻이다. 조진만 대법원장은 자신의 후임으로 홍 아무개나 양 아무개 대법원 판사를 마음에 두고 있었으나, 박 대통령이 민복기를 내정하고 있음을 알고 낙담했다는 일화가 우리에게도 전해졌다.

민복기에 이어서 대법원장이 된 이영섭(李英燮: 1919~2000)은 이화여대 교수를 지내다가 5·16 후에 대법관이 되었는데, 제3공화국 헌법을 제정하기 위한 심의회의에 대법원을 대표해서 참여했다. 그는 조진만 대법원장의 뜻에 따라 위헌법률심사권을 대법원이 가져오는 데 성공했다. 그러나 정작 1971년 국가배상법 사건에서 정부 측을 지지해서 위헌 판결에 반대했다. 저명한 민사소송법 학자이기도 했던 이영섭은 1979년 3월부터 1981년 4월까지 대법원장을 지내면서 김재규에 대한 사형 판결을 확정시켰다. 그는 대법원장을 물러나면서 "법관으로서 지낸 세월이 회한으로 가득 차 있고, 자식이 법조인이 아닌 것을 다행으로 생각한다"는 말을 남겼다. 이영섭의 아들은 나보다 서울법대 2년 선배였는데, 금융계에서 일했다.

이영섭에 이어 대법원장이 된 사람은 1971년 1차 사법파동 당시 형사지방법원 수석부장이었던 유태흥(1919~2005)이다. 사법파동을 수습한 후 서울형사지방법원장이 됐고, 1975년에 유신 체제하에서 대법관이 됐다. 그는 대법관으로서 김재규 내란 사건의 주심을 맡아 진행했고, 1981년부터 1986년까지 대법원장을 지냈다. 퇴직 후 세상의 관심 밖으로 사라졌던 그는 2005년 1월 한강대교에서 투신자살해서 뉴스에 나온 적이 있다.

유신 정권에서 법무부 장관을 지낸 황산덕(黃山德: 1917~1989) 교수는 나 같은 후학들에게 큰 실망을 안겨 준 경우다. 형법학자이자 법철학자인 황산덕 교수는 모든 법학도가 그의 교과서를 읽고 공부했을 정도로 훌륭한 학자였을뿐더러, 민주주의에 대한 신념이 깊은 지식인으로 학생들로부터 많은 존경을 받았다. 5·16 후 최고회의가 헌법 초안을 만들어서 단순히 국민투표를 거쳐서 통과시키려고 하자, 동아일보에 '국민투표는 만능이 아니다'라는 기고를 해서 반공법, 특정범죄처벌에 관한 임시특례법 등 위반으로 구속되어 재판을 받았다. 먼저 국회의원 선거를 해서 국회를 구성하고, 그 국회가 헌법을 만들어야 한다는 주장을 했다고 반공법 위반이 된 것이다. 이것을 당시에 '동아일보 필화 사건'이라고 불렀다.

황산덕 교수는 석방은 됐으나 서울대에서 해직되어 성균관대학 교수가 되었고, 성대 총장을 지내던 중 박정희 대통령에 의해 1974년에 법무부 장관이 됐으니 일대 쇼크였다. 1974년~1976년 2년간 법무부 장관을 지냈는데, 그 기간 중 인혁당 피고인들에 대한 사형집행이 이루어져서 독실한 불교 신자로서 사형폐지론자였던 그의 지론을 무색하게 만들고 말았다. 그런데 그는 인혁당 피고인들 외에는 사형집행장에 차일피일 서명을 미루어서 결국 박 대통령은 그를 문교부 장관으로 임명해서 1년여 동안 장관을 더 하고 은퇴했다. 후임 법무부 장관은 밀렸던 사형집행장에 줄줄이 서명해야 했다.

서울법대는 일제강점기에 있었던 경성제국대학 법학부와 경성 법률전문학교가 합쳐져서 만들어진 대학이기에 경성제국대학을 졸업한 민복기, 이영섭, 그리고 황산덕은 가장 우수한 선배라고 할 수 있다. 민복기와 이영섭은 일제강점기에 고문(高文) 사법과를 패스한 수재였고, 황산덕은 고문 사법 행정 양과(兩科)를 패스한 수재였다. 그러나 우리 세대가 목격한 그들의 행로는 마지막이 특히 좋지 않았다. 과연 법조인이 무엇을 하는 직업인지에 대한 회의는 그 시대의 법학도라면 누구나 가졌을 것이다. 그런 생각을 하면서 공부를 하던 시절이었다.

10월 유신과 수난의 서울법대

서울법대는 1971년에서 1973년에 이르는 기간이 수난의 세월이었다. 1971년 봄, 대선을 앞둔 시점에 형법을 가르치던 유기천(劉基天: 1915~1998) 교수가 총통제 개헌음모가 진행 중이라는 폭탄선언을 하고 미국으로 출국한 일이 발생했다. 유 교수는 한국인 최초로 미국에서 법학박사를 받았으며, 1965~1966년 서울대 총장을 지냈다. 그런데 유 교수는 출국 후 귀국하지 않아서 자동 면직이 됐다.

그리고 1972년 10월, 이른바 '10월 유신'이 선포되었다. 그것은 친위 쿠데타와 다를 것이 없었다. 이어서 한태연 교수 등이 기초한 유신헌법안에 대한 국민투표가 있었다. 한심하게도 나는 그때 처음으로 투표권을 행사했다. 물론 반대투표를 했다. 투표용지는 찬성은 'O'로 오른쪽에, 반대는 '×'로 왼쪽에 표시되어 있어서 은연중 찬성이 좋은 것이라는 인상을 주도록 디자인되어 있었다. 기표용 붓 뚜껑이 오른쪽에 달려 있었는데, 줄이 짧아서 반대에 찍으려면 투표용지를 오른쪽 위로 당겨야만 했다. 이런 것을 투표라고 해야 하는지 한심한 생각이 들었다.

10월 유신 후, 모든 교수는 재임용 심사를 거쳐야 했다. 서울법대에서는 미국 체류 중이던 김석조 교수가 면직됐다. 나보다 12년 선배인 김석조 교수는 미국에서 석사학위를 하고 조교수로서 공법학을 가르치다가, 박사학위를 마치기 위해 다시 미국에서 공부하던 중 10월 유신을 맞았다. 그리고 구차하게 재임명 절차를 밟지 않겠다고 해서 그대로 면직됐다. 김석조 교수는 그 후 미국에서 변호사를 한 것으로 알려져 있다.

그리고 1973년 늦은 가을, 유신헌법에 의거한 긴급조치로 대학이 문을 닫고 있던 시점에 민법을 가르치던 최종길(崔鍾吉) 교수가 의문사를 당했다. 중앙정보부는 최 교수가 간첩임을 자백하고 자살했다고 발표했지만 그렇게 믿는 학생은 없었다. 교수들도 마찬가지였다. 1974년 2월 말 졸업 사은회를 마치고 조촐하게 몇 분 교수님들과 함께 맥줏집을 갔는데, 그 자리에서 당시 학장이던 김증한(金曾漢: 1920~1988) 교수님은 동료 교수가 그런 죽임을 당해도 말 한마디 못하는 세상이라고 한탄하셨다. 최종길 교수 의문사 사건은 30년이 지나서야 고문사(拷問死)였음이 밝혀졌다.

1973년 사법시험은 유신 때문에 6개월 늦춰졌는데, 무엇보다 헌법 교과서가 어떻게 나오느냐가 관심의 대상이었다. 헌법을 가르치던 김철수(金哲洙) 교수님이 유신 후 헌법 교과서를 개정해서 냈는데, 내용 중 유신헌법을 비판한 부분이 있어서 큰 고생을 겪었다는 이야기를 들었다. 결국에 그 책은 전량 폐기되고, 우리는 문제 부분이 수정된 책을 볼 수밖에 없었다. 반면에 유신헌법을 기초한 한태연 교수의 책은 '유신헌법이야말로 세계 헌법 역사의 최종판'이라는 식의 논리를 펴서, 우리는 그 책을 '곡학아세(曲學阿世)의 금자탑'이라고 불렀다. 김철수 교수님은 내가 서울대 석사학위를 할 때 지도교수였고, 나를 아껴주셨다. 그러나 내가 미국에서 다른 분야로 박사학위를 받고, 1990년대 들어서 주로 환경법, 국제환경법을 하게 되어 분야가 달라져서 점차 멀어지게 됐다.

그즈음에 서울법대 교수진에 인맥 또는 파벌이란 것이 생겨서 적잖은 부작용을 일으켰다. 주로 서울고와 경남고 출신 교수들이 주류(主流)를 형성해서 학장 선임과 신임교수 임용에 영향을 미쳤는데, 민법학의 태두인 곽윤직(郭潤直: 1925~2018) 교수님이 학장을 못 하고 정년퇴직하게 된 것도 그런 배경과 관련이 있다. 곽윤직 교수님은 모교를 공부하고 연구하는 학교로 만들어 보겠다는 학장으로서의 꿈은 이루지 못했지만, 자신이 배출한 탁월한 제자들과 함께 민사판례연구회를 만들어서 민법학 발전의 토대를 세웠다. 이처럼 학문과 후진 양성에만 전념하셨던 곽윤직 교수님을 중심으로 한 민사판례연구회가 30년 세월이 지나서 사법부의 엘리트 기득권 세력으로 치부되는 모습을 보게 될 줄이야 누가 상상이나 했겠는가.

시사 월간지 〈신동아〉, 〈다리〉

나는 1967년 경기고등학교 입학과 더불어 월간 〈신동아〉를 구독하기 시작해 대학 다닐 때까지도 계속 보았다. 군 복무를 하고 유학을 떠나면서 정기구독을 하지 않게 되었다. 고등학교 시절에 〈신동아〉는 나에게 세상을 보게 해 준 창구나 마찬가지였다. 〈사상계〉가 사실상 없어져 버린 시절이라서 〈신동아〉는 유일한 시사 월간지였다. 〈신동아〉를 정기적으로 구독하면서 내용도 내용이었지만, 책에 글을 기고하는 교수들이 무척 부럽게 느껴졌다. 나도 그런 멋진 사람이 되고 싶다는 생각을 했던 것 같다. 그때는 월간지에 기고한다는 것은 탁월한 학자들에게나 가능한 일이었다. 내가 변변하게 이룬 것은 없지만, 여기저기에 글은 많이 썼으니 고등학교 시절의 꿈은 그런대로 이룬 셈이다.

대학에 다닐 때는 〈신동아〉 외에도 김상현 전 의원이 발간했던 월간 〈다리〉를 자주 사보았다. 〈신동아〉에서는 읽기 어려운 기사가 〈다리〉에 있기도 했지만, 어려운 환경 속에서 펴내는 잡지이니만큼 한 권이라도 사주는 것이 도움이 된다고 생각했다. 유학에서 돌아와 내 집을 마련하고 이사도 하다 보니 과거부터 갖고 있던 많은 책과 잡지를 정리해야만 했는데, 혹시나 해서 〈다리〉는 버리지 않았다. 유신 후 김상현 의원은 고초를 당했고 잡지사는 문을 닫았기 때문이다.

2013년 초, 30년간 몸담았던 중앙대를 명예퇴직하고 연구실을 비울 때였다. 책장 구석에서 오래된 잡지 12권이 담긴 큰 봉투가 나왔다. 대학 시절에 보았던 월간 〈다리〉였다. 1971년 봄부터 1972년 봄까지 출간된 〈다리〉 12권을 어떻게 해야 할 줄 몰라 걱정했는데, 누가 민주화운동기념사업회에 연락해 보라고 했다. 그래서 이러저러한 게 있다고 연락을 했더니 너무 반가워했다.

사업회 자료실 담당자는 〈다리〉는 원본 잡지가 단 한 권도 남지 않아서 내가 갖고 있는 게 유일본이라는 것이다. 당시 중앙정보부가 〈다리〉를 내던 사무실과 김상현 의원 자택을 모두 수색해서 이 엄청난 반(反)국가 불온서적을 몽땅 가져가서 없애 버렸다고 한다. 이렇게 해서 젊은 시절 고 김상현 의원이 펴냈던 〈다리〉 12권이 민주화운동기념사업회에 보관되었다.

대학 동기 이낙연·이주영·함승희

2019년 초, 세종시 총리실에 출입하는 아는 기자가 전화를 해 왔다. "의원님, 대학 다닐 때 세무 점퍼 입은 적 있으세요?" 그게 도무지 무슨 말이냐고 물었더니 이낙연 총리가 퇴임을 앞두고 출입기자들과 저녁을 먹었다고 한다. 막걸리로 분위기가 돌자 이 총리가 서울에서 생활하던 아주 어려웠던 대학 시절을 떠올리면서 유복해 보이던 동기생 몇을 부러워했다면서 나의 이야기를 했다고 한다. 그러면서 그때 내가 세무 점퍼(공식용어는 '스웨이드 점퍼'가 맞을 것이다)를 입고 학교에 왔다고 회고했단다. 생각해 보니 당시 그런 점퍼가 있었는데 제법 비싼 외제 점퍼였던 것 같다.

우리가 대학을 다닐 때 서울법대 정원은 160명이고, 그중 법학과는 100명이었다. 학생 수가 많아 가나다순으로 A반과 B반으로 나누었는데, 나와 이낙연 전 총리, 이주영 전 국회 부의장, 그리고 국회의원을 지내고 박근혜 정부에서 강원랜드 사장을 지낸 함승희는 B반이어서 필수과목 강의를 같이 들었다. 하지만 당시는 긴급조치, 10월 유신 등으로 법대 2, 3, 4학년 6학기 중 겨우 두 학기만 제대로 수업을 했다. 그때는 걸핏하면 휴교이고, 교수들의 휴강도 많아 공부는 각자가 알아서 했다. 그러니 학생들 간에 긴밀한 친분을 쌓을 기회도 많지 않았다. 나는 이낙연의 가정이 그렇게 어려웠다는 것을 알지 못했다.

1974년에 대학을 졸업하고 대학원 2년 동안 미국 헌법을 열심히 공부해서 석사학위를 땄다. 그리고 군 복무를 하고, 미국 유학을 마치고 돌아오니 대학 졸업하고 거의 10년이 지나고 말았다. 그때 이낙연이 동아일보 기자가 됐다고 해서 적성에 맞는 데 들어 갔다고 생각했다. 그 후 동아일보에 들르게 되면 몇 번 만나곤 했다. 전남이 고향인 이낙연이 김대중 전 대통령과의 인연으로 국회에 발을 들이게 된 것은 자연스러운 과정이었다. 문재인 정부 들어서는 국회 본회의장 제3당 의원들 자리가 국무위원석과 가까워서 자주 만났고, 2019년에 쿠웨이트, 콜롬비아, 에콰도르 순방을 할 때는 이현재, 신동근 의원과 동행을 했다.

이주영은 판사를 하다가 김영삼 대통령 계열로 국회에 진입해서 국회부의장까지 했는데, 대학 시절 너무나 모범적인 모습과는 다른 길을 간 셈이다. 함승희는 공부를 열심히 해서 사법시험도 빨리 합격했고, 검사로 일하다가 김대중 대통령에게 발탁되어서 국회의원을 한 번 했다. 이명박 정권 시절에 '오래포럼'이라는 모임을 만들어서 운영했는데, 박근혜 전 대표가 이 모임을 자주 나가서 한동안 박근혜의 측근으로 알려졌다. 하지만 박근혜 정부 들어서 역할을 하지 못하고 2014년 가을에 강원랜드 대표로 임명되어 3년간 일했다. 나는 왕년의 특수통(通) 검사가 웬일로 도박장 사장을 하느냐고 농담을 건네기도 했다.

석사학위 논문 '미국 대법원과 사법 적극주의'

대학 졸업을 앞둔 1973년 가을, 갑자기 휴교령이 떨어졌고, 최종길 교수가 간첩임을 자백하고 스스로 목숨을 끊었다는 사건이 발생했다. 이런 으스스한 분위기 속에서 우리는 리포트를 대충 써 내고 졸업을 했다. 나는 취직할 생각은 없었고 대학원에 진학했다. 석사학위를 하면서 다음을 생각하고자 했다. 그 무렵 서유럽에 남아 있던 독재국가 포르투갈과 스페인에 민주 정부가 들어섰다. 포르투갈과 스페인에서 총통제 정부가 무너지고 민주 정부가 평화롭게 들어선 것은 나에게 깊은 인상을 주었다.

법학석사 과정이라고 하지만 대학원 재학으로 병역을 연기하고 고시 공부를 하는 경우가 대부분이었다. 하지만, 당시 나는 미국 헌법에 푹 빠져 있었다. 연방대법원의 역사와 중요한 판결을 다룬 책을 많이 읽었고, 특히 흑백 인종차별을 철폐하고 형사 절차에서 기본권을 크게 신장시킨 워렌 대법원(The Warren Court), 즉 얼 워렌(Earl Warren: 1891~1974)이 대법원장을 지낸 시기의 대법원의

1976년 2월 서울대 대학원 졸업식
김증한, 김철수 두 은사님과 함께

업적에 깊은 감명을 받았다.

그러던 중 1974년 12월 말, 동아일보 광고 무더기 해약 사태가 발생했다. 그리고 1975년 1월 1일부터 텅 빈 광고란을 시민들이 메우기 시작했다. 그런 사태의 초기에 서울법대 몇 년도 졸업생 일동이란 명의로 '배운 대로 하지 못해 죄송하다'는 제법 큰 광고가 나간 것이 매우 인상적이었다. 나도 얼마간의 돈을 들고 동아일보에 가서 '정권은 짧고 자유 언론은 영원하다. 서울대 대학원생'이라는 광고를 손가락만 하게 냈다. 서울대 대학원생이란 명의로 낸 광고는 내가 유일했기 때문에 지금도 보면 한눈에 알아볼 수 있다.

1975년 2월, 우리 법대는 정든 동숭동 캠퍼스를 뒤로하고 관악으로 이사했다. 시내에서 멀기도 하거니와 캠퍼스가 너무 커서 황량하기 그지없었다. 동숭동 캠퍼스 앞에 있는 학림다방과 대학다방이 그리웠다. 동숭동의 유서 깊은 캠퍼스를 버리고 궤짝 같은 건물 두 채로 이루어진 곳이 서울법대라니 기가 막혔다. 법대생들이 데모를 많이 해서 그렇게 쪼그라들었다고 이야기하곤 했다.

대학원 시절 나는 미국 대법원에 관한 석사학위 논문 준비에 몰두했다. 우리나라 헌법은 도무지 공부할 대상이 없었던 시대였다. 그렇게 해서 나는 '미국 대법원과 사법 적극주의-워렌 대법원을 중심으로-'란 논문으로 석사학위를 받았다. 내 논문은 잘 썼다는 정도가 아니라 다른 대학 박사 논문보다 낫다는 평을 들었다.

미국 헌법은 연방대법원의 판결을 공부하는 과목이고, 나는 미국 대법원이 미국 사회의 변천에 어떤 역할을 했는지를 중심으로 논문을 썼다. 연방대법원이 미국 헌법의 최종 해석자임을 확립한 존 마셜(John Marshall: 1755~1835) 대법원장부터 얼 워렌 대법원장과 워렌 버거 대법원장에 이르기까지 미국 헌법과 대법원의 역사를 공부해서 정리한 석사 논문은 지금 보아도 뿌듯하다.

내가 서울법대 학부와 대학원을 다닌 1971~1975년은 얼 워렌 대법원장이 퇴임하고 그 후임으로 워렌 버거(Warren Burger: 1907~1995) 대법원장이 취임한 후였는데, 뉴욕타임스의 국방부 비밀문서 보도사건, 워터게이트 녹음테이프 공개사건 등 세기의 판결이 연방대법원에 의해 내려졌다. 워터게이트사건으로 대통령직에서 물러나야 했던 닉슨의 운명은 사실상 대법원에 의해 결정지어진 것이다. 워렌 대법원장의 후임으로 지명됐던 에이브 포터스(Abe Fortas: 1910~1982) 대법관이 결국에는 사퇴하게 되는 과정, 그리고 낙태의 자유를 인정한 로 대 웨이드(Roe v. Wade) 판결이 불러일으킨 후폭풍 등 대법원을 둘러싼 논쟁은 나에게 깊은 영향을 주었다.

서울대 대학원을 다니는 동안, 나는 미국 대법원과 미국 헌법사에 관한 제법 많은 책을 주문해서 열심히 읽었다. 당시는 아마존이 있었던 것이 아니라서 유네스코 쿠폰이란 것을 미리 구입해 외서 수입 대리점에 주문하면 몇 달 후에 책이 도착했다. 돌이켜보면, 그 시절에 나는 스펀지가 물을 빨아들이듯 미국 헌법에 관한 책과 논문을 흡수했다. 그때가 스물둘에서 스물넷이었으니까 사람의 두뇌가 가장 잘 돌아가는 나이였다고 생각된다. 그런 나에게 부동산계약법이나 어음수표법 같은 것은 하찮게 보일 수밖에 없었다.

1987년 개헌 후 헌법재판소가 생겼는데, 초대 헌법재판관이 된 한병채 씨가 내 석사 논문을 복사하다시피 해서 자기 논문으로 헌재 학술지에 게재하는 일이 벌어졌다. 지금 같으면 당장 재판관을 그만둘 일이지만 그 당시는 그런 여론이 일지 않았고, 한겨레신문(1991년 9월 3일 자)만 박스 기사로 내보냈다. 저작권심의조정까지 갔으나 모교 교수를 지낸 이시윤 당시 헌재 재판관이 나의 외가와 관련이 있는 이상혁 변호사를 통해서 화해를 권해 와서 확인서와 명목적인 배상금을 받는 것으로 끝을 냈다. 그런데, 당시 헌재 재판관이던 한병채 씨가 직접 논문을 작성했기보다는 보좌진이 썼을 것으로 나는 생각한다. 내가 국내대학 박사학위를 불신하는 데는 그럴 만한 이유가 있다.

위대한 스승이자 위대한 사상가였던 알렉산더 비켈

박근혜 비대위 덕분에 제법 유명해진 나에게 시사 주간지 〈한겨레 21〉 기자가 인터뷰에서 나한테 영향을 크게 미친 사람이 누구냐고 물은 적이 있었다. 나는 로널드 레이건, 윌리엄 버클리 2세, 그리고 알렉산더 비켈이라고 답했다. 그중에도 법학을 공부하던 20대 나에게 가장 큰 영향을 주었을 뿐만 아니라 지적(知的) 숙제를 안겨 준 사람은 예일대 로스쿨 교수이던 알렉산더 비켈(Alexander M. Bickel : 1924~1974)이었다.

대학원 시절에 나는 미국 대법원에 관
한 책(물론 모두 영어 원서)과 당시 서울법
대 도서관에 있던 미국 학술지 논문에 푹
빠져 있었다. 대학원이 수업을 제대로 하
지 않아서 강의 부담 없이 오히려 공부를
많이 했던 것 같다. 특히 알렉산더 비켈
교수의 논문을 감명 깊게 읽었다. 우선

알렉산더 비켈

그의 글은 읽기가 어려웠고, 그의 지식은 역사와 정치철학 등 너
무나 광범위해서 어떻게 이런 논문을 쓸 수 있나 하고 그 지적(知
的) 깊이와 폭에 감탄했다.

1924년에 루마니아에서 태어난 유대인인 알렉산더 비켈은 부
모와 함께 모국을 탈출해서 나치의 학살을 면할 수 있었다. 가난
한 사람들의 하버드라고 불리는 뉴욕시립대학을 나오고, 하버드
로스쿨을 최우등으로 졸업한 비켈은 프랭크퍼터 대법관의 연구관
을 지내고 예일대 교수가 됐다. 그는 주목할 만한 논문을 연거푸
내서 30대부터 매우 영향력 있는 헌법학자로 인정받았다.

비켈은 사법부에 대한 자신의 소신을 당당하게 밝혔다. 사법부
는 선거 결과에 따른 다수결 원칙에 따라 움직이는 정치과정을
견제하는 '반(反) 다수적(counter-majoritanian)' 기구로서 중요한 기
능을 하지만, 정치기구인 의회의 결정을 존중하는 '소극적 미덕
(passive virtue)'을 갖추어야 하며, 의회법에 대한 헌법 심사를 함에
있어서 '원칙(principles)'을 존중해야 한다고 주장했다. 비켈은 흑
백 인종 평등, 선거구 인구 평등을 가져온 워렌 대법원의 판결이

법 원칙에서 벗어나고 역사를 편의적으로 해석한 잘못된 것이라고 비판해서 주목을 샀다.

요약하자면, 사법부는 '법원(court of law)'이어야지 '진보를 위한 정치적 메커니즘'으로 기능해서는 안 된다는 것이다. 그러면서도 비켈은 국방부 비밀문서 공개에 관한 소송에서 뉴욕타임스 측을 대리해서 닉슨 정부는 뉴욕타임스의 보도를 사전(事前) 제약(prior restraint)할 수 없다고 주장했다. 비켈은 또한 자신은 에드먼드 버크(Edmund Burke)의 정치적 전통을 따른다면서 포퓰리즘을 경계했다.

나는 비켈로부터 지적 충격이라고 할 만한 영향을 받았다. 나의 서울대 석사 논문은 1962년 발간된 비켈의 《가장 위험하지 않은 부(府) The Least Dangerous Branch》로 시작했고, 끝은 1970년 발간된 비켈의 《대법원과 진보라는 생각 The Supreme Court and the Idea of Progress》으로 장식했다. 비켈은 나에게 법과 사회변화, 그리고 사법부의 역할에 대한 궁극적인 딜레마를 생각하도록 한 위대한 스승이었다.

내가 한창 비켈에 심취해서 그의 저서를 읽고 있을 때 충격적인 소식을 들었다. 1974년 11월 50세 생일을 앞두고 뇌종양으로 사망한 것이다. 나는 이런 훌륭한 학자가 그렇게 빨리 세상을 뜰 수 있나 하고 정말 안타까워했다. 미국 법조계와 학계도 그의 때 이른 타계를 깊이 애도했다.

2005년 가을, 조지 W. 부시 대통령은 탁월한 법률가인 존 로버츠(John Roberts)를 대법원장으로 지명했다. 하버드 로스쿨을 나온 로버츠는 전임 대법원장 윌리엄 렌퀴스트의 연구관을 지내고 레이건 백악관의 법무실에서 일한 적이 있다. 로버츠는 대법원장 취임 직후에 공영방송인 PBS와 인터뷰를 했는데, 기자가 "당신에게 가장 큰 영향을 준 법률가가 누구냐?"고 묻자 잠시 생각하더니 "알렉산더 비켈"이라고 답했다. 로버츠는 비켈이 사망한 후인 1976년에 로스쿨에 입학했으니까 공부하면서 비켈의 논문을 읽었을 것이다.

군이 비켈을 진보와 보수로 구분한다면, 그는 자신이 버크주의자(Burkean)라고 밝혔듯이 보수라 할 것이다. 하지만 비켈은 단순한 보수주의자가 아니었다. 대의민주주의와 의회주의를 존중하면서도 다수결로서도 침해할 수 없는 '항구적 가치(enduring values)'를 지켜야 하는 사법부, 그리고 그런 사법부가 지켜야 하는 법과 원칙을 두고 고민했던 위대한 '사상가(thinker)'였다.

해외 정치에 관심이 많았던 대학원 시절

1974년 3월, 나는 서울대 대학원에 진학했다. 하지만 당시는 대학원 강의가 제대로 진행되지 않았고, 나는 미국 헌법 책을 독학으로 읽어 나가고 있었다. 그러면서 당시 퇴계로에 있던 '알리앙스 프랑세즈'에서 프랑스어를 배우는 것을 즐거움으로 삼고 지냈다. 특별하게 프랑스 유학을 생각했던 것은 아니고, 독일어도 대충 읽을 정도이니 프랑스어도 그 정도면 좋겠다는 생각이었는데, 알리앙스 프랑세즈의 분위기가 너무 좋아서 모제(Mauger) 1권(초급)에 이어서 2권(중급)까지 마치기 위해 8개월을 다녔다.

모제 1권은 김현창 교수가 담당했다. 김 교수님은 원래 스페인어를 공부하고 한국외국어대학 스페인어과를 창설하다시피 한 분인데, 프랑스어도 잘하신 모양이다. 외대 교수를 오래 하시고 학술원 회원을 지내셨다. 책도 여러 권을 내셨는데, 2016년에 작고하셨다. 그 후 한 번도 뵐 기회가 없었는데, 작고하셨다는 소식을 전해 듣고 지난 세월을 되돌아보기도 했다.

모제 2권은 신현정이라는 젊은 여자 강사가 담당했는데, 발음도 좋고 정말 잘 가르쳤다. 고등학교를 졸업하고 곧장 프랑스로 유학 가서 공부했고, 잠시 국내에 와 있는 동안에 가르친다는 이야기를 들었다. 나와 동년배이니까 그간 어디서 어떤 삶을 살았을지 궁금해지기도 한다. 이처럼 나는 고등학교에선 독일어를 공부했고 대학원 다니면서 프랑스어를 공부했지만, 그 후에 독일어나 프랑스어를 사용할 기회가 없어서 두 외국어는 나에게 일종의 교양에 그치고 말았다.

대학원 시절, 나는 포르투갈과 스페인에서 벌어지는 변화에도 관심이 많았다. 1974년 4월, 아프리카 앙골라와 모잠비크에서 승산도 없고 명분도 없는 식민지 전쟁을 하던 포르투갈 육군의 젊은 장교들이 비밀결사를 만들어서 수도 리스본에서 쿠데타를 일으켰다. 이들은 수십 년 동안 이어져 온 총통제 정부를 축출했다. 자유선거를 약속했고 아프리카 식민지에서 즉각 철수할 것을 선언했다. 시민들이 쿠데타군에게 카네이션을 전해 주면서 환영하는 모습이 상징적이었다.

　포르투갈은 자유선거를 통해 민주국가로 다시 태어났고, 이웃 나라 스페인에도 영향을 주었다. 스페인에서도 프랑코 총통 사후에 왕정이 복구되고, 1976년 4월에 의원내각제 선거가 치러졌다. 나는 그 모습을 보면서 우리나라에도 언젠가는 비슷한 일이 일어나지 않을까 생각했다. 긴급조치니 뭐니 하면서 정부 비판자들을 가차 없이 탄압했지만, 경제가 나날이 좋아져서 보통 사람들은 박정희의 장기 집권을 수용하고 있는 것처럼 느껴졌다. 그래서 어느 시점에 가면 우리나라도 포르투갈이나 스페인처럼 민주화가 자연스럽게 이루어지지 않을까 기대를 했다. 그러나 10·26으로 그런 예상과 기대는 완전히 어긋나고 말았다.

월남 패망과 인혁당 사형집행

　서울대 대학원 세 번째 학기 중이던 1975년 4월, 월남이 공산화되고 말았다. 미국이 막대한 군사원조를 했지만 자기 나라를 지킬 수 있는 의지와 능력이 못 되기 때문에 그런 일이 일어난 것이다. 미국이 그럴 줄 알았다면 과연 그렇게 많은 군사원조를 제공했을까 하는 생각이 들었다. 나중에 해군에 복무할 때, 미국이 그런 무기를 우리에게 주었더라면 훨씬 요긴하게 사용했을 것이라는 이야기를 선임 장교들로부터 많이 들었다. 당시 우리는 방위세를 걸어서 미국으로부터 무기를 수입하고 있었다.

　월남이 패망하기 직전인 1975년 4월 9일, 인혁당 피고인들에 대한 사형집행이 전격적으로 이루어졌다. 인혁당 재건위 피고 8명이 형 확정 18시간 만에 사형집행되었다. 동아일보에 간단하게 다루어진 기사를 보고 그런 사실을 알게 됐지만, 거기에 대해 언급하는 것 자체도 어려웠던 분위기였다. 그리고 4월 30일, 사이공이 북베트남군에 의해 함락됐다. 월남이 공산화된 것이다. 나는 월남 패망이 워낙 충격적이었기 때문에 인혁당 사형집행이 묻혀버리는 효과가 있었다고 생각한다. 우리는 인혁당 사건이 조작이라는 이야기를 삼삼오오 모여 하곤 했다. 무엇보다 백 보를 양보해서 공산주의에 기운 생각으로 모임을 만들었다고 해도, 그런 이유로 사형이니 무기징역이니 하는 것은 우리 상식으론 도저히 이해하기 어려웠다. 그래도 설마 죽이기야 하겠나 했는데, 대법원 확정판결이 나온 후 그렇게 전격적으로 사형을 집행해서 정말 놀랐다.

　여하튼 월남이 패망해서 국민들 사이에는 안보의식이 높아졌고, 1차 오일쇼크 후 중동 특수로 인해 우리나라 경제는 호황을 누렸다. 여의도에 지금 보아도 웅장한 국회의사당이 들어섰고, 시내에는 자동차가 나날이 늘어났다. 시중에 돈이 넘쳐 흘러났다. 여의도 아파트 분양에 투기가 성행해서 그것을 가라앉히느라 정부는 주택청약제를 급하게 도입했다. 고위공직자와 정치인들에게 압구정 현대아파트를 특혜 분양한 일이 드러난 것도 그즈음이었다. 어찌 되었든 당시 우리는 매년 두 자리 숫자 성장을 계속했던 시기였다.

완벽에 가까웠던 두 명의 답안지

1975년 대학원 2학년 2학기가 끝나갈 무렵, 나는 석사학위 논문을 마치고 여유가 있을 때였다. 지도교수이던 김철수 교수님이 당신이 담당한 1학년 헌법 과목의 채점을 나에게 부탁하셨다. 수강생이 상당히 많았던 강좌였는데, 중간시험과 기말시험 답안지를 채점하고 합산하고 적정한 분포로 성적을 매기는 일은 쉽지 않았다. 법학 시험은 단답식이나 사지선다형이 아니고 철저하게 에세이 문제이기 때문에 채점하기가 쉽지가 않았다. 하지만 처음 채점을 하게 되니까 공정성을 기하려고 무척 신경을 썼던 기억이 있다. 몇 번씩 읽고 최대한 공정하게 점수를 냈다고 지금도 생각한다. 학교 시험은 수강생 이름을 가리지 않기 때문에 채점자는 누구 답안지인지 알 수 있지만, 어차피 나는 학생을 교실에서 만나본 것도 아니었으니까 블라인드 채점과 다를 바가 없었다.

1학년 수강생이 100명 가까이 됐던 것으로 생각되는데, 그중 두 학생의 답안이 그야말로 완벽하다시피 했다. 너무나 훌륭했던 답안을 낸 두 학생의 이름은 지금도 기억하고 있는데, 유학을 마치고 돌아와서 근황을 확인할 수 있었다. 그중 한 명은 국민권익위원회 위원장을 지낸 김영란 전 대법관이었다. 우수한 성적으로 서울법대를 졸업한 김영란 전 대법관은 일찍이 사법시험에 합격해서 판사가 되었다. 훗날 결국 대법관이 됐으며 국민권익위원장을 하면서 그 유명한 청탁금지법을 입안했다.

또 다른 최 아무개라는 여학생은 그 후에 사법시험을 안 봤는지, 통과를 못 했는지는 모르겠으나 충청지역 국립대학에서 교수를 지냈다. 그런데 무언가 문제가 있었다고 하더니 끝내는 불행하게 삶을 마치고 말았다. 그렇게 훌륭한 답안을 써냈던 두 사람의 삶이 세월이 흐름에 따라 이처럼 달라질 수가 있는가 하고 생각할 적이 많았다.

주한미군 철수를 공약으로 내건 지미 카터

대학원을 졸업한 나는 군복무를 해군 단기장교로 했다. 1976년 여름, 임관하고 얼마 되지 않아 '판문점도끼만행사건'이 발생해서 전쟁 직전까지 가는 위기 상황이 발생했다. 그런데 그해 11월 대통령 선거를 앞두고 미국 민주당 후보 지미 카터가 인권외교와 주한미군 철수를 공약으로 내걸었다. 그리고 카터가 미국 대통령에 당선됐다. 불과 몇 달 전에 비무장지대에서 북한군이 도끼로 미군 장교 두 명을 처참하게 살해해서 전쟁이 일어날 뻔했는데, 주한미군 철수를 내건 카터가 미국 대통령이 됐으니 기가 막힐 일이었다.

월남이 공산화된 상황에서 미군이 철수하면 남한에 있던 미군 핵무기도 철수할 것이며, 그러면 한국이 '제2의 월남'이 된다는 말이 공공연하게 돌았다. 그즈음 미국은 대
통령 예비선거가 한창이었다. 워터게이트
사건 여파로 정권은 민주당으로 넘어갈 가
능성이 컸다. 민주당 유력 후보였던 에드워
드 케네디 상원의원은 한밤중 교통사고로
여비서가 익사한 사건이 생겨서 대선을 포
기했고, 헨리 잭슨(Henry M. Jackson: 1912~1983) 상원의원이 유리
한 듯했다. 하원의원과 상원의원을 30년 넘게 한 잭슨 의원은 워
싱턴주 출신으로, 민권 문제에서는 진보적이되 대외정책에선 강
경한 성향이었다. 그는 소련에 대해 강경한 노선을 주문하고 군비
확장을 주장해 온 것으로 유명했다. 나는 그런 잭슨 의원을 좋아
했다.

그런데 민주당 후보는 다른 사람에게 넘어갔다. 잭슨 의원을 제
치고 조지아 주지사를 역임한 알려지지 않은 지미 카터를 대통
령 후보로 지명했다. 민주당을 지지하는 유권자들은 알려지지 않
은 새로운 인물을 택한 것이다. 카터는 대통령에 당선됐고, 20세
기 후반기의 가장 무능한 대통령의 4년 세월이 시작됐다. 카터는
중앙정보국 국장에 케네디 대통령의 연설문 작성자였던 시어도어
소렌슨을 임명했는데, 상원 청문도 하기 전에 공화당 의원들이 문
제를 제기해서 스스로 철회하고 말았다. 소렌슨은 안보 분야에 경
험도 없을뿐더러 신념에 근거해서 병역을 면제받아서 문제가 됐
다. 카터는 흑인 민권운동가인 앤드류 영을 유엔 주재 대사로 임
명했다. 대외정책에 경험이 없는 사람을 중요한 직위에 임명하는

것을 보고 '주한미군 철수를 공약으로 내건 대통령이니까 저런 인사를 하는구나' 하고 생각했다. 나는 10·26에서 5·18로 이르는 우리 상황도 카터의 무능과 관련이 있다고 생각한다.

주한미군 철수를 공약으로 내건 지미 카터 대통령을 보는 당시 우리 국군 장교단의 시각이 어땠을지는 상상이 갈 것이다. 혈기 왕성한 사관학교 출신 젊은 장교들은 카터 대통령을 '카터 그 개 ××'라고 불렀다. 특히 월남전에 참전했던 해병 장교들이 느꼈던 배신감은 어마어마했다. 어쩌면 그런 분위기가 자주국방을 추진하던 박정희 대통령에 대한 지지로 이어졌다고 하겠다. 카터가 대통령 취임하고 얼마 안 돼서 주한미군 사령부 참모장이던 존 싱글러브(John Singlaub: 1921~) 중장이 주한미군 철수 정책을 비판하자 본국으로 송환되는 일이 있었다. 싱글러브 장군은 그해 말에 군복을 벗고 말았는데, 그는 당시 한국군 장교들에겐 영웅이었다.

1977년 8월부터 전역할 때까지 나는 2년간 대방동에 있던 해군본부에서 근무했다. 당시 해군본부에는 서울대를 졸업한 단기복무 장교가 많았는데, 우리가 하는 일은 공무원의 그것과 다르지 않았다. 나는 국회를 상대하는 부서에 있어서 정기국회에 대비하는 일의 비중이 컸다. 당시 우리 정부는 '율곡사업'이라고 부르는 전력(戰力) 강화 사업을 의욕적으로 추진 중이었다. 이 사업을 추진하기 위해 방위세라는 목적세가 운영될 때였다. 당시 우리 정부는 카터 행정부와 사이가 안 좋아서 첨단무기를 미국이 아닌 다른 국가에서 들여오곤 했다. 특히 해군이 그러했는데, 프랑스제 알루

에트(Alouette) 헬기와 에그조세(Exocet) 대함(對艦) 미사일이 대표
적이었다.

나는 그때 여의도 국회의사당을 처음 들어가 봤다. 국방위원회
가 열려서 참모총장과 참모부장이 참석하면 과장이 따라가는데,
군사비밀로 분류된 답변 자료집과 관련 자료철을 들고 수행한 적
이 있었다. 의원이 질의하면 뒷좌석에 앉아 있던 나는 내가 초안
을 만든 두툼한 답변 자료집을 뒤적여서 앞으로 전달할 준비를 하
곤 했다. 참모총장과 참모부장은 훌륭하게 답변을 하지만 그런 대
비는 당연히 해야만 하는 것이었다. 회의가 있을 때면 국방위원회
앞 복도는 군복을 입은 장성과 대령들이 즐비해서 '별들의 바다'
와 '무궁화밭'이었는데, 거기를 헤치고 회의장을 드나들었다.

'화끈한 우리 보안사령관'

나는 1979년 7월 말에 전역 예정이었는데, 그해 초 박정희 대
통령이 드디어 3군 수뇌부 인사를 했다. 박 대통령은 육사 교장을
역임하고 군사령관이던 정승화 대장을 육군참모총장에, 청와대
경호실 차장을 지낸 전두환 소장을 보안사령관에 임명했다. 해군
참모총장과 공군참모총장은 각기 참모차장을 대장으로 승진시켜
임명했다. 해군과 공군 인사는 예고되어 있었던 것이었지만, 육군
참모총장과 보안사령관은 의외의 인사여서 그 숨은 뜻이 무엇인
가를 두고 웅성웅성했다.

1976년 전에는 육해공군 각 군에 보안부대가 별도로 있었다. 이를 통폐합해서 보안사령부가 발족했는데, 초대 보안사령관은 진종채 중장이었다. 이를 두고 중앙정보부보다 더 힘이 센 기구라는 말이 돌았다. 그런데 2대 보안사령관에 중장이 아닌 소장 전두환을 임명했으니 박 대통령의 신임이 두텁다는 말이 나올 만했다. 우리 사무실에 출입하던 보안사 요원은 새로운 사령관을 두고 엄지 척을 하면서 "화끈하고 최고"라고 치켜세웠다.

1979년 7월 말에 전역한 나는 유학 수속으로 무척 바빴다. 부지런히 여권과 비자 발급 수속을 마치고 출국해서 뉴올리언스에 있는 툴레인 로스쿨에서 석사과정을 시작했다. 그리고 10월 26일, 박 대통령이 시해됐다. 그다음 날, 학교 수업에 갔더니 미국 학생들이 일제히 나를 쳐다보면서 어떻게 되어 가느냐고 물었다. 나는 그때 "앞날이 불안정할 것"이라고 답했다. 얼마 후 보안사령관이란, 키가 크고 머리가 벗겨진 사람이 TV에 등장해서 사건을 설명했다. 그때 나는 "우리 사령관이 최고"라면서 엄지 척을 해 보였던 보안사 요원의 말이 떠올랐다. 그리고 12·12가 일어났다. '화끈한 사람'이 일을 저질렀구나 하는 생각이 들었다.

제3장

1979~1982년

미국 유학 생활

툴레인 로스쿨을 선택하다

지금으로부터 40여 년 전인 1979년 여름, 나는 군 복무를 마치고 미국 남부 뉴올리언스로 유학을 떠났다. 그때만 해도 영어, 국사, 국민윤리로 이루어진 유학생 자격시험이 있었다. 영어 성적이 나쁘거나 국가관이 부족해서(?) 국민윤리 성적이 나쁘면 유학을 나갈 수가 없게 되어 있었다. 또 유학 여권을 내려면 경찰청에서 신원조회를 해 주어야 했다. 전두환이 정권을 잡은 후에 심야 통행 금지를 폐지하고, 유학과 해외관광을 자유화하기 전이었다.

나는 군복무를 하면서 짬짬이 유학을 준비했다. 장교라고 해도 근무가 바쁜 와중에 토플 등 유학을 준비하다 보니 입학 마감이 빠른 대학에는 서류를 내기가 어려웠다. 여하튼 펜실베이니아대학, 툴레인대학(Tulane University) 등 네 곳으로부터 입학 허가를 받았다. 그중 툴레인을 택했던 이유는 학비와 생활비가 다소 저렴하기도 했고, 무엇보다 비교법 분야, 특히 사법(司法)제도 비교를 공부해서 박사학위를 하고 싶었기 때문이다.

툴레인대학은 미국 남부 루이지애나주 뉴올리언스에 자리한 오래된 대학이다. 뉴올리언스는 미시시피강이 멕시코만으로 흘러 들어가는 큰 항구이며, 프랑스와 스페인의 문화가 남아 있는 유서 깊은 도시이다. 루이지애나주는 미국 50개 주 중 유일하게 프랑스 민법 체계를 따르고 있어서 '비교법의 실험실'이라고 불렸다. 우리나라에선 1세대 민법학자인 김증한 교수가 일찍이 미국 정부 초청으로 1950년대 중반에 툴레인대학에서 연구를 했다. 미국 정부는 우리 민법과 유사한 대륙법계 민법전이 있는 루이지애나주의 툴레인대학을 권장해서 한국인 교수로선 처음으로 뉴올리언스에서 교환 학자 생활을 한 것이다. 당시 미국 남부는 흑인 차별이 심했다. 그 때문에 버스와 전차에는 흑인 좌석이 별도로 마련되어 있었다. 김증한 교수는 전차를 탈 때 운전기사한테 어느 좌석에 앉아야 하느냐고 물었더니 힐끗 쳐다보고 백인 좌석에 앉으라고 하더라는 이야기를 하셨다.

미국 로스쿨 중에서 툴레인은 비교법(Comparative Law)에 관한 과목을 몇 개씩이나 개설하는 드문 경우였는데, 프랑스 민법을 계수한 루이지애나의 독특한 역사 때문이다. 저명한 비교법학자 페르디난드 스톤(Ferdinand Fairfax Stone: 1908~1989) 교수가 1979년까지 30년 동안 비교법연구소 소장으로 미국 내의 비교법 연구를 주도했다. 스톤 교수는 김증한 교수가 1950년대에 툴레인에서 연구할 때에도 많은 도움을 주신 바 있다. 하지만 내가 공부를 시작한 학기에 강의에서 은퇴하고 명예교수로 물러나 계셔서 강의를 들을 수는 없었다.

나는 사법제도에서 대륙법계와 영미법계가 어떻게 각기 발전하고 어떻게 서로 영향을 주었는지에 대해 공부하고 싶었다. 그러나 한 학기 공부하고 나서 그런 생각을 접었다. 우선 나의 프랑스 법과 독일 법 지식이 너무 얕았고, 나의 불어와 독어 실력은 원어를 읽기에는 터무니없이 부족했다. 더구나 당시 스톤 교수의 후임으로 비교법을 담당하던 교수가 별로였다. 그리고 첫 학기에 수강했던 환경법이란 새로운 과목에 나는 깊이 빠져들었다. 환경법을 담당했던 토머스 쇼엔바움(Thomas J. Schoenbaum) 교수는 실력도 있고 또 친절했다.

쇼엔바움 교수는 그 후 나의 지도교수가 되어서 박사학위를 따는 데 큰 도움을 주었다. 그는 나중에 조지아대학 딘 러스크 센터 소장을 역임했고, 환경법과 해사법 교과서를 집필하는 등 많은 업적을 남겼다. 행정법 강의를 수강한 폴 페어카일(Paul R. Verkuil) 학장, 헌법을 수강한 데이비드 겔펀드(M. David Gelfand) 교수도 내가 박사를 하는 데 도움을 주었다. 폴 페어카일 학장은 나중에 버지니아에 있는 윌리엄앤드매리대학(The College of William and Mary) 총장을 지냈다. 나보다 두 살 많은 데이비드 겔펀드 교수는 서울에도 두 번 방문했었고, 뉴올리언스와 올랜도에서 만나곤 했다. 그러나 불행하게도 2005년 가을에 불의의 사고로 사망했다. 강의에서 은퇴한 명예교수였던 스톤 교수는 나중에 박사학위 심사위원장을 맡아 주셨다. 이처럼 좋은 교수들을 만난 것도 행운이었다.

무능했던 카터 행정부와 레이건의 등장

유학 생활 초기이던 1979~1980년은 카터 행정부의 실패 징후가 여러 분야에서 감지되던 시기였다. 휘발유 가격은 갤런당 1달러를 훌쩍 넘어서 세 자릿수를 유지했고, 금리는 두 자릿수, 인플레도 두 자릿수였다. 자동차를 사려면 15%가 넘는 할부 이자를 내야 했으니 거리엔 오래된 자동차가 즐비했다. 이란혁명의 여파로 유가(油價)가 폭등하자 카터는 미국인은 이제 좀 더 어렵게 살준비를 해야 한다면서 겨울에는 실내에서 내복을 입으라고 했다. 그게 솔직한지 어떤지는 모르겠지만 기가 막힌 일이었다. 물론 존슨이 시작한 '위대한 사회' 정책으로 인해 재정지출이 증가했고, 달러를 찍어서 베트남전쟁을 하는 덕분에 생긴 인플레이션을 인계받은 까닭도 있다. 하지만 일단 대통령이 되었으면 무언가 해야할 것인데, 무능한 카터는 아무 일도 하지 못했다.

그런 카터는 인권외교를 주장했는데, 대상으로 떠오른 나라가 바로 박정희 정권이었다. 하지만 카터가 우방국의 인권을 걱정하는 사이에 쿠바는 니카라과 공산 세력을 지원했고, 소련은 아프가니스탄을 침공했으며 이란에는 호메이니 정권이 들어섰다. 공산정권과 극단 이슬람 세력에 대해선 아무런 인식이 없는 카터가 한국 정부를 상대로 인권을 들먹이더니 미국의 대외정책 전체가 무너지고 말았다.

유학 첫해인 1979년 가을 학기 중에 10·26이 발생했다. 박정희 대통령이 서거한 것이다. 10·26은 큰 사건이었지만 유학생들의 신변에 영향을 미치지는 않았다. 하지만 호메이니의 귀국으로 이슬람 혁명이 일어난 이란은 유학생 사회에도 큰 영향을 주었다. 이란 정부는 해외 유학생에 대해 소환령을 내렸는데, 대부분 친 (親)서방 이란 유학생들은 앞날을 걱정하는 등 어수선했다. 한 학생에게 "본국으로 돌아갈 거냐?"고 물었더니, "무슨 소리냐, 그들은 우리를 죽일 거야"라면서 손을 내저었다. 그때 학생 아파트에 같이 살았던 이란 유학생 대부분은 미국에 머물러 살았을 것이다. 또 다른 중동 국가 레바논은 당시에 심각한 내란에 휩싸여 있었다. 레바논에서 온 아델 파라라는 나이 든 학생은 나와 같이 박사과정을 하면서 가까이 지냈는데, 기독교도인 그는 공부를 빨리 끝내기보다는 미국에 정착하기 위해서 시간을 벌고 있었다. 레바논은 그때 이미 정상적인 삶을 살기가 어려워진 상태였다. 귀국하고 나서 얼마 지나서 연락이 끊겨 버린 그와 그 가족도 미국 어디에선가 정착해서 살았을 것이다.

연이어서 일어난 12·12도 큰 사건이었지만, 그 중요성은 소련군의 아프가니스탄 침공에 비할 바는 못 됐다. 당시에는 인터넷이 있는 것도 아니었고, 한국일보 미주판(美洲版)은 뉴욕이나 로스앤젤레스 같은 대도시에나 있었다. 미국 언론에 10·26과 12·12는 단지 하루 뉴스로 그쳐 버렸고, 5·18도 크게 다르지 않았다. 미국인들에게는 테헤란 대사관 인질 사태와 소련군의 아프간 침공이 훨씬 중요했다.

당시 미국인들은 카터에게 완전히 질려 버린 상태였다. 크라이슬러 자동차는 파산 위기에 처해서 구제금융으로 버텼고, 마이애미에 본사를 둔 이스턴항공은 부도가 났다. 그런 상황에서 등장한 로널드 레이건(Ronald Reagan: 1911~2004)은 미국을 다시 강하게 만들고 경제를 일으키겠다고 약속했고, 압도적으로 대통령에 당선됐다. 이런 생생한 과정은 나에게 큰 영향을 주었다.

1979년~1980년의 주요 사건들

1979년 2월: 파리에서 망명 생활을 하던 이란의 아야톨라 호메이니가 본국으로 귀국했다. 이란의 친서방 지도자 팔레비 왕은 가족과 함께 외국 망명길에 올랐다. 그해 4월, 이란은 이슬람공화국임을 선포했다. 호메이니는 미국에 대해 석유금수 조치를 취했다.

1979년 2월: 아프간 주재 미국 대사가 괴한에게 납치된 후 살해됐다. 테헤란에 있는 미국 대사관이 시위대에게 유린당했다가 미국의 항의로 원상 회복됐다.

1979년 7월: 니카라과에서 공산 산디니스타 반군(叛軍)이 수도를 장악했다. 친(親)서방 독재자 소모사 정권이 무너진 것이다. 산디니스타는 사회주의자가 아니라 공산주의자였고, 배후에 쿠바의 지원이 있었다.

1979년 9월: 아프가니스탄에서 쿠데타가 일어나서 무함마드 타라키 대통령이 반대파에 의해 피살됐다. 친(親) 소련파인 그가 피살됨에 따라 소련이 개입할 명분과 이유가 만들어졌다.

1979년 10월 26일: 박정희 대통령이 청와대 안가(安家)에서 사망했다.

1979년 11월 4일: 이슬람 급진 학생들이 테헤란에 있는 미국 대사관을 점거하고 미국 외교관 등 직원 52명을 인질로 잡았다. 이들은 444일간 포로로 잡혀 있다가 1981년 1월에 레이건 대통령이 취임한 후에 석방됐다.

1979년 12월 12일: 서울에서 12·12 사태가 일어났다.

1979년 12월 24일: 소련군이 국경을 넘어서 아프가니스탄을 침공했다. 미국은 모스크바 올림픽 보이콧을 발표하고 소련에 대해 경제제재 조치를 하게 된다.

1980년 4월 24일: 테헤란에 잡혀 있는 인질을 구출하기 위한 미군의 작전이 헬기 사고로 실패했다. 이 작전에 반대했던 사이러스 밴스 국무장관은 사임했다.

1980년 5월 18일: 광주에서 5·18이 발생해서 수많은 민간인 희생자가 생겼다.

1980년 9월: 이라크가 이란을 공격해서 이란-이라크 전쟁이 발발했다.

1980년 11월: 미국 대선에서 카터는 레이건에게 참패했다.

우아하고 아름다운 도시, 뉴올리언스

툴레인대학은 뉴올리언스의 업타운(up town)이라고 부르는 고풍(古風)이 깃든 우아하고 아름다운 고급주택가 한복판에 있다. 그 도시의 사업가, 변호사 그리고 교수들도 대개 캠퍼스 주변에 살았다. 캠퍼스 남쪽은 전차가 다니는 세인트 찰스대로(St. Charles Avenue)에 접해 있는데, 거리 양쪽에 있는 오래된 저택이 정말 좋아 보였다. 세인트 찰스대로는 다운타운에서 끝나는데, 거기에 유명한 프렌치 쿼터(French Quarter)가 있다. 학교에서 세인츠 찰스대로를 건너면 오듀본 파크가 있는데, 오듀본 동물원이 붙어 있다.

오듀본 소사이어티(The Audubon Society)로 유명한 존 오듀본(John J. Audubon: 1785~1851)은 프랑스 사람인데, 뉴올리언스에서 잠시 산 적이 있어서 공원을 그의 이름을 따서 지은 것이다.

프렌치 쿼터 한복판에는 제7대 대통령 앤드류 잭슨(Andrew Jackson)의 동상이 서 있다. 1812년 미영전쟁의 마지막을 장식한 뉴올리언스 전투를 승리로 이끈 앤드류 잭슨 장군을 기념하기 위함이다. 그 지역에는 특유의 오래된 나지막한 스페인·프랑스풍(風) 건물이 이어져 있고, 거리에는 유명한 식당과 카페, 그리고 술집들이 있다. 미시시피강둑 아래에 자리 잡은 카페 뒤 몽드(Cafe du Monde)는 그때나 지금이나 여전히 그 유명한 프렌치 커피와 프랑스 도넛 베녜를 팔고 있다.

프렌치 쿼터는 오래된 흑백영화 〈욕망이란 이름의 전차〉와 내가 유학 중 개봉된 〈캣 피플〉의 무대이기도 하다. 〈욕망이란 이름의 전차(A Street Car Named Desire)〉는 디자이어 스트리트(Desire Street)로 가는 전차를 의미하는데, 영화는 허무한 욕망의 결말을 그리고 있다. 〈캣 피플(Cat People)〉도 뉴올리언스를 무대로 찍은 영화인데, 당시 인기 절정이던 나스타샤 킨스키가 전나(全裸)로 나와서 화제가 됐다. 〈캣 피플〉은 오듀본 동물원을 중심으로 벌어지는 기이한 이야기를 담고 있는데, 오래된 뉴올리언스의 분위기를 잘 전달한 영화였다.

내가 툴레인에서 공부할 당시 뉴올리언스 시장은 흑인인 더치 모리얼(Dutch Morial: 1929~1989)이었는데, 프랑스·스페인계 백인 피가 섞인 혼혈이었다. 그는 변호사로 성공해서 백인 주류 사회에서 활동했는데, 시장 선거에선 자기가 흑인임을 내세워서 당선됐다고 한다. 1979년 늦가을에 있었던 루이지애나주 주지사 선거에선 툴레인 로스쿨을 졸업한 데이브 트린(Dave Treen: 1928~2009)이 당선됐다. 남북전쟁 후 첫 공화당 소속 루이지애나 주지사로 당선된 그는 4년 후 재선에는 실패했다. 흑인이 뉴올리언스 시장이 되고, 공화당원이 루이지애나 주지사가 되는 변화의 시대에 나는 뉴올리언스에서 공부하고 있었다.

뉴올리언스는 도시 자체로 보면 흑인 인구가 50%가 넘고, 백인 중산층은 교외 지역에서 살았다. 오랫동안 살아온 부유층은 그곳 전통을 지키고 있는 업타운 지역과 세인츠 찰스대로 주변에 살았다. 뉴올리언스는 물동량이 많은 항구이기 때문에 선박과 관련된 일자리가 많았다. 멕시코만(灣)에서 석유가 나와서 해저 석유 탐사와 생산 관련 일자리도 많았다. 그런 연유로 툴레인 로스쿨에는 해사법과 석유가스법 과목이 많이 개설되어 있었다.

뉴올리언스 도시를 벗어나면 주변 풍경은 대체로 황량하다. 미시시피강 하류의 델타 지역에 근접하면 바이우(bayou)라고 부르는 늪지대가 펼쳐진다. 지역민들은 커다란 프로펠러가 뒤에 달린 보트를 타고 새우, 가재(crawfish), 메기(catfish) 등을 잡는 생업에 종사한다. 이런 늪지대는 어업 생산성이 매우 높으며 여기서 나오는 민물 가재와 메기는 뉴올리언스를 대표하는 특유한 음식 재료이다. 늪지 물속 땅에 뿌리를 깊이 내리고 사는 사이프러스 군락(群落)도 볼 수 있었다. 늪지대 같은 습지(wet land)의 생태적 중요성이 인식된 것은 1970년대 들어서였다. 서울에서 자라나서 서울

밖에서 살아 보지 않은 나는 늪지대 같은 환경적으로 민감한 곳의
중요성을 루이지애나에서 보게 됐다.

100년 넘게 이어져 온 흑인 차별

루이지애나는 남부 중에서도 남부, 즉 'Deep South'로, 남북전
쟁 후 흑인을 차별했던 제도가 100년 동안 이어져 왔다. 1954년
에 미국 대법원이 흑백 분리가 위헌이라는 판결이 나와서 학교와
공공시설 및 대중교통에서의 흑백인 분리가 철폐되었지만, 흑인
들에 대한 보이지 않는 차별은 당시에도 많이 남아 있었다.

남부 대학들이 흑인 학생을 받고 흑인 교수를 채용하기 시작하
게 된 시기가 대체로 1970년대 들어서이다. 흑인 학생들은 등록
금이 비싼 좋은 사립대에 입학할 여건이 안 되어서 학비가 저렴하
고 입학이 쉬운 공립대학 또는 흑인을 위해 세워진 대학을 다니는
게 보통이었다. 우수한 흑인 학생들은 인종차별이 남아 있는 남부
보다는 동북부나 중서부 대학을 선호했고 교수직을 지망하는 흑
인들도 그랬다.

내가 공부하던 당시에 로스쿨 한 학년 130여 명 중 흑인 학생은
6~7명 정도였다. 그중 몇몇은 내가 보기에도 흑인 우대로 들어
왔을 것 같다는 생각이 들었다. 옷도 잘 입고 표정이 좋은 흑인 여
학생은 피부색이 밝은 혼혈 흑인이었다. 그때 이미 로스쿨은 학생
의 남녀 비율이 거의 50대 50이었으니까 고등교육에서의 남녀평

등은 1970년대 들어와서 확실하게 이루어진 셈이다. 전임 교수가 약 40명이었던 것으로 기억되는데, 여자 교수는 조교수, 부교수 몇뿐이었다. 당시는 여성이 비로소 로스쿨 교수로 진출하기 시작하던 시기였다. 지금은 어느 로스쿨이든 여교수가 30%는 된다. 당시 툴레인에는 흑인 남자 정교수가 한 명, 흑인 여자 조교수가 한 명 있었다.

흑인 남자 교수는 영국 주재 나이지리아 대사의 아들로, 고등학교와 대학을 영국에서 다니고 모스크바대학에서 박사를 하고 미국에서 다시 박사를 한 40대의 제법 유명한 사람이었다. 하지만 논문 표절이 문제가 되자 사표를 내고 사라져 버렸다. 나는 그 교수한테 비교법 과목을 수강했는데, 그는 정작 프랑스 법과 독일 법을 잘 알지 못함을 느꼈다. 흑인 여교수도 논문을 못 내서 테뉴어(tenure)를 포기했는지, 아니면 다른 이유가 있는 것인지 얼마 후부터 보이지 않았다. 미국 대학은 냉정해서 테뉴어를 못 받거나 표절 같은 문제로 그만두면 언제 그 사람이 우리 대학에 있었나 하는 식으로 아무도 관심을 두지 않는 무서운 사회였다.

툴레인 로스쿨과 영화 〈펠리컨 브리프〉

툴레인 로스쿨이 영화 무대가 된 적이 있다. 1993년에 나온 〈펠리컨 브리프(The Pelican Brief)〉이다. 존 그리섬의 소설을 영화화했는데, 줄리아 로버츠가 로스쿨 학생으로 나오고, 덴젤 워싱턴이 워싱턴 포스트 기자, 샘 셰퍼드가 헌법 교수이자 줄리아 로버츠의 연인으로 나온다. 영화에 헌법 시간 강의실 장면이 나오는데, 툴레인 로스쿨 헌법 시간을 그대로 빌려서 찍었다. 강의실에 있는 학생들도 배우나 엑스트라가 아니라 진짜 학생들이다. 줄리아 로버츠 옆에 앉아서 질문하는 여학생도 배우가 아니라 학생이다. 영화에서 이런 경우는 별로 없었다.

미시시피대학 로스쿨을 나온 변호사 존 그리섬은 첫 소설《더 펌(The Firm)》에서는 세법을 공부했던 자신을 모델로 했다. 그는 《펠리컨 브리프》를 쓰기 위해 뉴올리언스와 툴레인을 답사했다. 영화 속에서 줄리아 로버츠는 헌법 교수와 연인 관계인데, 그 헌법 교수는 자동차에 장치한 폭발물이 터져서 죽고 만다. 그리고 다비라는 이름의 학생으로 나온 줄리아 로버츠는 대법관 2명이 의문의 죽임을 당한 사건이 브라운 펠리컨 등 멸종위기 조류(鳥類)가 많이 살고 있는 루이지애나 늪지대에서 석유 채굴권을 얻어 내려는 세력과 관련이 있다는 내용의 리포트 '펠리컨 브리프'를 작성한다. 가설로 작성한 '펠리컨 브리프'가 사실이었기 때문에 이것을 읽어 본 사람은 모두 죽게 되고, 필사적으로 도망치는 줄리아 로버츠와 그녀를 돕는 신문기자의 이야기가 박진감 있게 전개된다.

영화의 모델이 된 실제의 헌법 교수는 영화 속의 샘 셰퍼드(영화 블랙 호크 다운 Black Hawk Down에서 현지 미군 지휘관으로 나온다)보다 키가 작으며 여학생과 로맨스도 하지 않았다. 그걸 내가 어떻게 아는지 궁금할 것이다. 그 교수가 바로 내가 헌법 강의를 들은 데이비드 겔펀드이었기 때문이다. 그런데 그는 2005년 불의의 사고를 당하게 된다. 허리케인 카트리나로 대학이 휴교하자 가족과 함께 플로리다로 여행을 갔는데, 비치에서 수영하던 중 파도에 휩쓸려서 사망했다. 나보다 두 살밖에 많지 않아서 내가 교수가 된 후로는 친구처럼 교류했는데, 허무하게 세상을 뜨고 말았다.

그 시대 미국을 반영한 영화들, 반전에서 애국으로

학교 대강당에선 학생회 주관으로 금요일 저녁에 무료 영화 상영을 종종 했는데, 그때 본 영화가 베트남전쟁을 그린 〈디어 헌터(The Deer Hunter)〉와 〈지옥의 묵시록(Apocalypse Now)〉이었다. 두 영화 모두 충격적 장면이 많다. 〈디어 헌터〉의 러시안룰렛 장면이 특히 그랬다. 영화는 전쟁의 광기가 펜실베이니아 산간에서 노루 사냥을 하던 젊은이들을 어떻게 변화시키는지를 잘 보여 주었다. 청순한 모습으로 나오는 메릴 스트립은 이 영화로 일약 스타가 됐다. 〈지옥의 묵시록〉도 그러했다. 인디언 부족과 전쟁을 벌이다가 전 부대원이 전사한 역사를 갖고 있는 제7기병연대 소속 헬기 부대를 이끌고 베트콩 부락을 덮치는 킬고어 중령(로버트 듀발 역), 전쟁의 광기에 완전히 미쳐서 캄보디아 정글 속에 자신의 왕국을 만든 커츠 대령(말론 브란도 역), 그리고 그를 살해하라는 임무를 띤 윌러드 대위(마틴 신 역), 이들은 모두 미친 것이다. 두 영화의 우울한 분위기는 그 시대 미국 바로 그대로였다.

그리고 레이건 정부가 들어섰다. 1986년에 톰 크루즈가 주연한 〈탑 건(Top Gun)〉이란 영화가 나왔다. 해군 조종사들을 다룬 〈탑 건〉은 대성공을 거두었고 주제곡도 대히트를 쳤는데, 영화 줄거리는 단순하기 짝이 없다. 1981년 여름에 리비아 근해를 초계비행 중이던 미 해군 톰캣 전투기(F-14)가 리비아 공군기 두 대를 미사일로 격추한 시드라만(灣) 사건에 착안해서 만든 이 영화는 레이건 행정부 시절의 애국주의와 낙관론을 상징했다. 불과 몇 년 만에 할리우드가 반전(anti-war)에서 애국(patriot)으로 선회한 것이다. 영화가 시대를 따라가는지, 아니면 시대를 이끌어 가는지, 그것은 생각하기 나름이다.

범죄 해방구로 전락한 공공임대주택

대학 시절에 나는 빈곤퇴치를 위한 강력한 복지대책을 촉구했던 경제학자 군나르 뮈르달(Karl Gunnar Myrdal: 1898~1987)이 옳다고 생각했었다. 하지만 인구의 절반이 흑인이던 뉴올리언스에서 공부하던 중 그런 생각은 사라지고 말았다.

내가 공부를 한 툴레인대학에서 자동차로 비즈니스 빌딩과 프렌치 쿼터가 있는 다운타운으로 가려면 공공주택(public housing) 단지 부근을 통과해야 했다. 슬럼이 된 붉은 벽돌 건물이 양쪽으로 끝없이 이어지고 있어 나도 모르게 긴장하게 되는 곳이었다. 그 지역으로 갈 일은 없었지만, 자동차로 거기를 관통하는 것조차 위험할 수 있었다.

뉴올리언스는 뉴딜정책의 하나로 추진된 공공임대주택을 1940~1950년대에 많이 건설했다. 초기에는 저층 아파트인 공공임대주택에 백인들도 들어가 살았으나 얼마 지나지 않아 흑인들만 거주하는 곳으로 전락했다. 임대주택은 자기 소유가 아니었기 때문에 주민들이 집 관리도 잘 하지 않았고, 그 많은 공공주택을 당국이 제대로 운영할 수도 없었다. 1970년대에 들어서자 낡은 공공주택은 사람이 살기 어려운 환경이 되었지만, 달리 살 곳이 없는 사람들은 그곳을 떠나지 못했다. 저소득층과 직업이 없는 젊은이들이 많이 살다 보니 살인, 마약 등 강력범죄가 빈발하는 위험한 곳이 돼 버렸다.

내가 공부했던 1979년~1980년대 초, 미국의 대도시는 어느 곳이나 범죄가 큰 문제였다. 특히 뉴올리언스는 인구 대비 살인사건이 가장 많은 곳으로, 그야말로 '살인의 수도(Murder Capital)'였다. 살인은 공공주택단지 내에서 가장 많이 발생했고, 총질과 칼싸움도 마찬가지였다. 공공주택단지는 너무 위험해서 야간에 경찰차로 순찰 나가는 경찰관은 방탄복과 산탄총(shotgun)으로 중무장해야 했다. 공공주택단지 야간순찰은 월남전 당시 베트콩 지역에 수색 나가는 것만큼 위험하다는 신문기사가 날 정도였다.

그러면 도대체 거기 사는 사람들은 무슨 일을 하고 사는지 궁금할 것이다. 최저임금을 받는 이런저런 일용직을 많이 했겠지만, 복지 수당만으로 먹고살 수도 있었다. 임대주택은 거의 무상이었다. 존슨 대통령은 '빈곤과의 전쟁(War against Poverty)'을 한다면서 각종 복지 혜택을 저소득층에 제공했다. 푸드(food) 스탬프가 나오고, 부모 중 한 명이 없고 아이가 있으면 아이 숫자만큼 양육비가 나오고, 알코올중독과 마약중독으로 일을 못 하면 장애인 수당을 받았으니 굳이 일할 필요가 없었다. 이런 현상은 뉴욕, 시카고 등 어디나 마찬가지였지만 뉴올리언스는 도시 규모에 비해 그 비중이 컸다.

1980년 대선에 출마한 로널드 레이건은 무상복지를 없애고, 그 대신 직업훈련을 제공해서 위대한 미국을 만드는 데 동참하도록 하겠다고 약속했다. 하지만 아무리 레이건이라고 해도 이미 기득권이 되어 버린 복지에 손을 대는 데는 한계가 있었다. 그리고 20년 세월이 흘렀다. 2005년 늦여름, 초대형 허리케인 카트리나가 뉴올리언스를 덮쳤다. 미시시피강과 이어지는 배수 운하(drainage canal)의 제방이 무너지자 저지대에 있던 공공주택단지가 몽땅 물에 잠기고 말았다. CNN을 통해 전 세계에 알려진 뉴올리언스 공공주택단지의 처참한 모습은 미국이 아니라 제3세계 같았다. 다만 제3세계와 다른 점이 있다면 뉴올리언스의 빈민은 비만이 많았다는 점이다.

뉴올리언스시(市)는 물에 잠겨서 황폐하게 된 방대한 지역을 포기했고, 거기에 살던 많은 주민은 휴스턴 등지로 분산되어 흩어졌다. 마침내 이들이 공공주택단지란 게토(ghetto)에서 벗어난 것이다. 이들이 과연 새로운 환경에서 적응했는지는 알 수 없다. 뉴올리언스는 극단적 경우이지만 미국의 어느 도시나 루스벨트의 뉴딜과 존슨의 '위대한 사회' 정책으로 건설된 낡은 공공주택은 심각한 도시문제가 되어 있다. 나는 그때부터 정부가 임대주택을 건설하기보다는 개인이 아파트를 살 수 있도록 주택청약예금과 주택부금 제도를 도입한 박정희 대통령이 현명했다고 생각하게 됐다.

미국의 치부(恥部)나 마찬가지인 뉴올리언스의 공공주택단지는 2019년에 나온 영화 〈블랙 앤드 블루(Black and Blue)〉의 무대가 되기도 했다. 허리케인 카트리나로 엄청난 피해를 봤지만 다른 곳으로 갈 수가 없는 흑인들이 모여 사는 뉴올리언스의 퇴락하고 위험한 공공주택단지를 무대로 한 이 영화를 보면서 이런 곳을 카메라에 담았다는 게 신기했다. 영화 제목은 '흑인과 경찰'을 의미하는데, 카리브 출신 부모에서 태어난 영국 배우 나오미 해리스가 경찰로 나온다. 아프간전쟁에서 돌아온 해리스는 고향 뉴올리언스 경찰로 특채되어 순찰에 나서는데, 모든 것은 그녀가 기억하던 시절과 너무나 달랐다. 흑인 마약 갱단들이 암투를 벌이고 경찰은 거기에 적당히 편승해서 문제가 커지는 것만 막는 정도로 공모를 하는 상황이었고, 백인 경찰이나 흑인 경찰이나 그 점에선 다를 것이 없었다. 그런 상황에 정직한 흑인 여자 경찰이 나타난 것이다. 영화는 반전(反轉)에 반전을 거듭하면서 박진감 있게 전개된다. 영화 속에선 공공주택 아파트 건물이 흑인 갱단 소굴로 나온다. 덴젤 워싱턴이 주연한 〈아메리칸 갱스터(American Gangster)〉에도 뉴욕의 공공주택 아파트가 마약 공장으로 등장한다. 〈아메리칸 갱스터〉는 실제로 존재했던 흑인 마약범죄단을 영화화한 것이다. 공공주택은 그 정도로 범죄 해방구가 되어 버렸다. 연방정부가 막대한 세금을 퍼부어서 시작한 주택복지 정책이 이런 결과를 낳을지 당시에는 잘 몰랐을 것이다.

훌륭한 교수들과 함께한 마이애미 로스쿨

나는 어쩌다 보니까 석사학위를 세 개나 취득했다. 통상적으로 한국에서 석사하고 미국에서 석사를 한 후 박사를 하는 게 정상인데, 나는 플로리다에 있는 마이애미대학(The University of Miami)에서 석사를 하나 더 했다. 툴레인에서 석사를 마쳐도 박사과정에 들어갈 만한 준비가 되어 있지 않아서 해양법, 해양환경법 등을 더 깊이 공부하기 위해 그런 과목을 개설하고 있는 마이애미 대학 석사과정에 다시 들어간 것이다.

마이애미대학은 당시로선 미국 전체로 볼 때 아주 좋은 대학은 아니었다. 하지만 마이애미대학교의 단과대학인 로즌스티엘 해양 대기대학(Rosenstiel School of Marine and Atmospheric Science)은 해양과학과 기상학으로 세계적으로 우수한 대학으로 인정받고 있었다. 버지니아 키(Virginia Key)에 자리 잡은 로즌스티엘대학은 그 규모와 명성으로 보더라도 별개의 대학교라고 할 만했다. 미국 본토 가장 남쪽에 있는 대학이라서 열대 해양과 기상에 관한 연구에 특화되어 있었고, 제법 큰 실습 선박 몇 척을 갖고 있었다. 이런 것이 미국의 대학이고 미국의 힘이라고 느꼈다.

로스쿨은 다른 단과대학과 함께 마이애미 도심에서 남서쪽으로 조금 떨어져 있는 코럴 게이블즈(Coral Gables)의 메인 캠퍼스에 있다. 작은 교외 도시인 코럴 게이블즈는 지중해풍(風)으로 설계한 계획도시인데, 내가 공부한 1980년대 초에는 고층 건물이 거의 눈에 띄지 않았다. 한때 유명했던 빌트모어 호텔 역시 그 당시에는 황폐한 상태로 비어 있었다. 그러다 마이애미 경제가 성장하자 호화 호텔로 수리해서 다시 문을 열었다. 그때나 지금이나 부유층이 사는 코럴 게이블즈에서 마이애미대학이 차지하는 비중은 절대적이다. 지금은 코럴 게이블즈에도 고층 건물이 들어섰고, 플로리다주지사를 지낸 젭 부시(Jeb Bush) 부부도 그곳에 살고 있다.

마이애미 로스쿨은 1974년에 시카고대학에 있던 소야 멘치코프(Soia Mentschikoff: 1915~1984) 교수를 학장으로 영입해서 우수한 교수를 초빙하는 등 학교 명성이 높아지고 있었다. 토머스 클린건(Thomas A. Clingan) 교수가 해양법을 가르치고, 버나드 옥스먼(Bernard H. Oxman) 교수가 국제법을 담당하고 있었다. 클린건 교수는 해안경비대 함장을 역임했는데, 해양법 중에서도 어로(漁撈)법과 해양환경법 분야에 관심이 많았다. 나는 클린건 교수가 담당하는 해양법과 세미나 강좌를 수강했는데, 세미나에서 준비했던 내용이 박사학위 논문의 토대가 됐다. 옥스먼 교수는 당시 국제법학계에서 떠오르는 별이었다. 컬럼비아 로스쿨을 졸업하고 국무부 법률자문관실에서 해양·환경 분야를 담당해 오면서 미국 정부의 해양법 협상을 주도해 왔다. 그는 1977년에 마이애미대학에 국제법 교수로 부임했다.

클린건 교수와 옥스먼 교수는 당시 막바지에 있었던 유엔 3차

해양법 회의의 미국 측 부대표로 참여하고 있었다. 당시 해양법 회의 미국 측 수석 대표는 워터게이트사건 때 특별검사 아치볼드 콕스를 해임하라는 닉슨 대통령의 지시를 거부하고 법무부 장관직을 사임해서 유명해진 엘리엇 리차드슨(Elliott Richardson)이었는데, 협상이 마무리되어 가자 대표직을 조지 알드리치(George H. Aldrich) 대사에게 맡기고 은퇴했다.

1981년 봄 학기 해양법 세미나는 클린건 교수가 뉴욕에서 열리는 해양법 회의에 참석하기 위해 중간에 휴강을 했다. 새로 들어선 레이건 정부는 해양법 협약에 대해 전반적인 리뷰가 필요하다면서 뉴욕에서 열린 마지막 준비 회의에서 서명을 거부하고 수석 대표 알드리치 대사를 경질했다. 수석대표가 경질됨에 따라 부대표이던 클린건 교수가 미국 측 수석대표 대행을 했는데, 미국이 서명을 거부해서 뉴욕에서 열린 준비 회의는 결실을 맺지 못하고 무산되어 버렸다. 언론은 이 사건을 두고 "미국이 해양법 회의 막판에 상어로 돌변했다"고 꼬집었다.

나는 TV 뉴스를 통해서 유엔본부 회의장 미국 대표단 좌석에 클린건 교수와 옥스먼 교수가 앉아 있는 모습을 보았다. 클린건 교수가 수업에 복구하자 그때 벌어졌던 긴박한 상황을 들을 수 있었다. 심해저 개발기술의 무상 이전 문제에 대해 미국 기업들이 반대하자, 새로 들어선 레이건 정부는 정책적 리뷰를 할 시간이 필요하다면서 막판에 서명을 보류하기로 했다는 것이다. 하지만 해양법 협약은 오랜 협상 끝에 내용이 확정되어서 수정할 수 없었다. 결국, 서명을 거부한 미국은 오늘날까지 해양법 협약의 체약

국이 아니다.

나는 옥스먼 교수의 국제법 강의도 정말 흥미롭게 들었다. 그는 강연 방식으로 강의를 했다. 별다른 강의 자료도 없이, 해박한 지식을 동원해서 막힘 없이 풀어 가는 그의 강의는 지금도 나의 기억에 인상 깊게 남아 있다. 국제법은 변호사 시험 과목이 아니었기 때문에 원래 수강생이 적다. 하지만 마이애미에선 옥스먼 교수가 워낙 유명한 강의로 소문이 나 있어 많은 학생이 국제법을 수강했다.

한번은 옥스먼 교수가 자기가 사는 타운하우스로 학생들을 초대해서 간단한 와인 파티를 열었다. 그는 혼자 살고 있었는데, 서재와 거실이 잘 꾸며져 있었다. 국제법 시간에는 캐롤라인이란 여학생이 나의 옆자리에 앉았다. 그녀는 시카고 로욜라 로스쿨을 졸업하고 변호사를 몇 년 하다가 국제금융과 국제조세법을 공부하러 전문석사 과정에 들어온 학생으로 나와 나이가 비슷했다. 캐롤라인은 재잘거리면서 이야기를 재미있게 해서 한 학기 동안 심심치 않았다. 그녀가 옆자리에 앉아 "옥스먼 교수 집 파티에 다녀왔어?"라고 물어서, "다녀 왔어, 근데 옥스먼이 혼자 사는 것 같다"라고 했다. 그랬더니 나를 빤히 쳐다보고는 "그는 게이야, 너만 모르고 있어" 하면서 웃었다. 캐롤라인은 그 후 어떻게 살았는지, 지금은 어디에서 무엇을 하고 있는지 이따금 생각이 난다.

그 외에도 나는 해안법(Coastal Law)라는 독특한 법을 공부했다. 해안지역 개발을 둘러싼 법적 분쟁, 해안지역을 보호하기 위한 연방법과 플로리다 주법 및 관련 판례를 다루는 과목이었다. 바닷가

지역이 과잉 개발되어서 비치가 사라지는 것을 막고, 생태계의 보고인 늪지대를 보존하기 위한 연방법과 주법을 공부하면서 많은 교훈을 얻었다. 플로리다의 해안도로를 운전하다 보면 얕은 바닷가 습지에 뿌리를 내리고 사는 맹그로브숲을 흔히 볼 수 있는데, 과거에는 아무 용도가 없다면서 뽑아 버리고 매립을 했다. 하지만 1970년대 들어서 그런 개발은 엄격하게 금지하는 등 해안생태계를 철저하게 보전하고 있다.

마이애미에서 조금만 벗어나면 방대한 늪지 생태계를 보호하고 있는 에버글레이즈국립공원(The Everglades National Park)을 갈 수 있다. 또 섬과 섬을 잇는 도로로 연결되는 플로리다 키(Key)를 거쳐서 가장 남쪽 끝인 키 웨스트(Key West)를 갈 수 있다. 해안법 과목에선 이런 지역에서 발생한 환경소송도 많이 다루었다. 내가 대학에 자리 잡은 후 이런 문제에 대해 논문을 발표하고 우리나라 간척이나 해안개발을 비판적으로 보게 된 계기는 마이애미대학에서 해안법 강좌를 수강한 데서 비롯됐다.

하버드 로스쿨 최초의 여교수, 소야 멘치코프

마이애미 로스쿨 학장이던 소야 멘치코프는 러시아에 살던 미국인 부모에서 태어났는데, 혁명 전에 미국으로 돌아와 뉴욕에서 자랐다. 대학을 15세에 입학했고 졸업하자마자 컬럼비아 로스쿨에 들어가서 1937년에 졸업했다. 22세에 변호사가 된 그녀는 뉴

욕의 큰 로펌에 취직해서 일했는데, 1945년
에 파트너가 됐다. 소야는 미국의 대형 로
펌에서 파트너가 된 최초의 여성이란 타이
틀을 갖게 됐고, 하버드 로스쿨에서 객원교
수로 강의하기도 했다. 덕분에 하버드 로스
쿨에서 강의를 한 최초의 여자 교수라는 타
이틀도 갖게 됐다.

소야 멘치코프

　미국은 상사거래가 각 주별로 다른 상법의 적용을 받아서 문제
가 많았다. 이것을 통일해서 통일 상법전(UCC)을 만들자는 움직
임이 있어 왔는데, 이 작업의 책임을 컬럼비아대학 교수이던 칼
르웰린(Karl Llwellyn: 1893~1962)이 맡게 됐다. 법현실주의(Legal
Realism) 운동을 주창한 당대의 법학자인 칼 르웰린은 첫 부인과
이혼하고 재혼을 했지만 두 번째 부인과도 사이가 좋지 않았다.
르웰린은 자신의 연구 보조원이던 소야 멘치코프와 인간적으로
긴밀한 관계를 맺었고, 두 번째 부인과 이혼한 후 1946년에 소야
와 결혼했다. 당대의 법학자가 22세 연하의 제자와 결혼했으니
큰 화젯거리였다. 1951년에 끝난 통일 상법전 작업은 책임자만
칼 르웰린이었고, 실제로는 월가(街)에서 상사법을 다루었던 소
야가 도맡았다고 전해진다. 소야는 통일 상법전에 대한 비판에 대
응하는 등 활약을 해서 널리 알려졌다.

　상법전 작업을 끝낸 르웰린과 소야는 시카고대학 로스쿨의 에
드워드 리바이(Edward Levi: 1911~2000) 학장의 초빙으로 시카고
로 옮겼다. 당시 시카고대학은 로버트 허친스(Robert M. Hutchins:

1899~1977) 총장이 이끌었는데, 그는 약관 28세에 예일 로스쿨 학장으로 커리큘럼을 혁신한 전설적인 인물이다. 리바이 학장은 나중에 시카고대학 총장을 지냈고, 제럴드 포드 행정부에서 법무부 장관을 지냈다. 시카고대학은 부부가 같은 대학에 교수로 근무하는 것을 금지하고 있다. 그래서 리바이 학장은 학칙에 따라 르웰린은 정교수로, 소야는 전문강사(Professional Lecturer)라는 타이틀을 부여했다.

두 사람 덕분에 시카고 로스쿨은 주목을 받았는데, 학생들은 소야의 강의를 더 좋아했다고 한다. 1962년 르웰린이 69세로 타계하자 시카고대학은 소야에게 정교수 타이틀을 부여했고, 그녀는 비교적 조용하게 강의와 연구로 세월을 보냈다. 그러다 1974년 마이애미대학은 그녀에게 총장급 대우와 교수 임용권 등 전권을 부여하고 학장으로 초빙해서 미국 법학계에 화제의 인물로 다시 떠올랐다. 그녀는 마이애미 로스쿨 학장으로 1982년에 은퇴할 때까지 유능한 교수를 초빙하고 기금을 확충하는 등 많은 일을 했다. 그리고 1984년 6월, 69세에 암으로 사망했다.

나는 로스쿨 도서관의 널찍한 개방식 좌석에서 밤늦게 공부하기를 좋아했다. 멘치코프 학장은 종종 밤늦게 도서관을 둘러보고 퇴근을 했는데, 나와 눈이 마주치면 인자한 미소를 지어 보이곤 했다. 소야는 학장이 무엇을 하는 사람이냐고 물으면 "늦게까지 머물고 전등 스위치를 끄는 사람"이라고 농담을 했다고 한다. 귀국해서 대학에 자리를 잡고 1년 만에 그녀가 암으로 사망했다는 소식을 접하고 정말 놀랐다. 그 인자한 미소는 40년이 지난 지금도 나에게 진하게 남아 있다.

격동의 마이애미, 쿠바 난민과 흑인 폭동

마이애미는 해변 휴양도시였으나 1958년에 쿠바가 공산화된 후에 쿠바 난민이 대거 장착해서 도시의 모습을 바꾸어 놓았다. 마이애미 도심의 '리틀 아바나'라는 지역은 온통 쿠바계 사람들이 자리를 잡고 상점과 식당을 운영하고 있었다. 이들은 가게 앞에 '우리는 영어를 합니다(We Speak English.)'라는 안내문을 붙여놓고 있었다. 이들은 스페인어가 일상적 공용어이지만 영어도 할 줄 아니까 안심하고 들어오라는 뜻이었다. 카스트로 공산 체제를 피해서 맨몸으로 마이애미에 정착한 이들은 20년이 지난 그 시점에 이미 훌륭하게 자리를 잡았다.

내가 그곳에서 공부할 때 시장은 모리스 페레(Maurice Antonio Ferré: 1935~2019)였는데, 푸에르토리코 출신으로 첫 라틴계 마이애미 시장이었다. 1973년부터 시장을 한 그는 겉보기에는 백인 같았다. 그 뒤를 이어서 쿠바 태생으로 부모를 따라 마이애미로 건너온 자비에르 수아레즈(Xavier Louis Suarez: 1949~)가 여러 해 시장을 역임했고, 지금은 그 아들이 시장을 하고 있다. 다른 히스패닉과 달리 쿠바계 주민들은 교육 수준도 높고 카스트로에 대한 적개심이 커서 공화당을 지지하는 경향이 강하다.

나는 1980년 8월 새 학기에 맞추어 마이애미에 도착했는데, '마리엘 보트리프트(Mariel Boatlift)'와 인종 폭동이 지나간 직후였다. 1980년 초, 일단의 쿠바인들이 아바나 소재 페루 대사관에 버스로 밀고 들어가서 망명을 요구하는 일이 발생했다. 카스트로 정부는 이들의 송환을 요구했지만 페루 대사관은 거절했다. 그러자 카스트로는 아바나 주재 외국 대사관을 지키던 경비병력을 철수시켰다. 이 소식을 들은 쿠바인 수천 명이 아바나에 있는 외국 대사관 구내로 몰려가서 망명을 요구했다. 카스트로는 마지못해 외국 대사관이 마련한 항공편을 이용한 출국을 허용했다. 더 많은 쿠바인이 외국 대사관으로 모여들자 카스트로는 5월부터 6개월간 플로리다 남단 키 웨스트(Key West)와 가까운 마리엘 항구를 개방할 테니 쿠바를 떠날 사람은 떠나라고 폭탄선언을 했다.

카터 대통령은 쿠바를 떠나는 사람들은 정치적 망명자로서 미국 입국을 허용하겠다고 발표했다. 쿠바가 공산화된 후에 마이애미 등지에 들어와 살고 있던 쿠바계 미국인들은 자신들의 친척과 지인을 데려오기 위해 보트를 마리엘 항구에 보냈고, 쿠바인들을 태운 크고 작은 선박과 보트가 떼를 지어서 키 웨스트에 도착했다. 그해 5월과 6월 두 달 동안 쿠바인 10만 명이 키 웨스트에 도착했다. 예상보다 3~4배 많은 쿠바인이 몰려들자 비상사태가 발생했다. 가까운 친척 친지를 만난 쿠바인들은 다행이었지만 연고가 없는 쿠바인들은 수용시설에 머물다가 전국 각지로 흩어졌다. 이런 엑소더스는 8월까지 계속되어서 총 12만 5,000명이 미국에 입국했다. 이것을 '마리엘 보트리프트'라고 부른다. 동서 냉전시대에 있었던 대규모 엑소더스였다.

1958~1959년에 마이애미에 정착한 쿠바인들은 교육을 받은 중산층이 많았지만, 1980년에 들어온 쿠바인들은 그렇지 못했다. 카스트로는 감옥을 열어 범죄인들도 함께 방출시켰다. 카스트로의 이 같은 고단수에 순진한 카터는 아무런 준비도 되어 있지 않았다. 1980년에 들어온 쿠바인 중에는 범죄인도 많아 나중에 마약 갱단을 조직하기도 했다. 이런 분위기에 편승해서 아이티인 2만 명이 보트를 타고 플로리다에 상륙해서 이들의 처리 문제가 골칫거리로 등장했다. 단기간에 많은 이민자가 유입돼서 마이애미는 치안이 불안해지는 등 문제가 많았다.

1980년 5월, 마이애미에선 인종 폭동이 일어났다. 1979년 12월, 오토바이를 난폭하게 운전하다가 사고를 낸 흑인 세일즈맨을 연행하는 과정에서 백인 경찰관들이 폭력을 가해 사망케 한 사건이 발생했다. 백인 경찰관 네 명은 살인 등 혐의로 기소됐는데, 마이애미에서는 공정한 재판을 받을 수 없다고 우려해서 탬파에서 재판을 받았다. 5월 17일, 전원 백인으로 구성된 배심은 경찰관 전원을 무죄로 평결했다. 그러자 마이애미 곳곳에서 흑인 시위가 발생했고, 곧 방화와 폭동으로 발전했다. 3일간 계속된 폭동 와중에 백인 10여 명이 흑인 폭도들에게 살해당했다. 흑인 시위대가 지나가는 백인을 차에서 끌어내서 폭행하고 심지어 살해해서 충격을 주었다. 폭동과 살인은 리버티 시티, 코코넛 그로브 등 흑인 거주 지역에서 주로 일어났다. 흑인 폭동은 주지사가 방위군을 동원해서 폭동을 진압하고야 진정되었다. 그러나 마이애미 폭동은 한인 교포들이 큰 피해를 본 LA 폭동의 전주곡이었다.

나는 쿠바 난민과 흑인 폭동 뉴스를 보고 적잖이 걱정했다. 하지만 마이애미에 도착한 8월에는 쿠바 난민도 폭동 사태도 수습이 끝난 후였다. 무엇보다 캠퍼스가 있는 코럴 게이블즈는 치안 걱정이 필요 없는 부촌이었다. 미국 대도시는 어디나 인종과 치안이 가장 큰 문제였지만, 마이애미의 흑인은 백인과 쿠바계에 이어 3류 시민으로 대접받기 때문에 인종 갈등이 더욱 첨예하다는 이야기를 들었다. 마이애미는 북쪽의 팜 비치에서 남쪽의 키 비스케인까지 온통 비치라서 해수욕의 천국이지만, 바닷가에서는 거의 흑인을 보지 못했다. 대서양이 코앞에 있어도 그것을 즐길 여유가 없는 것이다.

또 1980년대 초 마이애미에는 남미에서 들어오는 마약과 관련된 살인사건이 무척 많아서 거의 매일 뉴스에 나올 정도였다. 1979년에 있었던 데이드랜드 쇼핑몰 기관총 살인사건 등 콜롬비아 카르텔이 마이애미에 침투해서 벌인 살인은 헤아릴 수가 없을 정도였다. 1980년대 마이애미는 중남미로부터 들어오는 코카인이 미국 전역으로 퍼져 나가는 전진기지였다. 그런 마이애미도 1980년대 말부터는 금융시장이 커지고 건설 붐이 이는 등 경제가 급성장했다. 그런데도 마이애미에 본사를 두고 있던 이스턴항공은 끝내 파산하고 말았다.

당시에 대학생 할인으로 교내 아파트에 매일 아침 배달해 주던 종합일간지 마이애미 헤럴드(The Miami Herald)를 읽었던 것도 추억으로 남아 있다. 마이애미 헤럴드는 뉴올리언스에서 보던 지역일간지 타임즈-피카윤(The Times-Picayune)보다 읽을 것이 훨씬 많았다. 마이애미-데이드 카운티 외에도 포트 로더데일, 팜비치까지 독자 권역이 넓어서 그랬을 것이다. 서울에 돌아와서 얼마 후에 AFKN에서 〈마이애미 바이스(Miami Vice)〉라는 TV 시리즈가 방송되어서 반갑게 보곤 했다. 〈마이애미 바이스〉는 큰 히트를 해서 마이애미를 홍보하는 효과가 있었다고 한다. 또 마이애미 사운드 머신(Miami Sound Machine)이란 그룹사운드가 인기를 얻어서 우리나라에도 알려졌는데, 얼마 후 '글로리아 에스테판과 마이애미 사운드 머신'으로 이름을 바꾸었다. 글로리아 에스테판(Gloria Estefan)과 그녀의 남편 에밀리오는 모두 쿠바에서 태어나서 어릴 때 부모와 함께 마이애미로 건너왔다. 글로리아는 마이애미대학을 1979년에 졸업했는데, 모교에 기부를 많이 했고 모교 재단 이사를 맡고 있다. 글로리아와 그녀의 남편은 호텔 두 개와 레스토랑, 카페 여러 개를 소유하고 있는 사업가이기도 하다. 쿠바계 미국인들은 이처럼 남부 플로리다에 모여 살고 있어서 정치적, 사회적으로 큰 영향력을 갖고 있다.

로널드 레이건과 조지 H. W. 부시

1979년 가을부터 미국은 대통령 선거 분위기가 완연했다. 카터의 실정으로 공화당의 집권이 거의 확실시됨에 따라 누가 공화당 후보가 되는가가 관심사였다. 1976년 대선 공화당 예비선거에서 포드 대통령을 바짝 추격했던 로널드 레이건 전 캘리포니아 주지사가 공화당의 선두 주자임은 틀림없었다. 레이건 외에도 주 유엔 대사와 CIA 국장을 지낸 조지 H. W. 부시, 테네시 출신 3선 상원의원 하워드 베이커, 존 코넬리 전 텍사스 주지사, 1976년 대선 때 공화당 부통령 후보였던 밥 돌 상원의원 등 잘 알려진 거물급과 일리노이 출신인 존 앤더슨 하원의원이 공화당 경선에 출마를 선언했다. 선두 주자인 레이건은 70을 앞둔 노년이었는데, 감세(tax cut)로 소비를 진작시켜 경제를 살리겠다고 해서 캠퍼스 안에서는 그걸 두고 '말도 안 되는 이야기'라고 흥분하는 교수와 대학원생이 많았다. 그러나 캠퍼스 밖은 대세가 이미 레이건이었다.

1979년 늦가을부터 툴레인 캠퍼스에도 대통령 선거 바람이 불었는데, 공화당 하원의원인 존 앤더슨을 지지하는 운동이 활발했다. 일리노이 출신으로 10선 하원의원인 존 앤더슨(John B. Anderson: 1922~2017)은 공화당원임에도 남녀동권헌법수정안(ERA)에 찬성하고, 베트남전쟁에 반대했으며 워터게이트사건을 강도 높게 비난해서 지식인과 대학생들 사이에서 인기가 높았다. 로스쿨에도 존 앤더슨 배지를 가슴에 붙이고 다니는 학생이 많았다. 앤더슨은 국방비 지출을 늘리고 감세를 하면서 균형재정을 달성할 수는 없다면서 레이건의 공약을 정면으로 비판해서 주목을 샀다. 앤더슨은 그러면서도 사회복지를 무조건 늘리는 데는 반대했기 때문에, 전형적인 균형재정론자이면서도 민권 분야에서는 진보적인 매우 독특한 공화당 의원이었다. 카터에 실망한 중도 성향 유권자, 그리고 그때까지는 명맥을 유지했던 공화당 내 진보주의자들이 앤더슨을 지지했다.

나는 레이건이 나이도 많고 감세정책이란 게 도무지 납득되지 않아서 조지 H. W. 부시(George H. W. Bush: 1924~2018)를 심적으로 지지했다. 사실 부시야말로 내가 좋아할 만했다. 2차 대전 때 해군 조종사로 참전한 전쟁 영웅이고 명문 예일대를 나왔으며, 부친이 상원의원을 했고 외가가 훌륭한 가문인데다가, 유엔 주재 대사와 CIA 국장을 지내서 대외정책을 제일 잘 이끌 것이니 이보다 더 훌륭한 대통령감이 없어 보였다. 그러나 대중 정치인으로서의 부시는 레이건의 상대가 되지 못했다. 레이건은 연설과 표정 등 밖으로 보이는 모습이 너무나 완벽했다. 그것이 타고난 자질이며 그의 정치적 자산이었다.

1980년 1월 아이오와 코커스에선 의외로 부시가 1위를 했다. 그러나 뉴햄프셔 프라이머리부터는 레이건이 1위를 했고 부시가 그 뒤를 따랐다. 진보 성향이 강한 매사추세츠에선 부시가 1위를 하고 앤더슨이 2위, 레이건이 3위를 했다. 하지만 그 후로는 레이건이 1위를 이어 갔고 부시는 코네티컷, 펜실베이니아, 미시간에서 레이건을 근소한 차이로 이겼을 뿐이다. 앤더슨은 자기 지역구가 있는 일리노이에서도 2위를 하는 데 그쳤고 레이건이 1위를 했다. 레이건은 일리노이에서 태어났고 대학도 일리노이에서 다녔기 때문이다. 존 코넬리, 하워드 베이커 그리고 밥 돌은 프라이머리의 중반전에도 못 가고 포기했으며, 부시도 언제 포기하느냐가 관심의 대상이었다. 3위를 달리던 존 앤더슨은 공화당을 탈당하고 독립 후보로 대선 본선에 출마했다. 앤더슨의 공화당 탈당은 공화당 내에서 진보 정치인이 절멸되었음을 의미했다. 그해 7월,

공화당은 레이건과 부시를 대통령과 부통령 후보로 지명했다. 4년 만에 공화당이 다시 백악관을 차지할 게 확실해 보였다.

나는 1980년 대선 본선을 마이애미에서 보았다. 당시 플로리다 주지사는 민주당 소속의 밥 그레이엄(Bob Graham: 1936~)이었다. 그레이엄은 1979년부터 8년간 주지사를 지냈는데, 매우 성공적이었고 인기가 높았다. 당시 마이애미 시장 모리스 페레도 민주당원이었다. 부패한 패거리 정치로 유명한 루이지애나 민주당과 달리 플로리다 민주당은 건전하고 역동적이었다. 하지만 1980년 대선에서 레이건은 플로리다에서 압승했다. 플로리다 일반투표에서 레이건은 55.5%, 카터는 38.5%를 얻어서 레이건의 전국 평균 50.75%보다 훨씬 상회하는 승리를 얻었다. 플로리다의 주지사와 마이애미의 시장이 모두 민주당이었음에도 이런 결과가 나왔으니 무능한 대통령 카터가 제대로 심판을 받은 셈이다. 나는 당시 플로리다가 레이건을 지지하고 있음을 피부로 느낄 수 있었다.

카터는 자기 고향인 조지아, 부통령 먼데일의 고향인 미네소타, 그리고 메릴랜드, 하와이, 로드아일랜드, 웨스트버지니아, 워싱턴 DC에서만 승리해서 선거인단 표 49표를 얻는 데 그쳤다. 레이건은 선거인단 표 489표를 얻었다. 현직 대통령이 역사상 가장 큰 차이로 패배한 것이다. 존 앤더슨은 전체 일반투표에서 6.61%를 얻어 3등을 했으나 어느 주에서도 승리하지 못해 선거인단 표를 얻지는 못했다. 그러나 존 앤더슨은 지역이 아닌 정책과 노선을 내걸고 선전한 셈이다. 그는 대선 후 정치를 떠나 대학 강의를 했다. 요새 우리가 흔히 쓰는 용어로 말하자면 앤더슨은 제3지대 후보였다. 툴레인에서 많은 학생이 존 앤더슨 배지를 달고 다니던 심정을 나는 요즈음에 더 이해하는 것 같다.

내가 마이애미에 있었을 때 주지사였던 밥 그레이엄은 그 후 상원의원으로 18년간 일하고 은퇴했는데, 그가 1992년 대선에 나왔으면 클린턴이 아닌 그레이엄이 대통령이 될 수도 있었다고 생각한다. 나는 그가 클린턴보다 훨씬 유능하고, 섹스 스캔들 같은 일도 벌이지 않았을 인물이라고 생각한다. 하지만 1992년 대선에선 현직 대통령 부시를 이길 수 없다고 생각해서 빌 브래들리(Bill Bradley: 1943~) 상원의원이나 밥 그레이엄 상원의원 같은 민주당의 대통령감은 출마하지 않았다.

레이건의 각료 선임과 취임식 풍경은 미국이 정상으로 돌아왔음을 알게 해 주었다. 레이건 대통령은 조지타운대학 정치학 교수 진 커크패트릭(Jeane Kirkpatrick: 1926~2006)을 유엔 주재 대사로 임명했다. 카터는 흑인 인권운동가 앤드류 영을 유엔 주재 대사로 임명했는데, 그는 유엔에서 인도, 파키스탄, 아프리카 같은 제3세계 외교관들과 주로 어울렸다. 그런 앤드류 영에서 진 커크패트릭으로 바뀌었으니 미국이 확 바뀐 것이다. 1983년 9월, 소련이 대한항공 007편을 격추했을 때 커크패트릭 대사는 유엔에서 카랑카랑한 목소리로 단호하게 소련을 규탄했다. 대통령다운 대통령을 뽑아야 대사다운 대사가 유엔에서 연설하는 법이다.

레이건이 취임하고 나서 미국 언론에는 전두환의 신군부에 의해 내란음모죄로 사형을 선고받은 김대중 전 대통령에 관한 기사가 나오곤 했다. 1979년에 파키스탄 군부가 그들이 전복한 정권의 총리였던 알리 부토(1928~1979: 베나지르 부토의 부친이다)를 사형에 처한 선례가 언론에 언급되어서 혹시나 하는 우려가 있었는데, 레이건 대통령이 취임하고 나서 김대중 전 대통령은 곧 무기징역으로 감형됐다. 그리고 얼마 후 전두환이 미국을 방문했다. 5·16 후 박정희가 미국을 방문해서 케네디 대통령을 만났는데, 20년 후에 똑같은 일이 반복된 것이다.

나라를 다시 일으켜 세운 레이건과 대처

1981년 3월 30일, 레이건 대통령은 정신이 잘못된 젊은이한테 저격을 당하는 일이 발생했다. 비틀즈 멤버였던 존 레논이 총을 맞고 사망하고 난 지 몇 달 만이었다. 두 번 모두 정신이상자들에 의한 총격이었다. 한 명은 샐린저의 소설에 미쳐서 레논에 총질을 했고, 또 다른 한 명은 미모의 여배우에 미쳐서 레이건에 총을 발사했다. 마틴 루터 킹과 로버트 케네디가 암살되었던 1968년이 재현되는 것 같은 기분이 들었다. 레이건은 기적적으로 아무 후유증 없이 회복해서 20년 주기로 당선된 미국 대통령은 임기 중 사망한다는 오래된 징크스를 극복했다.

나는 레이건 대통령이 신기한 인물로 느껴졌다. 무엇보다 그처럼 많은 미국인의 지지와 성원을 받는다는 사실이 그러했다. 사실 레이건의 리더십은 대통령 역사를 전공한 학자들에게도 수수께끼(enigma)였다. 오늘날까지도 나는 레이건이 어떻게 그렇게 훌륭한 글을 쓸 수 있었고, 어떻게 해서 인간미 넘치는 유머를 가질 수 있는지에 대해 공부하고 있다.

여하튼 나는 당시 영국민은 마거릿 대처(Margaret Thatcher : 1925~2013)가 이끄는 보수당을 지지해서 노동당이 망쳐 놓은 영국을 다시 일으키려 했고, 미국민은 레이건을 대통령으로 선출해서 카터가 망쳐 놓은 미국을 다시 일으키려 했다는 데 깊은 감명을 받았다. 노조의 파업에 지친 영국인들, 카터의 무능에 질려 버린 미국인들은 '보수주의 정권'이라는, 전에 없던 정부를 선택한 것이다. 그럼에도 불구하고 나는 감세(減稅)를 통해 경제를 일으키겠다는 레이건의 공약이 쉽게 믿어지지 않았다. 아마도 정부 주도의 케인스정책에 익숙해져 있어서 그러했을 것이다.

카터 행정부에서 시작한 항공산업 규제 해제(airline deregulation) 정책이 효과를 나타낸 시점도 그때였다. 막강한 이스턴항공이 무너졌고, 팬암항공도 나중에 유나이티드항공(UA)으로 합병되었다. 그 대신 사우스웨스트 같은 항공사가 세력을 확장해 나갔고 새 항공사가 시장에 등장했다. 항공산업에 자유경쟁 시대가 열린 것이다. 미 법무부가 AT&T를 상대로 제기한 독점금지법 소송이 AT&T를 분산하도록 하는 타협 판결로 마무리된 것도 1982년이었다. AT&T가 법원의 판결로 분산(divestiture)됐고, 그때부터 미국의 통신 시장은 치열한 자유경쟁 시대로 접어들었다. 항공산업과 통신산업의 재편은 당시에 매우 중요한 법률 이슈여서 관련 논문이 넘쳐흘렀다. 나는 규제 해제라는 개념을 행정법을 공부하면서 처음 알게 됐고, 현지에서 경험한 이러한 변화는 나를 자유주의 시장경제론자로 바꾸어 놓았다.

1982년 초부터 포클랜드를 둘러싼 위기가 간간이 보도되더니 아르헨티나가 4월 초에 포클랜드를 점령하고 영국이 대서양 남쪽 끝으로 군대를 보내 제2차 대전 후 처음 보는 해전(海戰)을 벌였다. 특히 아르헨티나 공군기가 프랑스제 대함(對艦) 미사일 에그조세(Exocet)로 영국 구축함을 한 방에 침몰시킨 데 놀랐다. 에그조세는 1970년대 중반에 우리 해군이 프랑스로부터 도입해서 국산 고속정과 프랑스제 알루에트 헬기에 장착했던 신무기였다. 에그조세를 장착한 우리 고속정이 북방한계선 부근으로 올라가면 북한 군함들이 바다에서 사라져 버렸다는 이야기가 과장이 아니었다. 초기에는 영국군이 고전했으나 미국이 영국을 전폭적으로 지원하고 나서 전세(戰勢)는 금방 영국에 유리하게 전개됐다.

그런데, 나중에 〈타임〉에 이와 관련한 기사가 실렸다. 대처가 레이건한테 아르헨티나가 갖고 있는 에그조세 미사일에 대해 도움을 청하자, 레이건이 미테랑 프랑스 대통령에게 직접 전화를 걸어서 부탁했다고 한다. 미테랑은 프랑스가 만들어 아르헨티나에 판매한 에그조세 미사일을 교란시킬 수 있는 코드를 영국에 넘겼고, 그 후 에그조세 미사일은 술에 취한 듯 아무 데나 떨어져서 영국 해군은 더 이상의 피해를 보지 않았다는 내용이었다. 미국은 아르헨티나에 대해 금융제재를 가했고, 그 여파로 지금까지도 아르헨티나는 시름시름 하는 것이다.

미국 방송사의 한 장을 장식한 전설의 뉴스 앵커들

나는 대학 시절부터 주한미군방송 AFKN 뉴스를 라디오와 TV를 통해서 듣고 보아 왔다. 당시는 현역 군인들이 시간마다 뉴스를 진행했는데, 워터게이트사건도 그때그때 돌아가는 사정을 잘 전달해 주었다. AFKN 청취를 통해 나는 영어 듣기 훈련을 했다. 영어 방송 중 가장 알아듣기가 쉬운 장르가 뉴스이고, 제일 어려운 것은 한밤중에 하는 코미디 프로였다. 코미디 프로는 지금 보아도 사람들이 왜 웃는지 이해가 안 되는 때가 많다.

내가 미국에서 공부하던 시절은 뉴스의 황제로 군림해 온 월터 크롱카이트(Walter Cronkite: 1916~2009)가 은퇴를 앞둔 시기였다. 당시 저녁 뉴스 시청률은 크롱카이트가 진행하는 CBS의 〈Evening News〉가 제일 높았는데, 나는 존 챈설러(John Chancellor: 1927~1996)가 진행하는 NBC의 〈Nightly News〉를 주로 보았다. 그는 뉴스를 마치면 이따금 "당신들은 알 권리가 있고 우리는 진실을 말할 의무가 있다(You have right to know, we have duty to tell the truth.)"라고 앵커 멘트를 날렸는데, 나는 그 구절이 무척 좋았다.

존 챈설러는 1982년 4월 2일을 마지막으로 앵커에서 물러나고 그의 뒤를 이어서 톰 브로카우(Tom Brokaw: 1940~)가 진행을 하게 됐다. NBC가 40세를 갓 넘긴 톰 브로카우를 당시로서는 놀라운 연봉을 주어서 등판시킨 것이다. 이렇게 해서 월터 크롱카이트 후임인 댄 래더(Dan Rather: 1931~)가 진행하는 CBS 〈Evening News〉, 톰 브로카우가 진행하는 NBC 〈Nightly News〉, 그리고

존 챈슬러   제시카 사비치

뒤늦게 등장한 피터 제닝스(Peter Jennings: 1938~2005)가 진행하는
ABC 〈World News Tonight〉이란 '빅3(Big Three)' 시대가 열린 것
이다.

　미국에서 공부를 마치고 서울에 돌아와서 AFKN 뉴스를 켜보
니 NBC, ABC, CBS 뉴스를 아침저녁으로 번갈아서 내보내고 있
어서 정말 반가웠다. 그 후 AFKN은 CNN을 내보내서 자연히 네
트워크 뉴스는 보지 못하게 됐다. 5공화국 시절 우리나라 TV 뉴
스라는 게 '땡' 하면 누구로 시작되는 식이어서 미국 뉴스를 볼 수
있었다는 게 행운이었다.

　NBC 뉴스와 더불어 잊을 수 없는 사람이 제시카 사비치(Jessica
Savitch: 1947~1983)이다. 유학 시절에는 도서관에서 늦게 공부하
는 날이 많아서 평일 저녁 뉴스는 자주 놓치곤 했지만, 주말은 여
유가 있어 뉴스를 챙겨서 보게 되는데 당시 NBC 주말 뉴스는 제
시카 사비치가 진행했다. 그때에도 여자 진행자가 몇 명 있었지
만, 주말 뉴스를 서른 살이 조금 넘은 여성이 진행한다는 것은 파
격적이었다. 제시카 사비치는 눈부시게 아름다웠고 음성도 우아

했다.

제시카 사비치는 1983년 10월에 교통사고로 사망했다. 그 소식은 AFKN을 통해 방송된 NBC 뉴스로 알았다. 그렇게 허무하게 삶을 마감할 수 있는가 하는 안타까운 생각이 들었다. 그리고 한참 후에 그녀를 둘러싼 이야기가 미국 뉴스 미디어에 나와서 사정을 알게 됐다. 당시 NBC는 여성 앵커를 기용해야 한다는 압력을 받고 있었고, 그래서 방송 경력이 일천하지만 외모가 아름답고 발음이 우아한 사비치를 주말 뉴스 진행자로 발탁했다는 것이다.

사비치는 리포터로서의 경력이 거의 없었기 때문에 외모 덕분에 앵커가 됐다는 세간(世間)의 시선에 시달렸다는데, 본인은 존 챈설러가 평일 앵커에서 물러날 예정임이 알려지자 그 후임이 되는 줄 알고 기대했다고 한다. 그러나 평일 앵커 자리는 톰 브로카우에게 돌아가고 주말 앵커도 중국계 미국인인 코니 정(Connie Chung)한테 위협받게 되자 우울증 증세를 보였다고 한다. 그래서 그녀는 술과 약물에 의존하게 됐다고 하며, 남성 편력도 있었다고 한다. 사고 당일 남자 친구가 운전하는 차에 타고 가다가 빗길에 미끄러진 차가 개울에 빠져서 익사하고 말았다. 젊은 나이에 '여성 최초'라는 타이틀을 달고 너무 화려하게 정상에 도달했기 때문에 스트레스도 컸을 것 같다. 여하튼 그녀는 미국 방송 역사의 한 장을 장식했다. 나는 이따금 제시카 사비치가 일찍 죽지 않았더라면 어떻게 됐을까 하고 생각하곤 한다.

제4장

1983 ～ 2002년

교수 그리고 논설위원

- 美國憲法制定200周年 記念세미나 -
韓國에서의 美國憲法의 影響과 敎訓
1987年5月9日10-18時 主催:韓國公法學會
Korea Press Center

활발한 학술 연구논문 발표와 칼럼 기고

나는 대학교수 생활 30년을 중앙대학교에서 보냈다. 1983년 9월에 법과대학 조교수로 임용되어서 1988년 3월에 부교수가 됐고, 1993년 3월에 정교수로 승진했다. 1988년부터 3년간은 법학과 학과장을, 2001년부터 2년간은 법과대학 학장을 지냈다. 그리고 정년을 4년 앞두고 2013년 2월 말에 명예퇴직을 했다. 무려 29년 6개월을 전임교수로 지냈으니 후회도 미련도 없으며, 짧지 않은 세월 동안 마음 편한 직장이 되어 준 중앙대학교에 감사할 따름이다.

중앙대학교에 안착하기 전에 모교인 서울대학교 법과대학 교수가 될 기회가 있었다. 당시 서울대 법과대학이 민법, 환경법, 그리고 국제거래법 전임교수를 뽑았는데, 민법에는 나중에 국무총리가 된 김황식 판사가, 환경법에는 내가, 그리고 국제거래법은 박 아무개가 단수로 추천이 되어서 교수회의 의결만 거치면 임용될 분위기였다. 그런데 박 아무개는 나이도 많고 공부를 할 사람이 아니라는 이야기가, 그리고 김황식 판사는 학위가 학사라서 역시 말이 있었다고 한다. 그래서 결국 3명 모두 임용하지 않기로 교수 회의도 열지 않고 보류하였다.

당시 서울대 법대 교수들 간에 있었던 갈등 때문에 그런 결정을 하게 된 것이다. 김황식 판사를 추천한 곽윤직 교수님은 그다음 해에 서울법대 학장이 될 것으로 생각하셨지만 그렇게 되지 못했다. 우리나라 민법학계와 헌법학계의 거목(巨木)인 곽윤직 교수와 김철수 교수가 서울법대 학장을 못 했던 것도 그런 갈등 때문이었다. 반면에 그 반대쪽에 있었던 이수성 교수는 법대 학장과 서울대 총장을 거쳐 국무총리를 지냈다. 이수성 교수가 모교 교수로 길러낸 사람이 안경환, 한인섭, 조국 교수인데, 그 후 문재인 정부에서 큰 논란을 일으키게 된다. 반면에 곽윤직 교수와 그 후학(後學)들이 중심이 되어 발족한 민사판례연구회는 나중에 법조계의 엘리트 집단으로 매도를 당하게 된다.

여하튼 나는 이렇게 해서 중앙대학교에 안착하게 됐다. 똑같은 교수라도 서울대 교수와 중앙대 교수는 밖에서 보는 시선과 평가가 달랐다. 그런 격차를 극복하기 위해선 연구업적을 많이 내는 수밖에 없었다. 나는 조교수와 부교수 시절에 학술 논문을 50여 편 발표하는 등 열심히 했다. 학위논문 주제였던 해양오염 법제와 환경영향평가 등 환경법 관련 논문이 많았으며, 미국 헌법과 행정법 관련 논문도 간간이 발표했다. 한국환경법학회 등 학회 행사와 활동에도 열심히 참여했고 몇몇 대학에 출강도 했다. 〈첨단환경〉 등 환경 관련 잡지에 환경문제와 환경정책에 관한 칼럼도 자주 기고했다. 환경 칼럼 기고는 2000년대 초까지 지속했는데, 인문사회학적 지식과 시각으로 환경 사안을 보고 쓸 수 있던 사람이 적었던 시절에 발표한 칼럼은 나중에 세 권의 단행본으로 출간됐다.

1983년부터 2년 동안은 서울대에서 교양과목인 법학개론을 가르치기도 했다. 그때는 전두환 정권이 대학을 옥죄기 위해 도입한 졸업정원제와 상대평가제가 있을 때였다. 중앙대 법대같이 남학생뿐인 학과는 재학 중 군에 입대하는 학생이 많아서 졸업정원제의 영향을 받지 않았다. 그런데 나는 서울대에서 음대·미대·가정대 학생들이 수강하는 클래스를 배정받았다. 이 대학들은 대부분 여학생이라서 입대하는 남학생이 없었기 때문에 졸업정원제의 영향을 직접 받았다. 교강사는 엄격한 상대평가 원칙에 따라 성적을 주어야만 했다.

서울대에 출강할 때였다. 학기가 끝난 후 서울대 여학생이 중앙대 연구실로 찾아왔다. 성적을 확인하고 싶다고 해서 확인해 보니 성적은 제대로 나갔는데, 그 학생은 그렇게 되면 자기가 졸업을 못 한다고 눈물을 흘리면서 도와 달라고 호소했다. 서울대에 알아보니 교강사가 시말서를 쓰면 상대평가 성적을 낸 후에도 예외적으로 수정할 수 있다고 해서 시말서를 제출하고 성적을 상향 조정해 주었다. 정권이 대학의 학사 운영에 강압적으로 간섭을 해서 생겼던 일이었다. 부작용이 많았던 졸업정원제는 그 후 폐지됐고, 그로 인해 학위를 받지 못했던 학생들도 나중에 학위를 수여받았다.

다행인지 불행인지, 1980년대 중앙대는 서울 시내의 다른 대학보다는 시위가 적었다. 그래도 연행되고 기소된 학생들 때문에 경찰서, 검찰청, 법원을 찾아다니며 선처를 구해야 하는 일도 있었다. 초임 교수 시절에 가르친 졸업생 중 가장 유명한 인물은 이재명 경기도지사다. 그렇게 정신없이 지내다 보니 어느덧 30대가 훌쩍 지나갔고, 1993년에 정교수가 됐다. 내가 정교수가 된 시점에 김영삼 대통령의 문민정부 시대가 시작됐고, 미국에선 빌 클린턴이 전후(戰後)세대 대통령의 시대를 열었다. 한 시대가 끝났으며, 나 역시 불혹(不惑)의 나이를 넘어섰다.

1987년 직선제 개헌과 노태우 정부

1987년은 나에게 보람이 많았던 한 해였다. 6·29선언으로 개헌 작업이 급물살을 타서 이런저런 학술 모임이 많았다. 1987년은 미국 헌법 제정 200주년이 되는 해이기도 했다. 나는 중앙대 교수가 된 후에 헌법 교수와 행정법 교수들이 참여하는 한국공법학회 간사를 맡고 있었다. 나의 주선으로 그해 5월, 아시아재단의 후원을 받아 공법학회 주최로 '한국에서의 미국 헌법의 영향과 교훈'이란 주제로 프레스센터에서 세미나를 열었다. 학계에서 개헌 논의가 한창일 때였다. 세미나 결과물은 같은 제목의 단행본으로 출간됐는데, 핵심 주제인 대통령제에 관해서는 내가 논문을 발표했다.

1987년 전반기에 개헌과 관련해 의원내각제와 대통령 직선제 등을 두고 논의가 많았다. 하지만 그해 6월 민주항쟁과 6·29선언으로 대통령 직선제 개헌으로 확정되었다. 따라서 학계의 논의는 단임제 대통령이냐 4년 중임제 대통령이냐, 부통령을 두느냐 국무총리를 두느냐, 3공화국에 있었던 미국식 사법심사를 부활시키느냐 독일식 헌법재판소를 설치하느냐로 모아졌다. 1987년 개헌 실무 작업을 진행한 박윤흔 당시 법제처 차장으로부터 그때 들었던 바에 의하면, 대통령 단임과 국무총리, 그리고 헌법재판소는 이미 정치적으로 결정이 되었다는 것이다. 따라서 1987년 개헌에 있어서 학계의 역할은 제한적일 수밖에 없었다.

개헌 논의가 무르익을 무렵인 그해 여름, 노태우 당시 민정당 대표가 30대 교수들 몇 명을 초청해서 점심을 같이한 적이 있다. 마포에 있는 등심구이 식당에서 식사했는데, 그때 자리를 같이했던 교수들은 그 후 만난 적이 없고 지금 와서는 누구였는지 기억도 나지 않는다. 그 자리에는 남재희, 심명보, 배성동 의원도 자리를 같이했다. 특별한 이야기는 없었으나 노태우 대표는 유쾌한 기분이었고, 이제 민주화는 대세이며 자신이 국민통합으로 잘사는 세상을 열겠다고 말했던 것이 기억에 남는다.

자리를 같이한 남재희, 심명보 의원은 나한테는 서울법대 선배이고, 배성동 의원은 내가 서울대 학부 시절에 노재봉, 이홍구 등과 더불어 서울대 정치학과 교수로서 이름을 날려서 익히 알고 있었다. 노재봉, 이홍구 교수는 노태우 정부와 김영삼 정부에서 각각 국무총리를 지내게 되는데, 특히 이홍구 교수한테는 서울법대 2학년 때 교양과목을 수강한 적이 있다.

남재희 의원은 내가 고등학교와 대학 시절에 신문, 잡지를 통해 많은 글을 접해서 친숙한 편이다. 조선일보 논설위원을 하시다가 서울신문 편집국장으로 가신 후 〈서울평론〉이란 고급 주간지를 내서 나는 그것을 사서 보았다. 〈서울평론〉은 프랑스의 르 몽드를 모델로 시작했지만, 너무 안 팔려서 얼마 후 곧 폐간되고 말았다. 사실 서울신문이 성공한 잡지는 성인용 주간 오락 잡지인 〈선데이서울〉뿐이었다. 2013년 3월, JTBC가 '동행'이란 프로를 했는데, 남재희 전 장관님과 내가 함께 나간 적이 있었다. 1987년 여름에 남재희 전 장관님과 마포에 있는 등심구이 식당에서 노태우 전 대통령 등과 점심을 한 적이 있다고 했더니, 제작진이 그 식당을 찾아내서 거기서 26년 만에 점심을 하면서 대담을 이어가는 장면을 화면에 담아내기도 했다.

1987년 여름 마포에서 점심을 같이한 남재희, 심명보, 배성동 의원은 모두 노태우 정부 내에서 온건 실용파였는데, 이듬해 총선에서 남재희, 심명보 의원은 당선됐으나 배성동 의원은 낙선했다. 1988년 총선 결과로 여소야대(與小野大) 정국이 조성되더니 1990년 봄에 3당 합당이 이루어지는 등 변화가 많았다. 나는 노태우 정부가 많은 일을 했다고 평가한다. 북방외교와 통상 자유화 같은 외교 경제 분야는 말할 것도 없고, 분당, 일산 등 신도시 건설, 인천국제공항, 경부 고속철, 수도권 매립지 건설, 수도권 상수원 보호구역 설정 등 오늘날 우리나라의 인프라를 노태우 정부가 구축했기 때문이다. 그 후 비자금 문제와 12·12 및 5·18에 대한 재판으로 노태우 개인은 죄인으로 심판을 받았지만, 노태우 정부의 이 같은 업적은 평가되어야 한다고 생각한다. 노태우 정권 5년은 미국의 조지 H. W. 부시 정부와 겹치는데, 부시 정부가 1990년대 세계질서 개편과 미국 경제의 초석을 놓았듯이 노태우 정부는 우리나라 초석인 인프라를 깔아 놓았다.

한미 통상마찰과 토머스 쇼엔바움 지도교수

1986년~1988년은 지적재산권 등을 두고 한국과 미국 사이에 통상마찰이 있었고, 또한 우루과이라운드 협상이 본격적으로 시작된 때였다. 1987년 가을에는 미국 유학 중 은사인 토머스 쇼엔바움 교수가 소장으로 있는 조지아대학 러스크센터(The Rusk Center)와 아시아재단(The Asia Foundation) 후원으로 미국 통상법 세미나를 무역협회 강당에서 개최했다. 당시는 미국 무역대표부가 통상법 301조를 발동해서 한국의 불공정무역 행위에 대한 조사를 하고, 삼성전자에 대해 관세법 337조에 근거한 수입제한 조치가 내려지는 등 한미 간 통상 분쟁이 큰 이슈였다. 1987~1989년 두 차례에 걸친 한미 통상관련법 세미나에 발표된 논문은 그 후 보완해서 〈Doing Business with Korea〉라는 보고서로 1990년에 러스크센터에 의해서 출간됐다

그해 12월, 새 헌법에 따라서 대통령을 직접 뽑는 선거가 있었다. 민주화운동의 주역이던 김영삼, 김대중 두 거목(巨木)이 함께 출마한 탓에 노태우 후보가 대통령에 당선되었다. 그즈음 나는 대학에서는 부교수 승진 심사 준비를 해 놓고, 이듬해 2월 한 달 동

1988년 2월 조지아대학 러스크센터

안 러스크센터에서 객원 연구원 자격으로 책도 읽고 자료도 수집하는 유익한 시간을 보냈다. 박사학위를 할 때 지도교수였던 토머스 쇼엔바움 교수는 조지아대학의 러스크센터의 소장으로 대학을 옮겼는데, 한 달 동안 연구소에 머물 기회를 나에게 제공해 주었다.

러스크센터는 케네디-존슨 행정부에서 국무장관을 지낸 딘 러스크(Dean Rusk: 1909~1994)가 장관직을 물러난 후 조지아대학 로스쿨에 국제법 교수로 자리를 잡을 때 그를 위해서 만든 연구소이다. 몇 년 후 그곳을 갔을 때 딘 러스크를 잠시 뵌 적이 있다. 말년에 파킨슨병 등으로 건강이 매우 안 좋았지만 한국에서 왔다고 하니까 반가워하셨고, 당시 출간된 회고록《내가 목격한 것(As I Saw It)》에 떨리는 손으로 서명을 해 주셨다. 딘 러스크는 육군 중령 시절에 미국과 소련이 한반도를 38선으로 갈라서 진주하도록 기획한 장본인으로 알려져 있다. 케네디-존슨 행정부에서 백악관

안보 보좌관을 지낸 맥조지 번디(McGeorge Bundy: 1919~1996)와 월트 로스토(Walt Rostow: 1916~2003)는 베트남전쟁을 추진했다는 이유로 학생들이 반대해서 원래 그들이 있었던 하버드와 MIT로 돌아오지 못했다. 하지만 딘 러스크는 오랫동안 떠나 있던 고향 조지아로 돌아와서 교수 생활을 다시 할 수 있었다. 게다가 조지아대학은 조지아 시골 마을 가난한 가정에서 태어나 국무장관이 된 그를 기리기 위해 러스크센터를 설립했다. 이런 점에서도 남부는 동북부와 확실히 다르다. 보스턴 등 동북부 사람들은 밖으로는 나이스 하지만 속은 쌀쌀하고, 남부 사람들은 알고 보면 인간미가 있다는 속설이 이런 데에도 적용되는 듯하다.

독일통일과 소련 붕괴, 어수선한 대학가

지금 생각해 보면 나는 1987년 개헌과 대선, 그리고 다음 해 총선으로 이어진 과정을 무척 긍정적으로 보았던 것 같다. 사회는 서서히 진화하고 발전하는 것이며, 또 그래야만 한다고 믿었기에 일단 민주화로의 길에 접어들면 그 과정은 불가역적(不可逆的)이라고 생각했다. 또한 당시 반(反)정부 운동에 나섰던 학생들 사이에 팽배했던 '남한 정부가 정통성이 없다'는 식의 의식도 개헌과 민주화로 불식되리라 생각했는데, 그것은 너무 안이한 판단이었다.

1988년 총선과 서울올림픽을 치르면서 우리나라는 경제성장과 민주화를 동시에 달성한 모범적인 국가로 평가받게 됐다. 무엇보다 70년대에 미국에 이민 간 교포들의 시각이 그러했다. 그즈음 우리나라는 재정흑자를 기록했는데, 어느 경제부처 관료가 자기는 평생토록 이런 일이 생길 수 없다고 생각했다면서 눈물을 흘렸다는 이야기가 언론에 났다. 통계로 볼 때 우리나라 역사상 중산층이 가장 두터웠던 시기가 그때였다. 자동차가 너무 잘 팔려서 차를 인수하려면 한두 달을 기다려야 했던 것도 그 시절이었다.

1989년 11월, 그야말로 믿기 어려운 일이 발생했다. 베를린장벽이 무너진 것이다. 물론 1980년부터 시작된 폴란드의 자유 노조 운동, 소련에서 개혁파인 고르바초프의 등장으로 동유럽 공산권은 변화하고 있었지만 베를린장벽이 이렇게 무너질 것으로 예상한 사람은 별로 없었다. 1987년 6월 베를린 브란덴부르크 게이트 앞에서 "이 장벽을 허무시오"라고 연설을 했던 로널드 레이건 조차도 "장벽이 언젠가 없어지겠지만 그렇게 무너질 줄은 몰랐다"고 나중에 술회했다.

우리 경제는 어느 때보다 좋았고 동유럽 공산 체제가 무너짐에 따라 냉전은 서방의 승리로 끝이 났다. 하지만 국내 정치와 대학은 계속 시끄러웠다. '남한사회주의 노동자연맹(사노맹)' 사건, 서강대 박홍 총장 주사파 발언 파문 등이 연이어 발생했고, 그 여파는 대학에 영향을 주었다. 이들 사건은 아직도 그 진실성을 두고 논란이 있지만, 그런 문제를 떠나서 베를린장벽이 무너지고 동유럽 공산 체제가 와해하는 시대에 사회주의니 뭐니 하는 것 자체가 나에게는 터무니없게 느껴졌다. 1996년에는 한총련 집회 과정에서 연세대학교의 건물이 불에 타는 상황이 발생했다. 1969년 초, 일본 도쿄대학 강당이 불타서 그해 도쿄대학이 입학생을 뽑지 못했던 일을 기억하는 나는 이런 일이 민주 정부인 김영삼 정부 시대에, 그리고 소련과 동유럽 공산권이 붕괴한 후에 일어난다는 데 대해 당혹감을 감출 수 없었다.

환경 입법과 환경 관련 국제회의들

나는 중앙대학교에 자리를 잡고 나서 환경법학회 간사로 학회지 발간 등 일을 도맡아 했고, 환경청이 추진하던 환경법 개정 작업에도 참여했다. 당시 환경법학회에는 서울법대 선배인 구연창 경희대 교수가, 그리고 환경청에는 역시 서울법대 선배인 김형철 국장이 있었다. 당시 환경청은 보사부의 외청이었고, 환경법은 환경보전법과 해양오염방지법뿐이었다. 해양오염방지법은 우리 선박이 해양오염에 관한 국제협약을 준수해야 해서 제정한 것이었고, 그 집행은 주로 해양경찰에 맡겨져 있었다. 그 때문에 실질적인 환경법은 환경보전법 단 하나였다. 또 당시 문제가 되었던 골프장 무더기 허가 등으로 환경영향평가가 문제가 많다는 등 논란이 크게 일어서 환경영향평가를 강화해야 할 필요도 있었다.

무엇보다 환경법을 집행하고 환경정책을 제대로 수립하기 위해선 환경 행정 부서의 위상을 각료급으로 격상할 필요가 있었다. 당시에는 의원입법이 활성화되기 전이라서 이런 입법 작업을 소관 부처가 주도적으로 준비했다. 무엇보다 복잡한 환경 현상에 대처하기 위해선 환경보전법 한 개의 법률로는 무리가 많아서 환경계획과 환경영향평가를 다룰 기본법과 대기, 수질, 폐기물 등 분야별 대책법으로 분화할 필요가 있었다. 당시 환경청은 이런 작업을 했는데, 구연창 교수와 함께 김형철 국장을 도와서 법안 초안을 손보았던 일이 지금도 기억에 생생하다.

구연창 교수는 1990년 12월에 암으로 50세를 일기로 안타깝게 타계했고, 김형철 국장은 환경부 차관까지 지내고 2012년에 타계했다. 그때 우리 세 사람이 "환경영향평가를 할 때에는 주민 의견을 수렴해야 한다"는 조항을 넣어서 오늘날 공청회 제도의 뿌리가 되었다. 환경청은 1990년 1월에 환경처로 격상되었고, 환경정책기본법과 개별 대책법은 3당 합당 후 거대 여당이 된 민자당이 법률안을 무더기로 처리할 때 국회를 통과해서 환경 입법의 새로운 지평을 열었다.

한편 유엔이 1992년 6월에 브라질의 리우데자네이루에서 유엔환경개발회의를 열고, 그간에 별도로 협상을 진행해 온 기후변화협약과 생물다양성협약을 채택하기로 함에 따라 우리 정부도 그 대응에 부산해졌다. 당시 나는 우리나라에선 국제환경법을 공부한 유일한 교수였다. 경제적 충격이 가장 클 것으로 예상되는 기후변화협약에 대해선 경제 부처와 산하 출연 연구소가 대응에 나섰지만, 유엔환경개발회의와 생물다양성협약은 환경처가 대처하는 수밖에 없었다. 그런데 환경처 산하에는 출연 연구소도 없었기 때문에 제대로 대처하기 어려웠다.

나는 환경처의 부탁으로 유엔환경개발회의에 제출할 국가보고서를 다른 교수 2명과 함께 작성하는 작업을 했다. 1992년 3월에는 뉴욕 유엔 본부에서 열린 유엔환경개발회의 마지막 준비 회의에 정부 대표단의 일원으로 참석했고, 정부 부처 간 대책회의에도 자주 참석했다. 리우 회의 후에는 관계 부처 차관과 민간 전문가가 참여하는 지구환경실무대책회의 위원으로 위촉됐다. 경제기획원 대외경제조정실장으로 지구환경협상 대책을 총괄하던 김인호 실장은 그때 환경처 차관이 됐고, 이미 환경청장을 역임한 바 있는 이재창 경기도지사가 환경처 장관이 됐다. 이재창 장관과 김인호 차관이 모두 서울법대 선배여서 나는 환경처를 자주 드나들었다. 지구환경 문제에 관한 세미나와 토론회에도 발표자로 자주 나섰는데, 그럴 때마다 멸종위기 종자의 국제거래에 관한 협약(CITES), 해양투기에 관한 런던협약 등 국제환경협약에 우리가 가입하고 능동적으로 대응해야 한다고 주장했다.

1992년 리우에서 열린 유엔환경개발회의로 인해 지구환경문제뿐 아니라 동북아 환경협력에 관한 관심도 높아졌다. 그런 분위기를 이용해서 환경처는 그해 9월 서울국제환경심포지엄을 열기로 했고 내가 그 준비를 주도하게 됐다. 유엔개발기구, 미국 백악관 환경평의회, 일본 환경청, 중국 환경보호국, 몽골 자원환경부, 러시아 이르쿠츠크 주정부 등에 연락을 취해 참석자를 초청했다. 잠실 롯데호텔에서 이틀 동안 열린 이 심포지엄은 지금 기준으로 보아도 굉장히 커다란 행사였다. 러시아, 몽골, 중국 참가자들은 아시아재단에서 주선했다. 우리나라는 1990년에 소련 및 몽골과

1992년 9월 서울국제환경심포지엄

수교를 했고, 중국과는 1992년 8월에 수교했기 때문에 환경 분야 교류는 이때가 처음이었다. 회의가 끝나고 동북아 국가대표들이 모여서 앞으로 수차례 연례회의를 열자고 합의를 했다. 중국, 러시아, 몽골에서 온 참석자들은 호화로운 롯데호텔 등 우리의 경제적 번영을 보고 놀라는 기색이 완연했다.

1993년 8월에는 러시아 이르쿠츠크에서 2차 회의를 했는데, 우리는 전문가 외에도 MBC 최용익 기자, 동아일보 정성희 기자 등도 취재단으로 동행을 했다. 러시아와 수교한 지 얼마 되지 않아서 바이칼 호수에 인접한 이르쿠츠크는 우리나라에 잘 알려지지도 않았을 때였다. MBC 팀이 바이칼 호수를 취재한 내용은 9시 뉴스 메인으로 방송이 됐다. 1994년 8월에는 알래스카 팔머에서 생태주의를 주제로 3차 회의를 했고, 1995년 가을에는 홋카이도 쿠시로에서 철새 보호를 주제로 4차 회의를 했다. 3차 회의와 4차 회의에는 나중에 20대 국회 환경노동위원회에서 같이 활동하게 되는 신창현도 참석했다. 3차 회의 때는 환경운동가로 참석했던 신창현은 4차 회의 때에는 의왕 시장이 되어 참석했다. 4차 회의에는 북한 환경 부서 담당자 두 명이 참석해서 남북한 환경 인사가 처음으로 조우(遭遇)하는 계기가 됐다. 소수 전문가 중심으로 만났던 몇 차례 회의였지만 동북아 교류 초창기에 그런대로 역할을 했다고 생각한다. 또 회의 개최를 물심양면으로 지원해 준 아시아 재단에 대해선 지금도 감사한 마음을 갖고 있다.

환경부 승격과 해양수산부 발족

1994년 12월, 김영삼 대통령은 환경처를 정식 각료급 부서인 환경부로 승격시켰다. 그것은 실로 많은 환경 학자와 전문가들이 염원해 왔던 바였다. 불과 몇 년 만에 환경을 관장하는 부서는 비약적으로 성장한 셈이다. 물론 그렇다고 우리 환경이 갑자기 좋아지는 것은 아니지만, 갈수록 복잡하고 전문화되어 가는 환경행정에 대한 수요에 뒤늦게나마 대응할 수 있게 됐다.

김영삼 대통령은 또한 1996년 여름에 해양수산부를 새로이 발족시켰다. 그 계기는 1995년 여름에 일어난 시프린스 호 좌초와 이로 인한 유류(油類)오염, 그리고 전에 없던 극심한 적조현상이었다. 당시는 해양오염 방제는 해양경찰청이, 오염도 측정 조사는 환경부가, 그리고 선박 운용에 관한 오염 규제는 해운항만청이 관장하고 있었다. 해양환경행정은 총괄기능도 없고 현장 대응능력도 부족했다. 이런 문제에 대처하기 위해서 노태우 정부 말기에 국무총리실 중심으로 해양행정 기능 개선을 위한 연구팀이 발족했는데, 나중에 해양수산부 차관과 인하대 총장을 지내는 홍승용 박사가 책임자였고 나는 해양환경 분야 전문가로서 참여했다.

홍승용 박사 팀이 제출한 보고서는 해양부를 설치하는 방안을 제안했는데 정권 말기라서 시행에 옮기지는 못했고, 그 대신 김영삼 대통령의 1992년 대선공약에 포함되었다. 김영삼 정부가 들어선 후에도 우선순위에서 밀려서 그대로 무산되나 했는데, 시프린스 호 사건을 계기로 각료급 해양수산부가 탄생한 것이다. 해양수산부는 그 후 이명박 정부에 의해서 국토해양부로 통폐합되고 박근혜 정부 들어서 다시 해양수산부로 부활했으나, 세월호 사건 때문에 파란을 겪는 등 부처로서의 운명이 순탄치 않았다. 이 모두가 바다를 경시해서 생긴 일이라고 생각한다.

호랑이 뼈 수입과 CITES 가입

나는 1993년 겨울방학 3개월 동안 풀브라이트 교환학자로 조지타운 로스쿨에서 체류하면서 공부도 하고 자료도 찾고 또한 워싱턴의 환경 관련 싱크탱크를 둘러볼 기회가 있었다. 때마침 내가 발표한 논문이 조지타운 로스쿨에서 발간하는 국제환경법 저널에 게재되어 어깨에 힘도 들어가 있었다. 나는 이디스 브라운 교수가 담당하는 국제환경법 세미나에 참석하는 등 유익한 시간을 보냈다. 또 이재창 전 환경처 장관이 세계야생기금(WWF) 워싱턴

본부에 펠로우로 잠시 머물고 계셔서 종종 식사를 함께하곤 했다. 서울법대 선배이기도 한 이 전 장관은 그 후 15, 16, 17대 국회의원으로 활동하셨다.

조지타운 로스쿨은 본 캠퍼스가 있는 조지타운이 아니라 유니언 역(驛)에서 조금 떨어진 곳에 자리 잡고 있는데, 어두워지면 로스쿨에서 지하철이 있는 유니언 역까지 걷는 것도 으스스했다. 대학 건물은 아름답고 아늑하고 현대적이고 안전하지만, 학교를 나와서 가까운 지하철역까지 걷는 것도 조심해야 하는 것이 미국 대도시의 현실임은 그때나 지금이나 다르지 않다. 워싱턴은 이미 여러 번 방문한 적이 있었지만 석 달 동안 여유를 갖고 지내는 동안 여러 곳을 방문하고 많은 사람을 만났다.

나는 당시 세계야생기금과 교류가 있었는데, 우리나라는 코뿔소 뿔과 호랑이 뼈를 한약재로 사용하는 문제 때문에 세계야생기금의 주목을 사고 있었다. 우황청심환과 호골환을 만들 때 코뿔소 뿔과 호랑이 뼈를 원료로 쓰기 때문에 한국이 코뿔소와 호랑이를 멸종으로 몰아가고 있다는 비난을 들었다. 우리나라가 멸종위기에 처한 야생동식물의 국제거래에 관한 협약(CITES)에 가입하지 않고 있었던 주된 원인도 우황청심환과 호골환 때문이었으니 어처구니가 없는 일이었다.

그런데 미국 환경단체들이 한국의 호랑이 뼈 수입 통계를 들어서 미국 무역대표부에 펠리수정법에 근거해서 무역보복을 해 달라고 청원을 한 것이다. 2월 말 귀국을 하루 앞두고 세계야생기금에서 일하는 지넷 헴리가 보자고 해서 만났는데, 그들이 낸 청원을 무역대표부가 받아들여서 무역 보복 절차를 진행하기로 했다면서 관련 문서 사본을 나에게 주었다. 그 사안은 보통 일이 아니었기에 귀국한 다음 날 환경부에 가서 문서를 전달하고 기자실에서 브리핑을 했다. 우리나라가 호랑이 뼈를 수입하기 때문에 미국이 무역 보복을 준비하고 있다는 내용이니 큰 사건이었다. 관계 부처 회의가 열렸고 호랑이 뼈 수입을 금지하고 CITES에 가입하겠다는 방침을 밝히자 미국의 무역 보복 절차는 중단됐다. 이 사건으로 우리나라는 CITES에 가입을 서두르게 되어 야생동식물 보존에 무관심한 나라라는 오명을 벗게 됐다.

얼마 후 검찰은 호랑이 뼈 수입업자를 구속하고 이미 수입한 컨테이너 몇 개 분량의 호랑이 뼈를 몰수했다. 그런데, 호랑이 뼈라고 수입한 것이 실제로는 물소 뼈였음이 밝혀졌다. 도무지 그 많은 호랑이 뼈가 어디서 나왔나 하는 의구심이 있었는데, 어처구니없는 사기였던 셈이다. 호랑이 정강이뼈를 갈아 먹으면 신경통 관절염이 낫는다는 속설에 근거해서 물소 뼈로 의약품이랍시고 만들어서 팔아먹은 제약회사나 그것을 사서 먹은 소비자나 모두 한심한 일이었다.

'노태우의 저주', '노무현의 저주'

1996년 6월 5일, 세종문화회관에서 열린 '환경의 날' 행사 때 나는 김영삼 대통령으로부터 환경유공자 대통령 표창을 받았다.

환경부가 교수 몫으로 나를 추천한 것이다. 그리고 1년이 지난 1997년 6월, 김영삼 대통령은 유엔에서 열린 유엔환경총회에 참석하고 귀국한 후에 환경 관련 인사 다섯 명을 청와대 오찬에 초청했는데, 교수로는 내가 초청되어 참석했다. 당시는 임기 말이고 아들인 김현철 씨가 구속되어 있었지만 김 대통령은 내색하지 않고 대화를 이끌어 가셨다. 특히 "그린벨트, 그거 함부로 푸는 게 아니다"고 하신 말씀이 기억에 남는다. 당시 김대중 총재가 "그린벨트는 박정희가 만든 비민주적 제도"라고 해서 논란이 있을 때였다. 점심은 칼국수는 아니었으나 그래도 비교적 간단한 한식이었다.

김영삼 대통령과는 그 이상의 인연은 갖지 못했지만, 그때가 내가 청와대를 가 본 유일한 경우였다. 비서들이 일하는 비서실 건물에서 오찬 장소인 관저까지는 제법 멀었다. 거짓말이 아니고 작은 개울도 건너야 했으니 참모가 대통령을 만나러 가려면 산 넘고 물 건너간다는 말이 나올 만했다. 노태우 대통령이 청와대를 이렇게 새로 짓기 전에는 대통령이 집무실 문을 열고 나오면 비서실장이 있고, 문을 하나 더 열면 경제수석과 민정수석을 만날 수 있었다. 대통령이 되어서 청와대에 들어가기만 하면 외부와 소통이 안 되는 데는 이런 구조 탓도 있다. 오찬이 시작되기를 기다리는 동안 위를 쳐다보니 꽤 높았고 분위기는 적막했다. 김영삼 대통령이 임기 말에 경제위기를 미리 파악하지 못하는 등 낭패를 당하게 된 원인도 대통령을 적막강산(寂寞江山)에 가두어 놓은 청와대 구조와 관련이 있을 것이다. 대통령은 그렇다고 하더라도 청와대 직원들도 외부로 점심을 나가려면 너무 멀어서 대개 구내에서 해결한다고 한다. 그것도 청와대가 실패하는 이유 중의 하나이다.

미국 워싱턴 백악관과 그 앞에 있는 대통령실 건물은 다른 연방정부 건물과 불과 몇 블록 거리다. 의회도 몇 블록 거리에 있다. 백악관과 대통령실, 정부 각 부처, 의원과 참모진이 점심시간에 만나서 대화도 하고 정보도 교류해야 그 정부가 잘 돌아가는 법이다. 일본 도쿄의 관가(官街)인 가스미가세키(霞が関)도 시내 한복판에 있다. 관료들이 서로 만나고 또 언론인과도 자주 만나야 그 나라가 잘 돌아가는데, 우리나라에선 그것이 원천적으로 불가능하다. 우리나라 대통령과 비서실은 한국판 베르사유 궁전에 갇혀 있고, 공무원들은 세종시에 지어 놓은 창고형 건물에 갇혀 있기 때문이다. 우리 정부의 실패는 청와대라는 '노태우의 저주', 그리고 세종시라는 '노무현의 저주'와 무관하지 않다.

로욜라대학 로스쿨에서의 한국법 강의

대학교수라는 직업의 최대 혜택은 안식년이라고 할 만한데, 우리나라의 경우 제대로 시행하는 학교는 국립대학과 연·고대 같은 정상급 사립대학 정도였다. 나는 어렵사리 재직 13년 만인 1996년 가을 학기에 연구 학기라는 이름으로 강의를 쉴 수 있었다. 1990년대 들어서 몇몇 영어 저널에 논문을 게재해서인지 로스앤젤레스에 있는 로욜라 로스쿨(Loyola Law School)에서 연락이 와서 그 학기에 2학점 과목으로 한국법(Korean Law)을 강의하게 됐다. 막상 수락하고 나니 강의 교재 준비 등 보통 일이 아니었다. 우선 우리나라 헌법, 사법제도, 통상법, 경제규제법, 국제법 등에 관한 영어 논문을 찾아서 제법 두툼한 교재를 만들어 보내고, 뒤이어 로스앤젤레스에 도착했다.

수강생은 20명 가까이 되었는데, 미국 학생은 5, 6명이었고 나머지는 한국계 미국 학생이었다. 무엇보다 영어로 강의를 하는 것은 결코 쉬운 일이 아니어서 강의할 내용을 미리 암기해야 했다. 그것도 못 미더워서 강의 개요를 친절하게 만들어서 매주 배포했더니 학생들이 필기할 필요가 없다면서 너무 좋아했다. 당시 세계의 주목을 샀던 전두환·노태우 재판, 그리고 한미 통상마찰에 관한 강의가 가장 좋은 반응을 얻었다. 로스앤젤레스에선 세기의 재판이 O. J. 심슨이었다면 한국에서의 세기의 재판은 전두환·노태우 내란죄 재판이었다. 전두환·노태우 재판은 교수 세미나에서도 요약해서 발표했는데, 교수들의 관심이 많았다. 한 학기를 끝내고

1996년 12월 로욜라 로스쿨

학장한테 귀국 인사차 들렀는데, 학생들의 강의평가가 괜찮게 나와서 학장이 매우 만족했다고 다른 교수를 통해서 들었다.

　로스앤젤레스 다운타운과 코리아타운 사이에 자리 잡은 로욜라 로스쿨은 아름답고 모던한 건물로도 유명하다. 스페인 빌바오의 구겐하임 박물관을 설계한 프랭크 게리(Frank O. Gehry)가 디자인한 도심 캠퍼스는 아담하지만 과감한 디자인의 건물이 이어져 있는 공간이 너무나 아름다워 학교에 머무는 자체가 즐거움이었다. 그러나 학교 건물을 나와서 다운타운까지 걷는 것은 위험해서 지하철역에 가려면 학교 셔틀을 이용해야만 했다. 건물 구조 자체는 보안을 고려한 폐쇄형이었다. 밖에서 보면 작은 성(城)처럼 보이고 입구를 통해 들어오면 내부에 아름다운 건물이 둘러싸고 있는 공간이 있으니, 학교 안과 학교 밖은 전혀 다른 세상인 것이다. 로스앤젤레스에는 1990년대 들어서 대중교통수단으로 레일이 들어서기 시작했다. 지하철은 1993년에 개통된 레드라인이 있었는데, 시내의 다운타운에서 내가 살던 아파트까지는 불과 몇 정거장이었다.

당시 로스앤젤레스 코리아타운에는 1992년 흑인 폭동 때 불탄 건물이 즐비했다. 넉 달 동안 살았던 윌셔대로(Wilshire Boulevard)에 접해 있는 아파트는 1992년 폭동 때 로스앤젤레스 소재 해병 전우회가 모여서 총을 들고 지켜서 방화와 약탈을 면했다고 한다. 흑인 폭동이 일어나자 로스앤젤레스 경찰은 윌셔대로의 북쪽에 있는 유대인 지역과 부촌(富村)인 베벌리 힐스를 집중적으로 보호했다. 교포들은 그때 느꼈던 억울함을 이야기하곤 했다. 1994년에 일어난 O. J. 심슨 살인사건은 그때에도 어디서나 화제의 대상이었다. 사람들은 모두 심슨이 살인을 했다고 믿었다. O. J. 심슨은 1995년 10월에 무죄 평결을 받았는데, 그를 변호한 조니 코크란 변호사는 로욜라 로스쿨을 졸업했다.

2년간의 중앙대 법과대학장 시절

내가 법학과 학과장을 하던 1988년~1991년만 해도 중앙대 법학과 졸업생들은 취직에는 문제가 없었다. 특히 금융권 취직은 학과장 추천으로 무시험 입사를 하곤 했다. 당시는 사법시험 정원이 적어서 중앙대는 사시 합격자를 많이 배출하지 못했고, 사법시험이란 게 공부를 열심히 한다고 꼭 되는 것도 아니어서 나는 학생

2002년 학장실

들에게 우리 경제가 본격적인 성장기에 접어들었기 때문에 취직
하는 것도 괜찮다고 이야기하곤 했다. 그러나 1997년 경제위기는
모든 것을 바꾸어 놓았다. 금융권이 구조조정에 들어가자 은행에
취직하기가 어려워진 것이다. IMF 구제금융으로 경제위기는 극
복했지만 인문사회학을 공부한 졸업생들의 진로는 매우 불투명해
졌다. 나는 그런 점을 무척 무겁게 느꼈다.

그러던 중 중앙대 총장이 새로 바뀌면서 나는 법과대학 학장에
임명됐다. 2001년 3월부터 2년간 학장을 지냈는데, 그때만 해도
중앙대는 재정 상황이 좋지 않아서 낡은 건물과 시설 낙후 등 학
생들의 민원이 많았다. 나를 학장으로 임명한 박명수 총장은 시설
문제를 해결하고 대학 평가 등급을 올리기 위해 교수 평가를 도입
하는 등 많은 업적을 남겼다. 우리나라 대학은 학장이 큰 권한을

갖고 있지 않고 총장이 이끄는 본부가 운영을 맡아 하는 편이다. 나는 교과목 개설 등 웬만한 일은 학과장을 맡았던 김성천, 김형준 두 교수에게 일임하다시피 했다.

그때부터 우리나라 대학은 발전기금이란 이름의 기부금을 얻기 위해 노력하게 됐다. 그즈음 고려대 앞에 있는 김밥 가게 할머니가 평생 모은 돈 2억 원인지 3억 원인지를 고려대에 기부했다는 기사가 났다. 그걸 보고서 박명수 총장이 학·처장이 모두 참석하는 회의석상에서 "여러 학장님들, 주위에 김밥 할머니가 계시면 평소에 인사 잘하고 지내시라"고 한 적이 있었다. 김밥 가게 할머니 기부금도 SKY 대학으로 가는 현실에 총장이 얼마나 허탈했기에 그런 말을 했겠는가.

법대 학장을 지내던 2001년 가을, 9·11테러가 일어났다. 번영과 평화의 1990년대가 지나가 버린 것이다. 세상은 결코 평화로울 수 없나 보다는 생각에 중동 사태와 미국 정치에 대해 깊이 들여다보게 됐다. 그러고 보니 나는 어느덧 지천명(知天命)이라는 50세가 되었다. 2003년 초에 학장 임기는 끝이 났고, 교수 생활도 20년을 지나고 있었다. 그때부터 정말 내가 하고 싶었던 공부인 역사와 미국 정치에 관한 책들을 많이 보았다.

로스쿨 도입과 대학 설립 자유화

나는 무엇이든 기존 제도를 바꾸는 일은 신중해야 한다고 생각하는 사람이다. 교육제도나 사법제도같이 한 나라의 기초가 되는 제도를 바꾸는 개혁은 특히 더 그래야 한다고 생각한다. 노무현 정부 막판에 도입한 로스쿨 제도는 교육제도와 사법제도를 한꺼번에 바꾸는 일이기에 과연 적절한지에 대해 깊은 검토와 논의가 필요한 사안이었지만 우리는 그러하지 못했다. 나는 로스쿨 도입을 반대했던 대표적인 교수였다.

우리나라에 미국 로스쿨이 미화된 데는 1980년대에 TV 시리즈로 방송되었던 '하버드의 공부벌레(The Paper Chase)' 역할이 컸다. 1970년에 하버드 로스쿨을 졸업한 존 제이 오스본이 쓴 소설을 TV 시리즈로 만들어 성공한 작품으로, 하버드 로스쿨에 입학한 중서부 출신의 제임스 하트라는 학생과 찰스 킹스필드라는 권위적인 노교수의 계약법 강의 시간을 중심으로 벌어지는 여러 가지 에피소드를 엮었다. 킹스필드 교수는 질의 응답식 강의로 학생들을 다그치면서 가르치는데, 이것이 마치 굉장히 훌륭한 교수법인 양 우리에게 알려진 것이다.

이런 TV 드라마에 영향을 받아서인지 로스쿨은 질의응답식 강의를 통해 실무적 능력을 배양하는 선진적인 법학 교육이라는 뜬금없는 주장이 이른바 법조 개혁파들 사이에서 유행했다. 그러나 실제로는 미국에서도 질의응답식 강의는 상위권 로스쿨의 기본과목에서나 이루어지는 정도다. 이런 사정을 아는지 모르는지, 김영삼 정부 들어서 청와대 수석실을 중심으로 로스쿨을 도입하자는 주장이 나왔다. 하지만 로스쿨 도입은 법조계의 반대에 부딪혀서 실패했고, 그 대신 사법시험 합격자 수를 점진적으로 늘리기로 했다. 김영삼 정부에서 백지화됐던 로스쿨 도입은 노무현 정부에서 다시 점화되어서 결국 국회를 통과하게 된다.

로스쿨 도입에 실패한 김영삼 청와대의 개혁파 교수들이 추진 해서 성공한 것이 대학설립준칙주의라는 이름의 교육개혁이었다. 요건만 갖추면 대학 설립을 허가해 주자는 것인데, 이로 인해 신 설 사립대학이 우후죽순(雨後竹筍)처럼 지방에 들어섰다. 수도권 에서는 수도권정비계획법에 의해 대학 신설과 증원이 제한되기 때문에 인구가 줄어드는 지방 도시 황량한 곳에 대학이 들어섰다. 이렇게 해서 전 세계에서 대학 진학률이 가장 높은 나라라는 명성 을 이어가고 있지만, 이것이 얼마나 허황된 일인지는 누구나 잘 알 것이다.

오늘날 이렇게 해서 생겨난 지방 사립대학들은 존폐 위기에 서 있다. 이미 폐교가 되었어야 마땅한 대학이 지방 곳곳에 허다한 데, 중국 학생들을 끌어모아서 억지로 수명을 연장하고 있는 대 학도 있다. 김영삼 정부 시절인 1990년대에는 고등학교 졸업생에 비해 대학 정원이 많이 부족했지만, 인구 추세로 보면 그런 시기 는 얼마 가지 않게 되어 있었다. 더구나 당시에 불어닥친 업무 자 동화와 생산시설 자동화로 단순 사무직과 단순 노무직은 사라질 위기에 처했다는 경고가 많았다. 그런데도 구태의연한 학과목을 가르치겠다는 대학을 마구 인가했으니 10년 앞을 내다보지 못하 고 이런 졸속 정책을 개혁이란 이름으로 추진한 것이다.

이렇게 해서 뒤늦게 생긴 4년제 대학들은 존폐 위기에 처해 있 고 산업현장에서 일할 기술 인력은 부족해지고 이런 대학을 나온 졸업생들은 일자리가 없는 상황이 되고 말았다. 김영삼 정부가 이런 황당한 정책을 자유화니, 규제완화니 하면서 밀어붙일 때 나는 이런 생각을 했다. '서울대 교수들은 우리나라 대학이 모두 자기들이 다니고 가르친 서울대 같은 줄 아는구나.' 이런 개혁을 추진한 청와대 수석과 장관이 서울대 교수 출신들이었다. 반면에 나는 중앙대 안성 캠퍼스에서 강의를 해보아서 지방 캠퍼스의 현실을 알고 있었다. 축적된 경험을 무시하고 책상에 앉아서 유토피아를 그리는 몽상가들이 밀어붙이는 개혁은 대체로 이런 결과를 가져온다.

8년간 이어 온 조선일보 사설과 〈만물상〉 칼럼

1995년 9월 조선일보에서 환경부를 담당하던 박재영 기자가 연락을 해 왔다. 당시 조선일보는 매주 환경 특집 지면을 구성하는 등 환경문제를 많이 다루었다. 논설위원실에서 환경에 관한 사설을 쓸 수 있는 비상임 논설위원을 구한다면서 누가 좋겠냐고 해서 한삼희 등 환경 담당 기자들이 나를 추천했다는 것이다. 신문사로부터 곧 연락이 올 테니 그리 알고 있으라고 했고, 며칠 후 조선일보 김대중 주필로부터 연락이 왔다. 나는 그해 10월부터 주말에 하루 나와서 사설 한 편씩 쓰는 비상임 논설위원이 되어서 2003년 12월까지 8년 동안 사설과 만물상 칼럼 450여 편을 썼다. 교수가 메이저 신문에서 비상임 논설위원으로 이렇게 오랫동안 많은 글을 쓰기는 내가 처음이었는데, 이 기록은 아마 깨지기가 어려울 것으로 본다.

당시 논설위원실은 김대중 주필, 류근일 논설실장 그리고 분야별 논설위원이 포진하고 있었다. 주말은 논설위원의 절반만 나오고, 나는 주말만 나가서 글을 썼다. 논설위원실은 사설과 1면 하단에 나가던 〈만물상〉 칼럼을 생산하는 게 그 책임이다. 사설은 회사의 입장이니까 이론적으로는 편집국과도 독립되어 있고, 따라서 사설은 흔히 사주(社主)라고 불리는 경영진의 입장을 따라야 하는 게 원칙이다. 하지만 논설위원실을 책임지는 주필이 경영진과 편집국 사이를 연결하는 역할을 하면서 회사의 논조를 끌고 가는 게 통상적이고, 조선일보도 그러했다. 사설과 달리 〈만물상〉은 잡다한 지식을 동원해서 감칠맛 나는 유머와 냉소가 적당히 섞여 있는 글이어야 해서 사설보다도 쓰기가 어려웠다. 나는 〈만물상〉 칼럼도 많이 썼다.

내가 조선일보에서 비상임 논설위원으로 일하고 있을 때 주필·주간은 김대중, 류근일, 강천석이었고, 경영진은 방상훈 사장과 안병훈 부사장이었고, 편집국장은 최청림, 최준명, 강천석, 변용식이었다. 고학용, 김영하, 김윤곤, 이영덕, 정중헌 위원 등이 나와 오랜 기간 같이 일을 했는데, 2002년 전후로 모두 은퇴했다. 논설위원실은 오후 2시에 회의를 해서 주제를 정하고 누가 쓸 것인지를 정하며, 원고는 5시까지 데스킹을 끝내고 교열부로 넘겨야 했다. 따라서 회의가 끝나고 2시간 이내에 사설을 만들어 내야 했다. 초안을 쓰면 김대중 주필이나 류근일 논설실장이 데스킹을 보았는데, 그런 과정에서 나는 글을 보다 명료하고 설득력 있게 쓰는 방법을 터득했다. 정부 정책이나 정치인을 비판하더라도 그 토대가 되는 사실은 몇 번씩 확인해야 하며, 데스킹 볼 일이 적고 교열부가 고칠 것이 없는 글을 써야 제대로 된 논설위원이기에 그렇게 하려고 노력했다. 나는 글을 직선적으로 시작하는 김대중 주필의 스타일에 많은 영향을 받았다.

나는 편집국의 환경 기사와 보조를 맞춰서 다양한 환경 이슈를 사설로 다루었다. 주중에도 중요한 환경 사안이 있으면 신문사에 나가기도 했고, 환경문제 외에도 사법제도 같은 법률 사안이 제기되면 그에 관한 사설을 쓰기도 했다. 제일 처음 쓴 사설은 시프린스 호 오염사고 후 적조 문제에 속수무책이었던 점을 들어서 해양행정에 총괄 기능이 없다는 논지였는데, 1년 후에 해양수산부가 발족했으니 어느 정도 영향을 미쳤다고 하겠다. 상수원 보호와 맑은 물 공급을 강조하는 사설, 높은 산에 스키장 건설하는 것 같은 난개발을 비판하는 사설을 가장 많이 썼다.

1997년 여름, 그해 대선을 앞두고 김대중 총재가 그린벨트가 비민주적 제도라고 하면서 그 해제를 약속하자 조선일보만 그것을 반박하는 사설을 연거푸 썼는데, 모두 내가 쓴 것이었다. 평소에 환경보호를 강력하게 주장했던 한겨레도 침묵을 지킨 상태에서 유독 조선일보가 그런 사설을 내보낸 데 대해선 말이 많았다고 나중에 들었다. 여하튼 나는 그린벨트가 비민주적인 제도라고 하는 데 대해 다른 신문들이 침묵했던 이유는 정치적이었다고 생각했다. 그 외에도 특별하게 기억되는 사설이 몇 개가 있다. 그 가운데 지금 생각해도 아찔했던 사설이 있다.

1995년 여름 삼풍백화점이 붕괴했는데, 이듬해 초에 피해 배상을 돕기 위해 재해관련법 시행령을 고쳐서 국고로 지원하려는 움직임이 있었다. 이것은 손해배상 책임의 원칙에 어긋나고 더구나 시행령 개정으로 할 수 있는 것은 아니었다. 그 때문에 사설로 비판하기로 했고, 법률문제이니까 내가 쓰는 게 좋겠다고 해서 내가 맡게 됐다. 그런데 사설 처음에, '삼풍백화점'을 '삼풍아파트'로 쓴 것이다. 데스킹과 교열을 거쳐서 가판 인쇄를 시작하기 직전에 내가 잘못 썼음을 찾아내서 급히 연락해서 '삼풍백화점'으로 고칠 수 있었다. 그러고 나니까 온몸이 식은땀으로 흠뻑 젖고 말았다. 아무리 데스킹과 교열을 거쳐도 사람이 하는 일이라서 실수가 생기는 법임을 절실하게 깨달았다. 그때 사설이 '삼풍아파트'로 그대로 나갔더라면 삼풍아파트 주민들이 어떤 반응을 보였을까 하고 이따금 생각했다.

세상을 바꾸어 놓은 특종 사설

신문 사설은 기사를 통해 드러난 사실에 기초해서 신문사의 방향에 따라 논리를 구성해서 쓰는 게 보통이다. 같은 주제를 같은 방향으로 쓰더라도 쓰는 사람의 역량에 따라 작품이 달리 나오게 된다. 풍부한 지식에 근거한 명확한 논리 구성과 자연스러운 문장력이 사설의 생명이다. 사설이 언론 보도에 나오지 않은 사안을 발굴해서 지적하기도 하는데, 이로 인해 정부가 신속하게 조치를 하거나 책임 있는 공직자가 물러나게 된다면 그 사설은 그야말로 특종이다.

그런 사설 특종을 몇 차례 했는데, 그중 하나가 사외이사 겸직 문제였다. 1998년부터 대기업은 반드시 사외이사를 두도록 했는데, 이와 관련해 문제의 소지가 될 만한 일들이 벌어졌다. 특히 경영학, 경제학 교수들이 신바람이 났는데, 정부 내 이런저런 위원회의 위원을 하면서 사외이사를 하는 경우가 있어서 문제가 된다고 생각했다. 그러던 중 환경운동을 하는 최열 대표가 자동차 회사 사외이사를 한다는 기사가 여러 신문에 크게 났다. 논설위원실 회의에서 이것을 사설로 쓰자는 이야기가 나와서 나는 그보다는 큰 차원에서 사외이사의 이해충돌 문제를 다루자고 했다. 이렇게 해서 나온 게 2000년 9월 18일 자 사설 '사외이사와 이해충돌'이다.

내가 정말 말하고자 했던 바는, "사외이사를 하는 교수나 변호사가 기업에 관한 중요한 정책 결정을 하는 정부 위원회의 위원을 겸한다면 심각한 이해충돌이 발생할 수 있다"는 한 문장이었다. 다음 날 다른 신문들은 환경운동의 도덕성이니 뭐니 하는 사설을 썼는데, 바다에 배 지나가듯 아무 영향이 없었다. 하지만 내가 집어넣은 한 문장 때문에 총리실과 청와대가 발칵 뒤집혔다. 정부 각 부처 위원회 위원들의 사외이사 겸직을 전면적으로 조사하라는 지시가 떨어진 것이다. 며칠 후 조사 결과가 나와서 관련 기사가 나왔는데, 공정위원회와 금융위원회 비상임 위원에 위촉된 교수 대부분이 재벌 기업의 사외이사들이었다. 대부분 SKY대 교수였는데, 둘 중 하나를 그만두게 되자 급여가 많이 나오는 사외이사를 지킨 경우가 많았다고 들었다. 조선일보가 사설로 특종을 한 셈이었고, 그 후 정부 위원회 위원은 위촉할 때 사외이사 여부를 확인하게 되어 오늘날에 이르고 있다.

논설위원을 그만둘 무렵인 2003년 9월에도 다른 신문이 보지 못하고 알지 못한 사실을 사설로 써서 해양수산부 장관이 며칠 후 경질되는 일이 있었다. 태풍 매미가 상륙해서 대형 피해를 보았는데, 노무현 대통령이 그때 뮤지컬 공연을 관람한 적이 있었다. 그런 상황에서 대통령이 뮤지컬 관람을 해도 좋으냐를 두고 논란이 일었으나, 더 이상 문제가 되지 않아 가라앉는 듯했다. 그러던 중 9월 19일 노무현 대통령은 해양수산부 차관이던 최낙정을 장관으로 임명했다. 차관에서 장관으로 승진해서 의기양양해진 최낙정은 9월 26일 중앙공무원교육원 특강에서 문제의 아부성 발언을 했다. "대통령은 태풍이 오면 오페라 약속도 취소하고 비가 오나 안 오나 걱정만 하고 있어야 하느냐"면서 "하와이에 허리케인이 왔을 때 클린턴 대통령이 현지에서 주지사와 골프를 치니까 미국 언론은 주지사가 대통령에게 사정을 설명할 수 있어서 다행이다"라고 했다며 우리 언론을 비난했다.

최 장관의 발언을 본 나는 언젠가 클린턴 대통령이 허리케인 때문에 외국 방문 일정을 단축하고 귀국했다는 기사를 본 기억이 나서 검색을 해 보았다. 클린턴 대통령은 1996년 11월 호주 방문 길에 하와이를 들렀는데, 우중(雨中)에 골프를 쳤다는 기록이 있었다. 하지만 1999년 9월 대형 허리케인이 미국 동남부를 덮치자 뉴질랜드를 방문 중이던 클린턴은 하와이 체류 일정을 생략하고 워싱턴으로 긴급 복귀해서 재난 상황을 챙겼음이 확인됐다. 그러 니까 최 장관은 허리케인 때문에 긴급하게 귀국한 클린턴 대통령 을 허리케인 중에도 하와이에서 주지사와 골프를 쳤다고 왜곡해 가면서 대통령을 옹호한 것이다.

이런 사실을 파악해서 다음 날 논설위원실 회의 때 이 건을 의 제로 올렸더니 강천석 주간이 쓰자고 해서 나간 것이 9월 29일 자 사설 '해양부 장관의 무리한 코드 맞추기'였다. 태풍으로 인한 농 어민 피해를 살펴야 할 장관이 클린턴 대통령의 행보를 왜곡해서 노무현 대통령을 옹호했으며, 특히 공무원 시험 합격자를 상대로 한 연수 교육에서 장관이 사실을 왜곡한 아부성 강연을 했으니 문 제가 많다는 요지였다. 태풍 같은 천재지변 상황에서 대통령이 일 정을 취소해야만 하는가는 찬반 의견이 있을 수 있어서 이에 대해 몇몇 신문이 사설과 칼럼을 썼지만, 오직 조선일보만이 최 장관의 사실 왜곡을 집어낸 것이다. 며칠 후 최 장관은 경질됐다. 이런 것 이 신문의 경쟁력인데, 청와대에서 보기에는 조선일보가 무척 미 웠을 것이다.

조선일보와 두 번의 대선

미국과 달리 우리나라 신문은 선거에서 특정 후보를 공식적으로 지지할 수 없다. 미국 신문은 사설을 통해 어느 대선 후보를 공식적으로 지지하는데, 동북부 신문들은 당연하다는 듯이 민주당 후보를 지지해 왔기 때문에 특별한 의미를 상실한 지 오래됐다. 그렇다고 해서 미국 신문이 특정 후보를 편파적으로 비판하거나 옹호하지는 않는다. 다만 신문은 같은 사실을 보도하더라도 어느 정도 방향을 갖고 다루는 것은 정상적이다. 신문이 자사의 성향에 맞는 외부 필자를 칼럼 지면에 등장시키는 것도 마찬가지다.

　나는 조선일보 비상임 논설위원을 하면서 1997년 대선과 2002년 대선을 겪었다. 두 번 대선에서 조선일보는 한나라당을 지지했음은 세상이 다 아는 일이다. 하지만 신문이 어느 특정 후보를 공개적이든 비공개적이든 민다고 되는 것도 아니고 그렇게 하는 것도 한계가 있다. 선거는 선거 시점의 민심과 선거의 구도, 그리고 후보자의 역량이 중요하기 때문이다. 두 번 대선에서 논설위원실에서 가장 많이 들었던 이야기는 "이회창, 한심하다"였다. 사실 내가 보아도 그런 평가가 내려질 만했다.

　1997년 대선은 한나라당 이회창 측이 김종필 총재를 잡지 못하고, 또 이인제 의원의 출마를 만류하지 못해서 그렇게 된 것이다. 그런데 선거 결과 두 후보 간의 표차가 많지 않은 것을 보고 놀랐다. 당시 외환위기로 집권당인 김영삼 정부에 대한 지지도가 폭락했고, 김종필 총재가 김대중 대통령을 지지했으며 이인제 의원이 독자적으로 출마했는데도 39만여 표의 근소한 차이로 김대중 후보가 대통령에 오를 수 있었다. 보수층과 영남 유권자층이 그만큼 두텁다는 의미일 것이다.

2002년 대선도 마찬가지였다. 한나라당 이회창 쪽에선 대세론에 안주한 탓인지 도무지 역동성을 느낄 수 없었다. 마치 1992년 미국 대선에서 조지 H. W. 부시 대통령이 지는 모습과 비슷해 보였다. 1997년과 2002년 대선 모두 조선일보 논설위원실의 분위기는 이회창이 어렵다였다. 한나라당과 이회창 총재의 한계가 너무 분명히 느껴졌다. 2002년 12월 대통령 선거 당일 논설위원실에 나갔었는데, 저녁에 출구 조사 결과가 노무현 승리로 나오자 당시 논설위원이었던 박두식이 "기적은 없습니다"라고 말했던 것이 지금도 기억에 생생하다. '선거에 기적은 없다'는 말은 정말 맞는 말이다.

지금은 조선과 동아를 똑같이 보수신문으로 보지만 내가 논설위원을 할 때 두 신문은 너무나 달랐다. 김영삼 대통령이 국립박물관으로 사용하던 옛 일본 총독부 건물인 중앙청을 허물기로 했을 때, 조선일보는 사설로 그것의 보전 또는 이전을 주장한 반면 동아일보는 철거를 주장했다. 당시에 한일 양국 간에 쟁점으로 떠오른 독도에 대해서도 그랬다. 조선일보는 어차피 우리가 독도를 실효적으로 지배하고 있으므로 독도가 일본 영토라고 이따금 망언하는 일본 인사들의 발언에 대해 과잉 반응할 필요가 없다는 입장이었다. 하지만 동아일보는 독도에 대해 지배권을 강화해야 하며 일본 정치인들이 이따금 터뜨리는 망언에 대해서 정부 차원에서 강력하게 대응해야 한다고 주장했다. 조선일보와 동아일보는 이런 문제를 두고 '사설 전쟁'을 심심치 않게 벌였다. 그즈음 나온 조선일보 사설 '독도, 냉철하게 보자'(1996년 2월 11일 자), '독도 접근법'(1997년 8월 10일 자)은 내가 쓴 것이었다. 조선일보 사설은 독도 문제에 과잉 대응하면 오히려 분쟁화를 꾀하려는 일본의 시도에 휘말릴 것이라는 논지였다.

김대중 정부와 조선일보

김대중 정부의 첫 청와대 공보수석은 박지원 국가정보원 원장이었다. 박지원 당시 공보수석은 주말 퇴근 때면 조선일보 논설위원실을 들르곤 했다. 특별한 안건이 있는 것도 아닌데 주말에 나와서 사설을 집필하는 논설위원들을 둘러보면서 인사하고 김대중 주필과 간단한 말을 나누는 정도였다. 그런 기간이 1년 이상 이어지다가 문화공보부 장관으로 가면서 자연히 그쳐 버렸다. 나는 그런 박지원 수석의 근면함과 겸허한 자세에 좋은 인상을 갖게 됐다. 박지원 수석은 아마도 조선일보가 정권과 지나치게 대립하는 것을 막아 보려 한 것이 아닌가 한다.

김대중 정부는 임기 첫 2년간은 경제위기를 극복하고 각 분야에 걸쳐서 구조조정을 하는 데 총력을 기울였고, 그런 국정 방향은 언론의 지지를 받았다. 조선일보도 우리 사회 각 분야에 구조조정이 필요하다는 사설을 자주 내보냈다. 하지만 2000년 들어서는 국난 극복을 위한 정권과 신문 사이의 밀월 관계는 끝나고 서서히 긴장이 조성되고 있음을 느낄 수 있었다. 2001년 봄 들어서 국세청은 조선일보와 동아일보에 대해 세무조사를 시작했고, 결국 그해 8월 방상훈 조선일보 사장과 김병관 동아일보 사장은 조세포탈 등의 혐의로 구속됐다. 이에 앞서 김병관 사장 부인이 투신자살하는 일이 벌어졌다. 이 사건은 동아일보에 큰 충격을 주었고, 그 후 동아일보가 김대중 정권과 노무현 정권에 대해 대단히 비판적으로 돌아서는 계기가 되었다.

물론 당시 정부는 조선일보, 동아일보, 국민일보에 대한 세무조사가 정치적 의도가 있는 것이 아니라고 했지만 그렇게 곧이 믿을 사람은 별로 없었다. 조선일보는 김영삼 정부 초에도 강도 높은 세무조사를 받았기 때문에 정권이 들어서면 세무조사가 다시 있을 수 있다고 생각해서 회계 처리를 평소에 철저히 했다는 이야기를 들었다. 하지만 방상훈 사장을 구속했다는 점에서 과거와는 차원이 달랐다. 상식적으로 생각해서 이미 국세청에서 모든 자료를 확보해 간 시점에서 도주 우려가 없는 피의자를 구속한다는 점은 이해하기 어려웠다.

방상훈 사장은 그해 11월 초 보석으로 풀려나 불구속재판을 받았고, 2006년 대법원은 최종적으로 집행유예와 벌금형을 선고했다. 하지만 대법원은 회계를 책임졌던 방계성 부사장에 대해선 유죄 원심을 파기했다. 회계 처리 등에서 문제로 삼았던 것에는 무료 식사가 있었다. 조선일보는 오래전부터 구내식당에서 직원들에게 식사를 무료로 제공해 왔다. 메뉴도 좋고 깨끗해서 나도 다른 위원들과 자주 이용했다. 그런데 직원들에게 식사를 무료로 제공한 것은 급여를 주고 세금을 징수하지 않은 것이라 세금 포탈이라고 보아서, 조세법상 시효가 만료되기 전까지 거슬러 올라가니까 탈세액이 제법 되었던 모양이다. 그래서 그다음부터는 식당을 이용할 때 이름을 적어 내서 급여로 계산을 하는 방식으로 바뀌었다. 회사가 제공하는 무료 급식이 이런 문제가 있을 수 있음은 그때 처음 알았다.

나의 조선일보 시절은 2003년 말로 끝이 났다. 2002년 대선 전후해서 조선일보 논설위원실에도 세대교체가 이루어졌다. 1995년에는 가장 젊은 논설위원이었던 내가 어느덧 세월이 흘러 2003년에는 강천석 주간을 제외하면 제일 연장자였다. 이제 신문사의 입장을 쓰기보다는 내 생각을 써야겠다는 생각이 들었고, 무엇보다 다음 해 안식년을 갖게 되어 외국 여행도 할 계획이었다.

화제의 해외 신간 소개

주로 토요일 자 신문에 신간 서적을 소개하는 지면이 있다. 독자는 새로 나온 책에 대한 정보를 얻고 출판사는 신간을 홍보할 수 있는 지면이다. 나는 전부터 신문의 신간 소개에 5년, 심지어 10년 전에 출간된 외국 서적이 번역되어 나오면 신문이 '신간'으로 소개하는 행태가 우습다고 생각했다. 또 외국에서 나온 책이 번역되는 것을 보면 대체로 진보 성향 또는 좌편향된 책이 많은 것도 문제라고 생각했다. 예를 들자면, 노엄 촘스키나 제러미 리프킨이 무슨 성자(聖者)나 예언자처럼 알려져서 이들의 책이 번역되면 베스트셀러에 오르는 현상이 매우 못마땅했다. 그래서 2000

년 3월 조선일보 문화부 김태익 부장과 승인배 북 팀장을 만나서 해외 신간을 소개하는 서평을 써 보면 어떻겠냐고 물어보았더니 그렇게 해보자고 해서 시작한 일이 조선일보에 격주로 실린 해외 서평 기고였다.

첫해에는 당시 미국에서 화제의 베스트셀러였던 버지니아 포스트렐의 《미래와 그 적(敵)들》, 토머스 프리드먼의 《렉서스와 올리브나무》, 보니 앤젤로가 쓴 《대통령의 어머니들》 등을 지면에 소개했다. 장진호 전투를 그린 마틴 러스의 《브레이크 아웃》, 맹목적인 환경주의를 비판한 비외른 롬보르의 《회의적 환경주의자》, 마거릿 대처 전 영국 총리가 자신의 국정 철학을 담은 《국가 경영》 등 신간을 계속 소개했다. 9·11테러 후에는 과격 이슬람 세력과 테러 문제를 담은 신간, 그리고 그즈음 나온 보수 시각을 담은 미국 정치 관련 책도 여러 권 소개했다. 보수 정치, 이슬람 세력 같은 무거운 주제 외에도 미국 화가 조지아 오키프의 삶과 예술을 그린 《만개(滿開)》, 다빈치 코드의 허구성을 다룬 바트 어만 교수의 책 등이 조선일보의 지면을 통해 국내에 소개됐다. 내가 소개한 외국 신간 중 상당수가 나중에 번역되어 나왔고, 그중 몇몇은 베스트셀러가 됐다.

해외 서평 기고는 조선일보 비상임 논설위원을 그만둔 후에도 당분간 계속했고, 그중 100편을 모아서 2006년 3월에 《세계의 트렌드를 읽는 100권의 책》으로 출간했다. 그 후에는 〈월간조선〉에 '책 소개' 또는 '역사 탐구'라는 시리즈로 한동안 연재를 계속했다. 그 후에도 간간이 좋은 신간 서적이 나오면 주문해서 읽은 후

내 개인 블로그의 〈북 월드〉에 올려놓았다. 2011년~2012년은 여러 가지 일로 책 읽을 시간이 부족했으나, 2012년 12월 대선을 끝내고 다음 해 2월에 대학을 퇴직한 후에는 그간 못 읽었던 책을 많이 읽고 그 내용을 요약해서 나의 블로그에 올렸다. 이렇게 블로그에 올린 내용을 체계적으로 정리해서 2014년 10월에 펴낸 것이 《공부하는 보수》였다. 중동 정세와 세계정세, 미국 정치와 사회 및 경제위기 등 중요한 사안에 관한 권위 있는 저술 100권을 요약해서 편찬한 것으로 좋은 평을 얻었다. 이런 과정을 통해서 나는 나름대로 우리나라 지성사의 발전에 작지만 의미 있는 역할을 했다고 자부한다.

제5장

2003~2007년

정치 평론의 시간

[동아광장/이상돈]사학법, 어정쩡한 재개정은 안된다

입력 2007-03-02 02:56 수정 2009-09-27 20:01

2005년 국회를 통과한 개정 사립학교법은 '공공성'이란 주문(呪文)을 앞세우고 사학의 사적 자치와 재산권을 침해하는 위헌적인 악법이다. 사학계와 종교계의 거센 반발에 봉착한 정치권이 뒤늦게 재개정을 논의하고 있으나 종교계 사학과 기타 사학을 구

🗞 연합뉴스

朴 "사학법 어정쩡한 재개정은 소용없어"

기사입력 2007.03.06. 오전 10:22   최종수정 2007.03.06. 오전 10:22   스크랩   🔊 본문듣기 · 설정

👍 공감   💬댓글

[동아광장/이상돈]로스쿨, 하려면 제대로 하라

력 2007-06-15 03:01   수정 2009-09-27 03:26

2002 대선, 2004 총선

나는 2002년 대선에서 이회창 후보를 지지했지만, 결과적으로 노무현 대통령이 당선된 것은 당연했다고 생각한다. 이회창 총재 쪽은 일반 대중이 원하는 요구와 시대적 흐름에 부응하지 못했다. 노무현 후보가 수도 이전을 공약으로 내세우자 이회창 후보 측에선 그러면 서울 집값이 폭락한다고 대응했다. 나는 '서울 집값 폭락론'이야말로 자살골이라고 생각했다. 수도 이전은 선거에서 거론하는 것이 아니며, 행정기관 이전 등으로 균형발전을 추진하겠다고 대응했어야 했다. 게다가 이회창 후보는 아들 병역 문제가 또다시 불거졌다. 당시 한나라당은 시대 흐름도 모를뿐더러 선거에서의 이슈 대처에도 무능했다. 정몽준 의원이 출마해서 3파전이 될 것으로 기대했을 수도 있고, 그렇지 않더라도 설마 국민들이 노무현 후보를 대통령으로 만들겠는가 하는 안일한 생각을 가졌을 수도 있다고 생각한다.

나는 노무현 후보와 정몽준 의원이 여론조사로 단일화하는 모습에서 대중민주주의의 위험성을 보았다. 그런 식으로 후보를 결정하면 국민 주권은 무슨 의미가 있겠는가 하는 생각이 들었다. 나는 아무런 제약 없이 정당의 후보 경선에 참여하는 오픈 프라이머리도 좋아하지 않았다. 정당의 폐쇄성에 대한 반성으로 나온 것이 프라이머리인데, 우리는 오히려 정당이 대중을 동원하는 모습을 띠기 때문이었다. 여하튼 2002년 대선은 역동성 측면에서 한나라당의 완패였다. 어느 나라의 어느 선거든 역동성이 있는 쪽이 승리하기 마련이다. 문제는 그 역동성이 자연스럽게 생긴 것이 아니고 조작되었을 가능성이 있다는 데 있다. 하지만 한나라당은 그 자체를 몰랐으니 더 이상 할 말이 없다.

노무현 정부 첫해인 2003년 한 해 동안 노무현 정부와 한나라당, 그리고 노무현 정부와 조선일보 사이에는 긴장감이 감돌았다. 그러더니 2004년 3월 결국 한나라당과 민주당 일부 세력이 합심해서 국회가 노 대통령에 대한 탄핵안을 가결했다. 그런데 노 대통령에 대한 탄핵 사유라는 것은 누가 보아도 취약했다. 법률을 위반했다고 하더라도 과연 대통령을 파면할 정도가 되느냐는 의문이었다. 대통령의 정치적 중립이란 것도 애매한 개념이고, 현실과 유리된 것이기 때문이다. 의원내각제의 대통령이면 모르겠지만 대통령제 국가에서 대통령이 정치적 중립을 지켜야 한다는 것은 하나의 이상론(理想論)에 불과하기 때문이다. 무엇보다 단순히 발언을 문제 삼아서 대통령을 탄핵할 수 있을지는 의문이었다. 또 대통령이 법률을 위반했다고 하더라도 그 위반은 어느 정도 심각해야 탄핵의 사유가 된다고 보아야 할 것이다. 클린턴 대통령에 대한 탄핵이 상원에서 부결된 것도 비록 위증 등 혐의가 있다고 하더라도 대통령을 파면할 정도가 되는지는 의문이었기 때문이다.

헌법재판소의 결정을 기다릴 것도 없이 유권자들은 그해 4월 총선에서 한나라당을 심판해 버렸다. 탄핵 역풍이 거세게 분 것이다. 그즈음 조선일보 기자한테 상황이 어떠냐고 물어봤더니 공표하지 않은 여론조사 결과 한나라당이 80석 정도 차지할 것으로 나온다고 했다. 실제로 4월 총선에서 한나라당은 혼쭐이 났다. 박근혜 의원이 대표가 되어서 전국으로 유세를 나선 덕분에 그나마 121석을 기적같이 건질 수 있었다. 호헌선(護憲線)을 지켰고, 이를 계기로 박근혜 대표가 야당의 리더로 자리매김을 했다. 나는 그때 국회에 들어간 한나라당 비례대표 의원들의 수준이 매우 좋았다고 지금도 생각한다. 박찬숙, 전여옥, 나경원 등 국회의원을 할 만한 사람들이 한나라당 비례대표로 국회에 입성했다. 총선 후 헌법재판소는 탄핵을 기각했고, 한나라당은 거대 여당을 상대로 힘든 세월을 보내야 했다. 하지만 그런 과정을 통해서 박근혜라는 정치인이 성장해 간 것이다.

개혁 입법에 드라이브를 건 노무현 정권

2004년 총선 후 노무현 정부와 열린우리당은 국가보안법 폐지, 사립학교법 개정, 공직자 재산 백지 신탁, 집단소송 도입, 로스쿨 도입 등 이른바 개혁 입법을 추진해 나갔다. 이처럼 노무현 정부의 개혁 드라이브는 법 제도에 관한 것이 대부분이었다. 나는 이런 개혁 입법이 불필요하고 잘못된 것이며 부작용이 많다고 생각했다. 국가보안법만 해도 그것을 남용하고 오용한 것이 문제였지 그 자체가 큰 문제를 갖고 있다고 생각하지 않았다.

나는 1990년대 후반기부터 미국에서 일어난 소송개혁운동에 깊은 관심이 있었다. 집단소송을 억제하고 징벌적 배상제를 폐지하려는 소송 개혁은 2000년 미국 대선에서 공화당의 중요한 공약이었다. 미국에선 이런 법 제도가 소송 남용을 조장해서 미국의 경쟁력을 떨어뜨린다고 해서 정권 차원으로 대응하고 있었다. 그런데 노무현 정부는 이렇게 부작용이 많은 제도를 골고루 도입하려고 하는 것을 보고 한심하게 생각했다. 그러다 보니 나에게 이런 사안에 대해 기고를 부탁하는 경우가 늘어나서, 사립학교법 개정에 반대하고 집단소송과 징벌적 배상제 도입에 반대하는 칼럼을 여러 매체에 기고했다. 당시 한나라당 대표이던 박근혜 전 대통령이 나를 알게 된 계기도 이때 내가 쓴 칼럼을 통해서였을 것이다.

이즈음 노무현 정부와 열린우리당의 이념 성향에 대항해서 '뉴라이트'라는 운동이 일어났다. 새로운 보수 운동의 필요성을 느꼈는지 동아일보, 조선일보 등 보수지라고 불리기 시작한 신문들이 이에 대해 크게 지면을 할애했다. 서울대 교수를 지낸 안병직과 그의 제자 등 주로 과거에 좌파운동을 했던 사람들이 과거를 참회한다면서 당시는 '386'이라고 불렀던 열린우리당 운동권 출신 의원들을 맹렬하게 비난하면서 자신들을 뉴라이트라고 불렀다. 나는 이런 사람들을 좋아하지 않았다. 안병직 교수는 자기가 우파로 전향을 했다고 하나 그의 글과 말에는 마르크스 변증법 용어가 그대로 살아 있었고, 도무지 무엇을 하자는 것인지 종잡을 수가 없었다. 나는 지금도 당시 동아일보와 문화일보가 이들을 그렇게 크게 부각시킨 이유를 이해하지 못한다. 최근에 위안부 문제를 두고 파문을 일으킨 이영훈 교수도 안병직 교수 그룹의 일원이었다.

무엇보다 나는 그런 사람들이 자신을 '보수'라고 말할 수 없다고 생각했다. 종북 주사파, 또는 좌파였다가 그것이 잘못됐다고 깨달았다고 해서 '보수'가 되는 것은 아니기 때문이다. 나는 기회가 있을 때마다 윌리엄 버클리 2세(William F. Buckley Jr.: 1925~2008), 러셀 커크(Russell Kirk: 1918~1994), 진 커크패트릭 같은 미국의 보수 사상가와 보수 학자를 소개했다. 또 우리나라 진보학자들이 간첩 누명을 쓰고 옥살이를 했다고 보는 앨저 히스는 정말로 소련의 간첩이었다고 그즈음 미국에서 출간된 책을 소개하는 형식으로 반박했다. 이런 과정을 통해서 나는 '보수 학자'로 알려지게 됐다.

집단소송과 징벌적 손해배상, 그리고 사립학교법 개정

2001년 미국에선 조지 W. 부시 대통령이 이끄는 공화당 정부가 들어서자 미국의 재계와 기업 단체는 경제발전을 위한 요구사항들을 내놓았다. 집단소송과 징벌적 배상제를 대폭 축소하고 상속 증여세를 폐지하거나 감축해야만, 투자와 고용이 늘어나서 경제가 살아난다는 논리를 내세웠다. 이런 움직임은 의회에도 영향을 주어서 관련된 법안이 제출되곤 했다. 나는 이런 움직임을 흥미롭게 지켜보고 있었다. 그런데 같은 시기에 우리나라에선 노무현 정부가 집단소송과 징벌적 손해배상제도를 도입하려고 했다. 참여연대 소속의 진보 성향 변호사와 교수들이 도입해야 한다고 나섰고, 당시 야당이던 한나라당 내의 소장파 의원들도 이에 찬성했다. 그때 나는 언론 기고를 통해서 이 두 가지 모두 도입해선 안 된다고 주장했다. 국회는 소비자집단소송 제도를 보류하고 증권집단소송 제도만 통과시키고 말았다.

미국의 특유한 제도인 집단소송과 징벌적 손해배상 제도는 순기능보다 역기능이 많다는 비판을 받아 왔다. 미국의 건강보험이나 자동차보험 등 민간 보험이 그렇게 비싼 이유도 소송 리스크가 커서 그런 비용이 포함되어 있기 때문이다. 대형 병원, 대형 기업은 그런 비용을 분산시킬 수 있지만, 규모가 작은 사업장은 그렇게 하는 데 한계가 있다. 무엇보다 집단소송과 징벌적 손해배상은 미국 특유의 제도로, 그 부작용이 커서 미국에선 폐지하자는 목소리가 커지고 있는데 우리는 뒤늦게 이를 도입하자고 나선 것이다.

나는 미국에서의 집단소송과 징벌적 손해배상에 대한 비판, 그리고 상속세 폐지 움직임을 소개하는 기고를 몇 차례 했는데, '미국 집단소송의 시사점'(한국경제 2003년 3월 10일 자), '징벌적 배상제의 함정'(한국경제 2004년 6월 30일 자), '증권소송법 확대 무모하다'(문화일보 2004년 12월 27일 자), '미국이 상속세를 폐지하려는 이유'(조선일보 2006년 5월 9일 자) 등이었다. 이런 문제에 대해서 나만

큼 분명하게 논리적으로, 또 학술적으로 의견을 표명했던 사람은
드물었다.

2004년 제17대 총선에서 과반수 의석을 차지하는 데 성공한 열
린우리당은 사립학교법을 개정하는 데 성공했다. 그러나 사립학
교법 개정은 결국 노무현 정부의 발목을 잡았다. 나 역시 사립대
학에 몸을 담고 있었기 때문에 중앙대 같은 사립대학에 있어서 개
정된 사학법을 따라 공공 이사를 참여시키는 문제는 매우 민감할
뿐더러 현실적으로도 난점이 많음을 잘 알고 있었다.

사립학교법 개정을 개혁 입법으로 추진한 열린우리당이 개정
법안을 일방적으로 통과시키자 사립학교연합이 반대하고 나섰다.
그러더니 기독교, 불교, 그리고 천주교까지 반대의 뜻을 밝히고
나섰다. 종교 재단이 세운 사립학교는 대체로 모범적인 사립학교
인데, 이들도 도매금에 비리 사학과 같은 대우를 받게 되자 교단
자체가 반대하고 나선 것이다.

당시 한나라당 대표였던 박근혜 의원은 사립학교법 개정에 반
대하는 장외 집회에 참석하는 등 반대운동을 이끌었다. 한나라당
내부에서는 박 대표의 그러한 강경 자세에 반대하는 움직임도 있
었으나, 돌이켜보면 사립학교법 개정에 대한 반대운동을 통해서
박근혜 대표의 정치적 위상이 확립됐다. 노무현 정부는 사학에 대
한 공공성을 강화한다는 명분을 갖고 사안을 쉽게 생각했던 것인
데, 결국 노 대통령은 사립학교법을 재개정하겠다고 약속하기에
이르렀다. 그러자 한나라당은 국회에 복귀했다.

나는 사립학교법 개정에 대해 '노 대통령 사학법 인식, 수긍할 수 없다'(문화일보 2006년 1월 20일 자) 등 몇 차례에 걸쳐 기고를 했다. 사립학교 운영에 불법이 있으면 행정적 및 형사적 처벌을 하는 것으로 그쳐야 하며, 사립학교의 지배 구조에 정부가 개입해서는 안 된다는 요지였다. 사립학교의 지배 구조에 정부가 간여한다면 그것은 사법(私法)관계에 대한 부당한 정부의 간섭이고, 이로 인해 사립학교 지배권이 흔들린다면 그것은 사학의 자율권과 재산권에 대한 중대한 침해가 된다는 내용이었다. 말하자면 공공성이라는 것은 사학의 행위가 교육이라는 공공적 목적에 봉사해야 한다는 의미이지, 사학의 자립성과 재산을 정부가 통제할 수 있다는 근거가 될 수는 없다는 논지였다. 이 같은 나의 글이 박근혜 대표가 사학법 개정을 반대하는 데 힘이 되었다고 생각한다.

한나라당의 강력한 반대에 봉착한 노무현 청와대와 열린우리당은 타협적인 재개정안을 제시했다. 이에 대해 나는 여당이 일방적으로 개정한 사학법을 적당히 재개정해서는 안 되고 사학의 자립성과 독립성을 보장하는 원칙을 지켜야 한다는 취지의 칼럼 '사학법 어정쩡한 재개정은 안 된다'를 동아일보 2007년 3월 2일 자에 기고했다. 사흘 후인 3월 5일, 박근혜 전 대표는 한국교총에서 가진 교육정책 간담회에서 사학법이 "어정쩡한 상태로 재개정이 된다면 오히려 별 소용이 없다"고 하면서 "사학의 자율성 확대는 우리 교육의 미래를 위해 절대적으로 필요"하며 "고치려면 제대로 고쳐야 한다"고 강조하였다. 그러면서 자신이 대표 재임시 "한나라당이 내놓은 사학법 개정안대로 꼭 통과돼야 사학의 자율성이 확대될 수 있다고 본다"고 덧붙였다.("박(朴), '사학법 어정쩡한 재개정은 소용없어'" 연합뉴스, 3월 6일 자) 연합뉴스뿐 아니라 다른 언론도 '어정쩡한 재개정은 안 된다'는 제목으로 기사를 올렸는데, 그 구절은 3월 2일 자 동아일보에 내가 쓴 칼럼의 제목이었다. 박근혜 전 대표가 내가 쓴 칼럼을 숙지하고 그런 발언을 했다는 생각이 들었다.

한나라당 경선과 오픈 프라이머리

'오픈 프라이머리'라는 단어가 우리 언론에 의해 전파된 지는 꽤 오래됐다. 그런데 미국 정치와 선거에 대해 오랫동안 관심을 가졌던 나로서는, 그 용어가 우리나라에서 제멋대로 편하게 쓰이고 왜곡되는 데 대해 놀랄 수밖에 없었다. 오픈 프라이머리는 미국 선거에서 후보를 선출하는 예비선거를 당원 자격에 구애되지 않고 개방하는 제도를 의미한다. 그렇다고 오픈 프라이머리가 우리가 생각하듯이 아무나 아무 정당에 가서 찍을 수 있는 것은 아니다. 프라이머리가 열리게 되면 어느 당에 자기가 참여할 것인가를 밝히고, 그 정당의 후보 중 자기가 선호하는 후보에게 투표하는 것이 오픈 프라이머리이다. 그러니까 그해 선거 때 자신이 지지하는 당이 민주당이면 민주당을, 공화당이면 공화당을 선택하고, 본 선거에서 그 정당의 후보가 되겠다고 나온 후보를 선택하는 것이다. 이것도 투표이니까 신분 확인이 있어야 하고 투표장에 나와서 한 표를 던지는 것이니까 프라이머리에 출마한 후보자들은 자기를 지지하는 유권자들이 프라이머리에 많이 나오도록 독려해야 한다.

2006년 여름부터 '오픈 프라이머리'라는 일반 대중에는 생소한 개념이 열린우리당에 의해 우리에게 성큼 찾아왔다. 그 당시 열린우리당은 지지도가 폭락해서 오픈이건 아니건 프라이머리를 할 이유도 없고 할 여건도 안 되어서 무의미했다. 문제는 오히려 집권이 유력해진 한나라당이었다. 이재오 등 이명박을 지지하는 세력이 2017년 대선 후보를 오픈 프라이머리로 선출하자고 나선 것이다. 미국에선 프라이머리가 시작되어 오픈 프라이머리로 발전해서 정착하는 데 거의 한 세기가 걸렸는데, 별안간 한나라당에서 시행하자고 나선 것이다. 그러면서 대중민주주의와 참여민주주의를 들고 나왔다. 지금 생각하면 집권해서 온갖 불법을 일삼은 이명박이 대중민주주의와 참여민주주의니 하면서 오픈 프라이머리를 들고 나왔던 것이니, 웃지 않을 수 없는 일이다.

이재오가 오픈 프라이머리를 하자고 들고 나왔으나 이재오가 미국 정치와 미국 선거를 알 리는 없고, 나는 다른 의도가 있다고 생각했다. 단지 박근혜 전 대표를 제치고 이명박을 대통령으로 만들려고 시작한 수작에 불과했다. 오픈 프라이머리를 하려면 유권자가 투표장에 나오는 선거를 두 번 해야 하는데, 그것을 어떻게 하자는 것인지 알 수도 없었다. 더구나 오픈 프라이머리는 정당정치의 기본 원리와 배치되는 점이 있어서 거기에 대한 논란이 전부터 있어 왔다. 미국 대법원은 2000년에 유권자가 여러 정당의 예비선거에 참여할 수 있도록 한 캘리포니아의 오픈 프라이머리를 위헌이라고 판시했다. 위헌으로 판정된 캘리포니아 제도는 블랭킷 프라이머리(blanket primary)라고 불렸는데, 정당의 결사의 자유를 침해한다는 이유로 위헌 판결을 받은 것이다. 나는 이런 사정을 친(親) 박근혜 성향의 인터넷 신문에 기고했더니 박근혜 전 대표를 지지하는 팬클럽 등을 통해 엄청나게 공유되어 퍼져 나갔다.

그러나 2006년이 저물어 가면서 이명박 세력은 이미 관료와 재계, 그리고 언론을 장악해 나가서 오픈 프라이머리가 거스를 수 없는 대세가 되었다. 한나라당에서 해 오던 당원과 대의원 중심의 경선으로 대통령 후보를 선출하면 박근혜 전 대표가 후보가 될 것이기 때문에 이명박 측에선 실현 가능성이 없는 오픈 프라이머리를 내세우고 언론 플레이를 했던 것이다. 오픈 프라이머리를 하려면 정부가 선거를 경선부터 철저하게 관리해야 하는데, 그런 여건에 관해서는 아무런 대책도 제안도 없이 단지 박근혜 전 대표를 궁지에 몰아넣기 위해 그런 주장을 한 것이다. 나는 그런 주장을 내세운 이명박 캠프 교수들의 학력을 보고 웃었던 기억이 난다. 2006년 말부터 불거졌던 오픈 프라이머리 바람 속에서 박근혜 전 대표는 내가 쓴 칼럼을 읽고 위안을 받지 않았을까 한다.

여하튼 2007년 한나라당 경선은 이명박 측의 주장이 많이 반영된 당심(黨心) 50%, 민심 50% 룰이 채택됐다. 그 과정에서 동아일보 등은 박근혜 전 대표에게 이명박 측의 주장을 받으라는 사설도 내보냈다. 2007년 대통령 경선에서 박근혜 전 대표가 패배한 이유는 민심을 반영한다는 명분으로 여론조사 비중을 높게 책정한 데 있었다. 당시 여론조사 업계를 누가 주도했는지는 모두 알 것이다. 이렇게 해서 2007년 한나라당 경선에서 박근혜 전 대표는 대통령 후보 지위를 도둑맞고 말았다.

'SKY 로스쿨 세상'을 만들어 낸 법학전문대학원

노무현 정권이 들어서자 이른바 개혁 진영은 법학전문대학원(로스쿨) 도입과 집단소송 도입을 사법개혁 과제로 밀고 나갔다. 법조계는 반대했지만 참여연대 등 진보 성향 시민단체가 도입을 주장했고, 법학 교수들이 찬성하고 나섰다. 나는 언론 기고를 통해 로스쿨이 장점도 많지만 오랜 시간에 걸쳐 진화해 온 미국 특유의 교육제도로 다른 나라가 모방한 예가 없으며, 한국형 로스쿨은 변호사 시험 준비 학원으로 전락할 것이라고 주장했다.

정작 미국 로스쿨에서 공부한 교수들은 로스쿨 도입에 대체로 부정적이었다. 반면에 미국 로스쿨에서 공부는커녕 그 근처에도 간 적이 없는 교수들이 오히려 로스쿨을 도입하자고 열변을 토했다. 또 사법시험 합격자를 거의 배출하지 못한 하위권 법과대학들도 너나없이 로스쿨을 하겠다고 덤벼들었다. 서울대와 고려대가 로스쿨에 미온적인 자세를 보이자 사법시험 합격자 1위와 2위를 차지하는 서울대와 고려대가 집단이기주의에 빠져 있다고 비난을 했다. 로스쿨 행진에서 낙오되면 대학이 문을 닫게 되는 분위기가 조성되어서 너나없이 로스쿨을 하겠다고 뛰어들었다. 그러자 노무현 정부는 어디는 인가해 주고 어디는 안 해 줄 수 없으니까 정원을 수십 명 단위로 쪼개서 전국에 골고루 나누어 주었다. 정원 40명, 50명 미니 로스쿨을 마구 찍어 냈다.

그렇다면 로스쿨을 도입해서 무슨 변화가 생겼나? 변호사가 늘어났다고 하지만, 사법시험을 존치했어도 변호사 숫자는 늘어나게 되어 있었다. 오히려 로스쿨 도입으로 변호사들의 수준이 저하되는 부작용이 생겨났다. 사법시험이 있었을 때 사법연수원 교육은 매우 강력한 것이었는데, 그게 없어져 버렸기 때문이다. 그러면 서울대와 고려대의 법조계 패권은 없어졌나 하면, 그것도 아니다. 사법시험 시절에는 법대가 뒤처져 있던 연세대가 로스쿨을 하면서 올라서더니, 서울대, 고대, 연대 로스쿨 졸업생이 판검사, 로펌을 장악하는 'SKY 로스쿨 세상'이 되고 말았다.

사법연수원이 있을 때는 사업연수원 성적이 판검사 임용과 로펌 채용에 있어서 가장 중요했다. 그 성적이 권위가 있었기에 대학은 명문을 못 나와도 연수원 성적이 우수하면 판검사 임용이 되고 대형 로펌에 취직이 됐다. 사법시험에 합격한 중앙대 졸업생도 사법연수원 성적만 좋으면 얼마든지 판사와 검사로 임용이 됐다. 그런데 로스쿨 체제에선 그런 공평한 기준이 없어져 버렸다. 그러니까 결국에는 SKY 출신이 판검사 임용과 로펌 취직에도 유리해지는 결과를 초래했다. 또 사법시험 낭인(浪人)을 없앤다고 로스쿨을 만들었는데, 그보다 더 심각한 로스쿨 낭인이 생겨나는 부작용이 나타나고 있다. 로스쿨 도입 법안이 통과된 후 나는 이런 예상되는 부작용을 들어 가면서 한국형 로스쿨의 미래가 어둡다는 글을 〈월간조선〉 2008년 3월호에 기고한 적이 있는데, 내가 예측한 대로 되어 버렸다.

이명박식 막무가내 행정과 서울시 물값 전쟁

내가 이명박을 부정적으로 본 직접적 계기는 서울시와 한국수자원공사가 대립했던 서울시 물값 문제였다. 이명박은 청계고가도로를 헐고 원래 있던 청계천을 복원하겠다고 약속하고 서울시장에 당선됐다. 여러 난관을 극복하고 공사를 했으나 청계천을 복구한다는 것은 불가능한 일이었다. 결국은 시멘트 콘크리트로 물길을 만드는 데 그쳤는데, 문제는 거기에 흐를 물이 없었다. 북악산과 인왕산에서 흘러오던 작은 지천이 모두 복개되고 건천화(乾川化)되었기 때문이다.

결론적으로 수돗물을 어딘가에서 끌어와서 청계천으로 보내고 모터로 순환시켜야만 했는데, 그렇게 하려면 서울시는 광역 수돗물을 공급하는 수자원공사에 만만치 않은 물값을 지불해야 했다. 그러자 서울시는 청계천은 하천이기 때문에 하천유지용수 차원에서 무료로 수자원공사가 물을 공급해야 한다고 주장했다. 수자원공사는 잠실 석촌호수에 공급하는 물도 물값을 받는다면서 서울시 주장을 반박했다.

서울시와 수자원공사가 정면으로 대립한 것인데, 이 분쟁은 건설교통부 산하 중앙하천관리위원회의 조정에 회부되었다. 하천법에 의해 설치된 이 위원회는 하천 기본계획 변경, 허가 등 여러 권한을 갖고 있는데, 그중 하나가 수리권 분쟁 조정이었다. 건설교통부는 2004년 1월에 나를 중앙하천관리위원회 위원으로 위촉했는데, 이로써 나는 인문사회학자로서는 처음으로 중앙하천관리위원회 위원이 됐다. 건교부가 나를 위원으로 위촉할 이유는 분명히 있었다. 지방자치 실시 후 지방정부와 중앙정부 간에, 지자체 상호 간에, 또 수자원공사와 지자체 간에 물 이용과 물값을 두고 분쟁이 발생하기 시작했는데, 당시 나는 수리권(water right)과 용수(用水) 분쟁에 대해 공부하고 논문을 몇 편이라도 쓴 유일한 법학 교수였다.

2005년 9월 5일, 중앙하천관리위원회는 이 문제를 두고 회의를 열었는데, 서울시가 물값을 내야 한다는 것이 압도적인 견해였다. 원로 수자원 학자인 윤용남 교수도 그런 생각이었고 나도 마찬가지였다. 그런데 난데없이 건교부 실장이란 사람이 회의장에 나타나서 청계천 물은 공공 목적으로 쓰이므로 무상 공급하자면서 결론을 내 버렸다. 주무 부서인 건교부가 너무 확고하게 나오니까 다른 위원들도 아무런 말도 못 하고 말았는데, 당시 회의장에 와 있던 서울시 공무원들의 의기양양한 모습은 지금도 기억에 남아 있다.

나는 그때 묘한 느낌을 받았다. 대통령 선거까지는 2년이 남았지만, 관료 사회가 이명박 시장 쪽으로 넘어가 버린 것 같았다. 이명박은 서울시장이 되기 전에도 여러 가지 좋지 않은 소문이 많았던 터라 이명박 같은 사람이 대통령이 되어서는 안 된다고 생각했는데, 청계천 물값 문제를 보고서 그런 생각이 한층 굳어졌다.

청계천 물값보다 더 큰 문제는 서울시 취수장 이전에 따른 물값 문제였다. 서울시는 취수장을 팔당댐 바로 아래로 이전했는데, 수자원공사는 팔당댐에서 흘러나오는 물은 하천 기준 수량을 넘어서는 댐 물, 즉 댐 운용으로 상시 흘러나오는 물이라면서 서울시가 수자원공사에 물값을 지불해야 한다는 입장이었다. 댐으로 인해 취수할 수 있게 되는 댐 물에 대해선 이미 춘천시 등이 지불을 거절하고 있어서 서울시에 물값을 면제해 주면 다른 지자체로부터도 물값을 받을 수 없게 되어 수자원공사는 큰 어려움을 겪게 될 것이기에 난처한 지경에 처하고 말았다.

당시 수자원공사 사장은 공석이었고, 유희일 부사장이 공사를 책임지고 있었다. 나는 유희일 부사장을 만나서 중앙하천관리위원회에 조정을 신청하지 말고 서울시를 상대로 소송을 제기하라고 강력히 권유했다. 소송으로 가면 수자원공사가 100% 이긴다고 확신을 주었다. 하지만 차기 대통령이 될 가능성이 큰 이명박이 시장을 하고 있는 서울시를 상대로 소송을 제기하기는 결코 쉬운 일이 아니었다. 그런데도 유희일 부사장은 용기를 내어서 서울시를 상대로 소송을 제기하고 임기 만료로 퇴임했다. 나는 서울시를 상대로 소송을 제기한 유희일 부사장의 결단은 평가받아야 한다고 생각한다.

2006년 10월, 대전지방법원은 수자원공사가 서울시를 상대로 제기한 물값 소송에서 수자원공사에 승소를 안겨 주었다. 댐이 건설되기 전의 수량 외에 댐 건설로 유지되는 수량은 댐 물로 수자원공사는 물값을 받을 수 있다는, 너무나 확실한 논리로 서울시의 억지 주장을 배척했다. 서울시는 항소했는데, 대전고등법원의 재판부는 소송을 지연시키면서 양측에 대해 화해를 강요하다시피 했는데, 나는 수자원공사에게 절대로 화해하지 말라고 했다. 2009년 2월 대전고등법원은 도저히 말이 안 되는 억지 논리를 펴면서 원심을 파기하고 서울시에 승소 판결을 내렸다. 서울대를 나온 판사가 주재한 1심에서는 명쾌하게 수공이 승리했으나, 고려대를 나온 판사가 주재한 2심은 어처구니없는 논리를 만들어서 서울시에 승소를 안겨 주었다. 나는 2심을 담당한 대전고법 재판부에 대해 상당한 의구심을 갖고 있다.

고등법원의 판결에 대해 수자원공사는 대법원에 상고했고, 2011년 1월 대법원은 고등법원의 판결을 파기하고 수자원공사에 승소 판결을 안겨 주었다. 김지형 대법관이 이끄는 재판부가 2심을 파기하고 1심대로 수자원공사에 100% 승리를 안겨 주었다. 내가 쓴 수리권 논문이 재판부를 움직인 셈이다. 그 판결로 인해 지자체의 억지 주장은 설 땅을 잃어 버렸고, 춘천시 등 많은 지자체가 대법원 판결이 천명한 수리권 법리를 수용하게 됐다. 서울시는 지급을 거부해 온 114억 원과 이자 26억 원을 수자원공사에 지급해야 했고, 이후에도 물값을 내게 됐다. 이명박식의 막무가내 행정이 대법원의 심판을 받은 셈인데, 대법원 판결이 나온 시점은 이명박 정권하에서 수자원공사가 4대강 사업에 휘말려서 엉망이 될 즈음이었다.

메이저 언론들과 한나라당 경선

2006년 6월 지방선거가 있었는데, 한나라당의 승리였다. 서울시장에는 오세훈, 경기도지사에는 김문수가 당선됐다. 지방선거 승리로 박근혜 대표는 대선 승리에 청신호가 켜진 셈이다. 박근혜 의원은 지방선거를 승리로 이끌고 당 대표직을 내려놓았으며, 강재섭 의원이 한나라당 대표가 됐다. 서울시장 임기를 끝낸 이명박도 대선에 나설 준비를 하자 한나라당을 지지하는 보수 세력은 친박(親朴)과 친이(親李)로 갈려서 두 쪽이 나고 말았다. 나는 차기 정권은 한나라당으로 갈 것이며, 박근혜 대표가 대통령이 되는 것이 사리에 맞다고 생각했다. 더구나 청계천 사업으로 재미를 본 이명박은 경부 운하를 건설하겠다고 해서, 나는 당연히 박근혜 전 대표가 한나라당 대선 후보가 되리라고 생각했다. 그렇게 황당한 공약을 내걸었으니 언론 검증에서 질타를 받고 낙마할 것으로 생각했다.

그런데 그것은 너무 순진한 생각이었다. 노무현 정부에 비판적이었던 메이저 신문들은 이명박의 황당무계한 경부 운하 구상을 그대로 보도하고 있었다. 미국 역사를 공부한 나는 미국의 수자원과 하천 개발, 교통 인프라 발전에 대해서도 관심이 많았다. 오대호와 허드슨강을 잇는 이리운하가 미국 서부 개발에 커다란 역할을 했지만, 철도가 건설됨에 따라 운하는 쇠퇴했다. 또 고속도로가 거미줄처럼 건설됨에 따라 철도가 쇠퇴했음은 미국 역사를 아는 사람이면 모를 수 없는 평범한 진실이었다.

경부고속도로와 중부내륙고속도로, 그리고 고속철로 서울과 부산이 편리하게 연결해 있는 21세기 대한민국에 서울과 부산을 잇는 대운하를 건설하겠다는 발상은 미친 사람이나 하는 이야기라고 나는 확신했다. 그런데 메이저 언론은 그것을 마치 가능한 사업인 것처럼 상세하게 소개했다. 2005년 가을, 청계천 물값 논란이 있었을 때 건교부가 서울시로 넘어간 것 같은 기분을 나는 느꼈다. 관료 사회, 메이저 언론, 대기업 등 대한민국의 주류(主流)가 이미 이명박으로 넘어갔음을 느꼈다는 말이다. 메이저 신문들은 이명박이 내건 민영방송 허가라는 미끼에 걸려서 이런 허황된 공약에 침묵하고 있다고 생각했다.

당시에는 보수 성향 인터넷 신문이 몇 개 있었는데, 그마저 친박과 친이로 나뉘어 있었다. 언론사의 토론 광장에는 자칭 논객이라는 사람들이 친박과 친이로 갈려 험악하게 싸우고 있었다. 뉴라이트 단체들은 노골적으로 친이 성향의 활동을 했고, 반면에 박근혜 의원 쪽에는 자발적인 팬클럽이 지지 활동을 주도했다. 대운하를 비판하는 등 내가 워낙 이명박을 싫어하니까 친박 사람들은 당연히 나를 자기편으로 생각했다.

여러 면에서 의문점을 남긴 2007 대선

2007년 8월, 치열한 경선 끝에 한나라당 대통령 후보는 이명박으로 결정됐고, 박근혜 전 대표는 승복했다. 나는 그 모습을 보고 허탈했다. 도대체 병역을 면제받은 사유도 의문이고, 재산 형성도 의문이고, 과거에 불미한 사건으로 국회의원을 사퇴했던 사람을 대통령 후보로 내세운다니 도저히 이해도 안 되고 용납도 안 되었다.

그즈음 나는 이회창 전 총재와 간간이 만나서 이야기를 나누곤 했다. 내가 이회창 전 총재를 처음 만난 것은 2006년 3월이었다. 《세계의 트렌드를 읽는 100권의 책》 출간 후 오래전부터 알아 온 김찬진, 이영애 부부 변호사와 함께 이회창 전 총재를 만났다. 나보다 대학 11년 선배인 김찬진 변호사는 송상현, 김영무, 강구진 등과 함께 서울법대를 빛낸 인물 중 한 명인데, 나와는 여러 면에서 각별한 관계였다. 이영애 변호사는 나의 3년 선배로 서울법대 수석 졸업에 사법시험 수석 합격이란 기록을 세워서 당연히 우리나라 여성 대법관 1호가 될 줄 알았는데, 노무현 정부와는 코드가 맞지 않아서 대법관이 되지 못하고 법복을 벗어야 했다.

2002년 대선에서 패배한 후 허탈하게 지내던 이회창 전 총재는 내 책을 잘 읽었다고 하시면서 다음 대선이 어떻게 돌아가는지 등에 대한 나의 견해를 묻곤 하셨다. 2007년 6~7월에는 이미 대세가 이명박 쪽으로 넘어간 것으로 보였고, 나는 그렇게 되어 간다고 말씀을 드렸더니 매우 씁쓰레하셨다. 이회창 전 총재도 이명박이란 사람의 됨됨이를 잘 알기 때문이라고 생각됐다. 이회창 총재는 2002년 서울시장 선거에도 홍사덕 의원을 한나라당 후보로 내세우려 했다. 그러나 무엇이 잘못되어서 이명박이 후보가 되었고, 당시 한나라당 사무총장이 이상득 의원이었는데 이회창 총재는 지방선거 후 이상득 사무총장을 경질했다. 그리고 후임으로 경기고와 서울법대 후배인 김영일 의원을 사무총장에 임명했다. 김영일 의원은 나중에 드러난 불법 선거자금에 책임을 지고 유죄판결을 받았다.

이명박은 한나라당 대통령 후보가 됐지만 석연치 않은 병역면제 사유, 도곡동 땅 소유 의혹 등 온갖 구설에 시달리고 있었다. 한반도 대운하 공약에 대해서도 많은 비판이 쏟아졌다. 그중에도 큰 문제가 BBK라는 투자회사와 관련된 의혹이었다. 만일에 BBK가 이명박의 소유임이 드러나면 대통령 후보 자격이 없어질 상황이었다. BBK에 대해선 박영선 의원이 MBC 기자 시절에 취재했던 기록, 이장춘 전 대사가 이명박으로부터 직접 받은 명함 등 신뢰성이 높은 증거물과 증언이 뒤따라 나왔다. 이런 와중에 이회창 전 총재가 대선 출마를 선언해서 대선 판도가 출렁이게 됐다.

2007년 2학기가 거의 끝나가던 때에 나는 김찬진, 이영애 변호사 부부의 부탁도 있고 해서, 당시 의기투합해서 지내던 전원책 변호사 등과 함께 이회창 총재를 돕기로 했다. 단암빌딩에 차려놓은 캠프에는 사람들이 북적거렸으나 정작 거기서는 크게 할 일이 없었다. 강소국 연방제 등 공약을 정리하고 있었는데, 처음에는 여기저기서 찾아오는 사람들을 응대하기에 바빴다. 전원책 변호사는 방송 토론에 나가서 "이번 대선은 부패한 보수와 참 보수의 싸움"이라고 열을 올렸다. 이회창 전 총재의 무소속 출마 선언 이후 대선 후보 지지율은 이명박이 1등, 이회창 전 총재가 2등이었다. 당시의 초점은 검찰의 수사 결과였다. 검찰이 BBK 소유 의

혹에 대해서 도저히 무혐의 처리를 하지는 못할 것이라는 기대가
높았다. 그러나 2007년 12월 5일 검찰은 이명박 후보에 대해 무
혐의 결정을 내렸다. 그날 후 단암빌딩에 있던 이회창 캠프는 썰
렁해졌다. 대선이 사실상 끝난 것이다.

2007년 대선은 여러 면에서 의문점을 남긴 선거였다. 대선 직
전에 노무현 대통령이 북으로 넘어가서 남북 정상회담을 했고, 대
선 기간 중 북한 대남사업본부장인 김양건 일행이 서울에 와서 이
틀 동안 묵고 돌아갔다. 대통령 임기 만료 직전에 남북 간에 그런
교섭이 있었음은 특이한 일이었다. 당시 상황을 일정별로 보면 아
래와 같다.

2007년 9월 26일: 북한 김양건 부장이 남북 정상회담 준비차 서울을 방문함.

2007년 10월 3일: 남북 정상회담이 개최됨.

2007년 11월 8일: 이회창 대선 출마를 선언함.

2007년 11월 16~19일: 북한 조평통 및 북한 방송, 이회창 대선 출마를 극
   렬하게 비난함.

2007년 11월 29일~12월 1일: 북한 김양건 일행 서울을 방문함.

2007년 12월 5일: 검찰은 이명박 후보에 대해 BBK에 관해서 무혐의로 발
   표함.

2007년 12월 19일: 대통령 선거.

당시를 되돌아보면, 이회창 총재의 무소속 출마는 청와대가 예
상하지 못했던 변수였다고 생각된다. 이회창이 출마함에 따라 보

수가 분열된다는 시각이 이른바 보수신문에 의해 제기되었지만, 그것은 웃기는 이야기였다. 정동영 후보의 지지도는 보수 분열을 걱정할 수준이 아니었다. 검찰이 BBK와 관련해서 이명박에게 무혐의 결정을 하기 전에는 이명박과 이회창이 지지도 1, 2위를 차지했었다.

그때 "이회창이 버텨 주어야 이명박이 된다"는 말이 조용하게 돌았다. 대선이 단순하게 이명박 대 정동영 구도라면 검찰의 기소로 이명박이 낙마하면 정동영 후보가 당선되지만, 이회창 후보가 있으면 이명박이 낙마하더라도 이회창이 당선될 것이기에 이명박을 기소할 수 없을 것이라는 이야기였다. 물론 추론에 불과하지만 이명박이 낙마하는 경우에 정동영 후보가 이회창 총재를 이길 수 있다는 판단이 들었다면 대선 상황은 달라질 수도 있었다고 생각하는 사람이 많았다. 그 외에도 형님 사이에 밀약이 있었다든가, 김양건이 서울 체류 중 누구누구를 만나서 밀약을 했을 것이라는 등 온갖 추리가 난무했다.

이명박이 거짓말을 하는 믿을 수 없는 사람으로 대통령이 되어선 안 된다고 생각한 사람으론 이장춘 전 대사가 있었다. 이명박으로부터 받은 BBK 명함을 갖고 있었던 이 전 대사는 박영선 의원과 더불어 이명박이 BBK 설립자이고 소유자임을 입증한 증인이었다. 이 전 대사는 이회창 총재가 대통령이 되어야 한다고 생각했으나 검찰이 이명박에 대해 면죄부를 발부하자 정동영 후보의 TV 광고에 나가서 이명박의 거짓말을 폭로했다. 이런 노력에도 불구하고 이명박은 대통령에 당선되고 말았다.

무엇보다 노무현 대통령 자신이 정권 재창출에 뜻이 없었다. 실제로 노 대통령은 임기 끝 무렵에 "저쪽에 한 번 주면 실력이 드러나서 그다음은 우리가 계속하게 된다"는 말을 한 적이 있다. 검찰이 BBK와 관련해서 무혐의 처분을 한 것도 차기 대통령은 어차피 이명박이 된다고 보았기 때문일 것이다. 문재인 정부 들어서서 검찰은 이 문제를 다시 수사했고, 2019년 말 대법원은 최종적으로 다스가 이명박 소유임을 확인했다. 결국 2007년 대선은 후보 자격이 없는 사람이 출마해서 당선된 선거였다. 그리고 부엉이 바위에서 비극이 발생했다. 만일 이회창이 당선됐으면 그런 비극은 생기지 않았을 것이다.

2008년 미국산 쇠고기 수입 반대 촛불시위

2007년 대선 후, 나는 겨울방학 동안에 개인 홈페이지 www.leesangdon.com을 만들어서 블로그처럼 글을 올리고 있었다. 그때는 이미 많은 사람이 블로그를 만들어서 운영할 때였고, 세상은 블로그를 하는 사람과 그렇지 않은 사람이 있다고 할 정도로 블로그가 유행할 때였다. 나는 내 블로그가 있어야 언론 매체에 의존하지 않고 내 의견을 발표할 수 있으리라고 생각했다.

나는 이명박 같은 지저분한 사람이 서울시장이 되고, 또 한나라당 대통령 후보가 됐다는 것 자체를 받아들이기가 어려웠다. 병역을 면제받은 경위도 수상하고, 증인을 도피시켜서 유죄판결을 받

2008년 3월 중앙대 연구실

은 사람이 버젓이 서울시장이 된 것도 기막힌데 이제 대통령이 된 것이다. 대선 과정에서 불거진 도곡동 땅 문제, BBK 의혹과 다스 소유 문제 등 의혹이 꼬리에 꼬리를 물어 끝이 없는 사람을 대통령으로 뽑은 것이다. 나는 이명박 정권이 순탄치 않을 것으로 생각했고, 그 계기는 한반도 대운하가 될 것으로 보았다.

그런데 뜻밖에도 미국산 쇠고기 수입 문제를 두고 젊은이들 중심으로 시청 광장에서 촛불시위가 시작되더니 그 규모가 날로 커져서 일대 사건이 되고 말았다. 무엇보다 그런 시위가 일어날 수 있다는 그 자체에 정말 놀랐다. 먼 이야기로 알았던 광우병이 가까이 와 있는 것 같아서 관련된 책을 주문해서 읽어 보기도 했다. 여학생이 중심이 된 작은 시위가 단기간에 그렇게 커진 것은 도저히 이해가 되지 않았다. 일반 직장인들마저 촛불집회에 참가하는 등 그 세력이 갈수록 커지자 이명박 대통령은 대국민 사과를 내고 쇠고기 수입을 중단하고 한반도 대운하도 하지 않겠다고 발표했다. 그러나 이명박은 그렇게 끝낼 사람이 아니었다. 이명박은 사과하는 사람이 아님은 나는 잘 알고 있었다.

지금까지도 2008년 봄 촛불시위가 자연 발생적으로 일어났는지, 일각에서 주장하듯이 배후가 있는지는 아직도 정설이 없다. 이명박 청와대에 그렇게 충성하던 당시 경찰과 검찰도 그 배후를 밝혀내지 못했다. 그런데 촛불시위에 대한 메이저 신문들의 반응은 상식선을 넘을 정도로 강경했다. 촛불시위는 기획된 선동이라는 것이 그들의 시각이었다. 그러더니 검찰은 광우병 문제를 다룬 MBC 〈PD 수첩〉 담당자들에 대해 영장을 청구하고 강도 높은 수사를 시작했다. 촛불시위로 수모를 당한 정권이 속죄양으로 MBC를 지목한 것이었다. MBC 〈PD 수첩〉이 '촛불 난동의 배후'라는 것이었다.

나는 〈PD 수첩〉 제작진을 기소하려는 검찰은 언론 자유를 위축시킬뿐더러 검찰이 주장하는 혐의 자체가 도무지 범죄 구성요건이 되지도 않는다고 비판한 글을 블로그에 올렸다. 그런데 〈뷰스앤뉴스〉가 이를 기사화해서 큰 반향을 일으켰다. 나는 광우병에 관한 〈PD 수첩〉 보도가 다소 과장된 측면이 있더라도 TV 보도가 시위와 소요 사태를 야기했다면서 검찰이 기소한다는 것은 상식에도 어긋난다고 보았다. 〈PD 수첩〉에 대한 기소는 애당초 무리라서 기소할 사안이 아니라고 했던 담당 검사가 사직했지만, 결국 무리하게 기소하더니 오래 걸린 지루한 재판 끝에 법원은 MBC 관계자들에게 무죄를 선고했다. 이런 과정을 거치는 과정에서 나는 이명박 정부가 나를 반(反)정권 인물로 분류해서 감시하거나 사찰할 것이라고 생각했다. 〈PD 수첩〉 제작진을 무리하게 수사하고 기소하는 정권이 나를 주시할 것임은 불을 보듯 뻔했다.

제6장

2008~2010년

4대강 사업 반대

시대를 역행하는 한반도 대운하 공약

2007년 한나라당 대통령 후보 경선이 한창 뜨거워질 때 이명박 측이 경부 운하를 들고나왔다. 저런 황당한 공약을 들고나왔으니 한나라당 대선 후보는 당연히 박근혜 전 대표가 될 것으로 생각했다. 나는 흔히 보수 신문이라고 불리는 메이저 언론들이 '21세기에 무슨 운하냐?' 하고 비판할 줄 알았는데, 오히려 그 운하 계획을 홍보하고 나서서 무언가 크게 잘못됐다고 생각했다. 그즈음 이명박의 대운하 공약의 허구성을 파헤치고 홍보하기 위해 진보 성향 교수들이 운하반대교수모임을 만들었다. 나는 그 모임의 구성원들을 잘 알지 못했다.

루이지애나 뉴올리언스에서 공부한 나는 운하가 뭔지를 잘 알고 있었다. 미시시피강 하류 복잡한 물길을 간간이 잇기 위해 만들어서 작은 보트가 다니는 물길인 운하, 그리고 해수면보다 낮은 도시를 건설한 탓에 만든 배수(排水) 운하(drainage canal)를 익숙하게 보았다. 또 버지니아 등지를 여행하던 중 곳곳에 버려진 운하를 본 적도 있다. 무엇보다 한때 시카고와 뉴욕을 이어서 중서부 경제를 일으킨 이리운하가 철도 건설로 쇠퇴해서 한가한 관광객들의 볼거리로 전락했음은 하나의 상식이었다. 운하를 몰락시킨 철도도 고속도로 건설 후 수익성이 나빠져서 철도회사 암트랙(Amtrak)은 부도 위기에 몰리는 등 큰 논란이 있었다. 그런데 21세기 한국에서 엉뚱하게 운하 타령이 나오는지, 정말 기가 막혔다.

그래서 나는 문경새재를 배로 넘어가는 운하를 건설하겠다는 미친 집단은 몰락하고 박근혜 전 대표가 대통령이 될 것으로 생각했는데, 한나라당 경선 규칙이 이상하게 만들어져서 여론조사에서 박근혜 전 대표가 고배를 마셨다. 이렇게 해서 21세기 대한민국에서 운하를 파겠다는 황당한 일당이 한나라당 경선에서 승리해서 이명박이 대통령이 되고 말았다. 대한민국 보수의 비극은 여기서 시작됐다.

이명박 측은 한반도대운하연구회라는 조직을 만들어서 나름대로 연구를 하고, 그 결과를 700쪽 가까이 되는 《한반도 대운하는 부강한 나라를 만드는 물길이다》라는 두툼한 책자(본문 675쪽)로 만들어서 대선을 한 달 앞둔 시점인 2017년 11월 15일에 배포했다. 이들은 친절하게도 나한테도 한 부를 보내 주었는데, 내가 중앙하천관리위원회 위원이기 때문이었을 것이다. 이 책자는 대부분 파기되어서 지금은 찾아보기가 어렵다고 한다. 자기들이 보기에도 창피해서 파기해 버린 것으로 생각된다. 이 연구보고서는 상당한 수준의 전문가들이 시간을 두고 작성한 것이라서 비용도 많이 들었을텐데, 대운하 토목공사로 돈을 벌게 될 업계가 연구비를 댔을 것이다.

이 책자의 날개에는 자랑스러운 집필자 명단이 있는데, 낯익은 이름이 많이 나온다. 이명박 정부 비서실장과 수석을 지낸 유우익 교수와 곽승준 교수, 토목·수자원 학자인 조원철, 송재우, 신동호, 이시진 교수, 운하에 보트가 다니면 스크루 때문에 수질이 좋아진다고 주장한 박석순 교수, 4대강 사업 환경영향평가를 승인해 준 이명박 정부 시절 환경정책평가연구원의 원장을 지낸 박태주 교수 등이다.

2007년 12월 대선이 끝나고 얼마 후인 2008년 1월 5일, 경북 문경에서 이재오 당시 이명박 대통령직 인수위원회 고문이 펴낸 대운하 책 출판기념회가 열렸다. 중앙 언론은 다루지 않았지만, 문경이 눈도장을 찍기 위해 온 사람들이 타고 온 자동차로 미어터졌다. 왜 하필 문경이냐 하면, 서울에서 출발한 유람선이 충주까지 와서 문경새재를 넘어서 지금의 상주보가 있는 낙동강으로 내려가는 경부 운하의 피크가 문경이기 때문이다. 이재오는 문경에도 물줄기가 콸콸 흐를 것이라고 큰소리를 쳤다. 하지만 배가 산을 타고 넘는 야심적인 한반도 대운하는 광우병 촛불시위라는 뜻밖의 복병을 만나서 좌절되어 버렸다.

나는 이명박 대통령이 어떻게 하든 대운하 사업을 다시 시작할 것으로 보았다. 당시 중앙하천관리위원회 위원이기도 했던 나는 수자원 관련 학자들과 교류가 있어서 돌아가는 사정을 듣고 있었다. 이명박은 무슨 평계를 대서라도 토건 업계에 일감을 만들 것이라는 이야기가 많았다. 2008년 가을, 이명박은 우리 강을 살리는 사업을 하겠다고 나섰다. 내 예측대로 강을 건드리는 토목 사업이 시작된 것이다.

4대강 사업 최종 승인권을 쥐고 있던 중앙하천관리위원회

나는 국가재정법, 하천법, 환경법 등 여러 법에 의한 복잡한 절차를 거쳐야 하는 4대강 사업이 쉽게 승인이 나지 못할 것으로 보았다. 4대강 사업은 대형 국책사업이기 때문에 예비타당성 평가를 해야 하고, 그다음에 환경부 책임하에 사전환경성 검토를 해야 하며, 그다음에 까다로운 중앙하천관리위원회의 심의를 거쳐야 하기 때문이다. 정상적이라면 이런 절차를 마치는 데 4~5년은 걸릴 것인데, 4대강 사업은 일사천리(一瀉千里)로 필요한 절차를 모두 거쳤다. 우선 기재부는 국가재정법 시행령을 고쳐서 4대강 사업이 재해예방 사업이라는 핑계로 예비타당성 검토를 하지 않을 수 있게 했다. 이명박이 경력이 미미한 이만의를 환경부 장관으로 임명한 이유는 4대강 사업 사전환경성 검토와 환경영향평가를 날치기 통과시키기 위함이었다. 이명박은 사전환경성 검토와 환경영향평가를 심의해야 하는 한국환경정책평가원 정회성 원장을 임기 중 경질하고 한반도대운하연구회 멤버였던 박태주 교수를 임명했다. 이명박 정부의 환경부와 한국환경정책평가원은 조직이 생긴 후 최악의 시절을 보내게 될 운명이었다.

나는 대학에 자리 잡은 후에 김영삼 정부까지 환경청·환경처·환경부에서 여러 위원을 역임했다. 김대중 정부가 들어선 후에는 환경부와 거리가 있었지만, 당시 나는 조선일보 비상임 논설위원으로 환경정책과 환경 사안에 영향을 미쳤다. 그리고 이명박이 4대강 사업을 밀어붙일 때 나는 하천관리에 있어서 최종 결정을 하는 중앙하천관리위원회 위원을 하고 있었으니, 운명의 장난인지도 모를 일이다. 중앙하천관리위원회는 4대강 사업에 대한 최종 승인권을 갖고 있었기 때문이다.

나는 임기 2년인 중앙하천관리위원을 두 번 연임해서 2010년 4월까지 6년 동안 재임했다. 중앙하천관리위원회 위원을 지낼 때 하천관리 계획을 수정해야 하는 이런저런 사업안이 안건으로 올라오곤 했다. 4대강 사업 전에 건교부와 중앙하천관리위원회가 정상이었을 시절에는, 내가 보기에 위원회는 작은 문제도 열심히 그리고 매우 심각하게 토론하고 또 보류시키곤 했다. 그만큼 중앙하천관리위원들은 막강했다.

지금도 잊지 못하는 사안이 하나 있다. 한강 하류, 그러니까 김포 쪽으로 강에 콘크리트 기둥(교각)을 세우고 그 위에 고가도로를 몇 킬로미터에 걸쳐 건설하는 계획이었는데, 수자원을 전공한 위원들은 그렇게 하면 홍수 때 한강 수위가 3센티인지 5센티인지 올라간다고 열띤 토론을 한 적도 있었다. 나는 그때 속으로 너무 지나치다고 생각했으나 그건 내가 발언할 사안은 아니었다. 회의 중 위원들이 서울시 등 도로 건설 부서를 비난한 경우는 많았다. 홍수 시 피해를 가중시키는 천변(川邊) 도로를 너무 쉽게 건설한다는 등 합리적이고 이유가 있는 의견이었다. 위원들이 이렇게 발언을 하면 배석한 서울시 등 관계 부처 공무원들은 안색이 변하곤 했다. 대부분 하천부지에 건설한 동부간선도로 때문에 홍수 단면이 줄어들어서 비만 오면 침수된다는 이야기도 많이 나왔고, 건설교통부 내에서도 수자원은 도로 부문에 밀리고 있는데 그러면 안 된다고 수자원 학자들인 위원들은 목소리를 높이곤 했다.

그렇다면, 4대강 곳곳에 보를 세워서 강물 흐름을 막아 계단식 호수를 만든 4대강 사업이 중앙하천관리위원회의 심의를 통과한 것은 어떻게 봐야 하는가? 교각 열 개를 세우면 홍수 시 수위가 3센티 올라가기 때문에 곤란하다고 보던 전문가들은 도무지 어떻게 해서 4대강 사업을 승인해 주었는가? 사정은 이러했다. 2009년 들어서 열린 중앙하천관리위원회 회의에 권 아무개라는 국토부 실장이 나와서 4대강 사업에 대해 일방적으로 설명을 하고 나가 버린 그 날, 모든 것은 바뀌고 말았다. 나는 그날 회의에 참석했던 위원들의 당혹스럽고 허탈한 표정을 지금도 기억하고 있다. 수자원 분야를 오래 공부하고 연구해 온 전문가인 위원들이 황당하기 이를 데 없는 4대강 사업 앞에서 한꺼번에 무너지는 모습이었다.

4대강 사업 기본계획과 '파우스트 클럽'

국토부는 4대강 사업을 추진하기 위해 속도전을 전개했다. 우선 4대강 사업 기본계획을 만들어야 했다. 이렇게 해서 〈4대강살리기 마스터플랜〉이 2009년 7월에 급하게 나왔다. 본문이 400쪽인 이 보고서 작성에 들어간 용역 연구비는 역대급이었다. 계산해보니까 한 쪽당 백만 원은 족히 되는 것 같았다. 〈4대강살리기 마스터플랜〉을 작성한 연구책임자 김창완 박사는 한국건설기술연구원 수자원연구실의 책임연구원이었다. 4대강 사업은 이명박 정부의 가장 중요한 역점 국책사업이었다. 그렇다면 4대강 사업 마스터플랜의 연구책임자는 건설기술연구원 원장이 직접 맡거나 최소한 연구위원이 맡아야 마땅했다. 당시 건설기술연구원 수자원실에는 우효섭, 김승 등 쟁쟁한 연구위원이 여럿 있었다. 그런데 어떻게 젊은 책임연구원인 김창완 박사가 마스터플랜 연구책임자가 되었겠는가? 4대강 사업이 도무지 말도 안 되는 황당한 거짓말이라서 연구위원들은 한사코 하지 않겠다고 기피해서 책임연구원인 김창완이 억지로 떠맡은 것이었다. 역대급 거짓말을 한 것이 부끄러웠는지, 김창완은 1년 후 건설기술연구원을 그만두고 지금껏 은둔하고 있다.

나는 김창완 박사를 본 적이 있다. '2007년 하천환경 세미나'에서였다. 그는 그동안 자신이 책임자가 되어 의욕적으로 연구해 왔던 '자연하천 회복' 연구 결과에 대해 발표를 했다. "이제는 하천 구조물을 철거하고 하천을 자연 상태로 흐르게 해서 인간과 하천이 공생하도록 하자"는 등 지금 같으면 김상화, 이준경 등 하천보호 운동가들이 하는 논지를 폈다. 그러니까 2007년까지 하천회복 연구 결과를 발표했던 연구자가 1년 만에 4대강을 뒤집어엎어 버리는 국책사업 마스터플랜 연구를 책임졌던 것이다. 상부 명령을 거부할 수 없어서 유능한 연구자였던 김창완은 4대강 사업 마스터플랜 연구책임자가 되었고, 그나마 생각이 있었던 그는 그 후 직장을 그만둔 것이 아닌가 한다.

마스터플랜이 나온 후 국토부는 4대강 사업을 시행하기 위한 '하천 기본계획 개정안'을 만들어서 한강, 낙동강 등 4대강 별로 중앙하천관리위원회에 안건으로 상정했다. 그 무렵 중앙하천관리위원회는 위원 수가 늘었고, 위원회를 유역별로 구성해서 위원들을 배정했다. 이런 변화가 4대강 사업 추진을 위함이었는지는 알 수 없다. 나는 건설기술연구원의 김승 박사와 함께 한강 유역과 낙동강 유역에 배정됐다. 나한테는 고교 후배이기도 한 김 박사는 4대강 사업을 심의 통과시킬 회의에 가서 이야기라도 하자고 했으나, 나는 더 이상 의미가 없다고 하고 불참했다. 김승 박사는 4대강 사업이 기술적으로 문제가 많음을 심의 의견서로 제출해서 그나마 양심적인 전문가로서 기록을 남겨 놓았다. 이렇게 해서 무슨 특공작전을 하듯이 4대강 사업을 위한 '하천 기본계획 개정안'은 중앙하천관리위원회 심의를 모두 통과했다. 그 후 나는 남은 임기 1년 동안 중앙하천관리위원회 회의에 참석하지 않았다.

당시 중앙하천위원회 위원장이던 윤용남 고려대 명예교수는 일리노이대에서 공학박사를 한 원로 학자로, 위원회에서 나오는 가까이 지냈다. 윤 교수는 학계 원로로 영향력도 컸고 위엄도 있었는데, 그도 4대강 사업이 터무니없는 짓임을 잘 알고 있었다. 그러면 윤 교수 같은 원로 학자는 왜 공개적으로 반대할 수가 없었나 하는 질문이 나올 것이다. 나는 묶인 데가 없는 사람이지만, 수자원 학자들은 그렇지가 않았다. 수자원공학 인맥은 서울대, 고려대, 그리고 선우중호 전 서울대 총장을 필두로 한 콜로라도 주립대 동문 등으로 복잡하게 얽혀 있다. 건교부 간부로부터 사무관, 수자원공사, 서울대와 고대 등 학계, 도화·유신·삼안 등 설계회사, 현대·삼성·코오롱 등 엔지니어링 회사에 이르기까지 묶여 있는 거대한 생태계인 셈이다. 그리고 그 생태계를 유지하는 생명줄은 정부 예산이다.

정부 연구비와 용역비, 사업비가 없으면 대학 연구실에서 설계회사, 엔지니어링 회사에 이르는 거대한 생태계를 이루고 있는 '수자원 마피아'는 고사(枯死)하게 되어 있다. 그래서 아무리 황당한 4대강 사업이라도 공개적으로 반대하기가 어려운 것이다. 무엇보다 무슨 반대와 비판이 있어도 이명박은 이걸 밀고 나갈 거라는 인식이 깔려 있었다. 그래서 반대는 의미가 없다는 분위기가 지배적이었다. 그러면 이렇게 침묵하는 데 그치지 않고 4대강 사업에 앞장섰던 심명필 등 수자원 교수들은 어떻게 된 사람들인가 하는 의문이 들 것이다. 그 의문에 대한 나의 답은 이렇다. 그들은 그 동네에서도 '일류'가 아니었기 때문이다.

수자원 학자도 아니면서 4대강 사업에 자신의 영혼을 팔아 버린 사람으론 차윤정 박사가 대표적이다. 《신갈나무 투쟁기》라는 생태주의 책을 펴내서 많은 사람의 사랑을 받았던 차윤정은 4대강 사업 착공을 앞둔 2009년 10월, 한국일보에 '흐르는 강물처럼'이란 칼럼을 기고했다. 그녀는 "뭘 어떻게 해서 자연의 아름다운

강보다 더 아름다운 강을 만든다 말인가"라고 써서 잔잔한 감동을 주었다. 그런데 얼마 후 차윤정은 4대강 사업 추진본부 부본부장이 되더니 그 후 온갖 궤변을 동원해서 4대강 사업 홍보에 앞장서기 시작했다. 돌이켜보면 심명필 교수도 환경정의라는 환경단체에서 활동한 적이 있었다. 2003년 4월, 각계 인사 100명은 이명박 서울시장의 청계천 복원이 졸속이라면서 그 연기를 주장하는 성명을 냈는데, 수자원 학자로서는 그가 유일하게 이름을 올렸다.

나는 김대중 정부가 동강댐을 백지화한 후에 건설기술연구원을 중심으로 수행한 〈21세기 수자원확보 연구〉 프로젝트에 한 분과를 맡아서 참가한 적이 있었는데, 그때 심 교수를 처음 알게 됐다. 연구총괄을 맡았던 윤용남 교수는 심명필 교수를 못마땅하게 여겼는데, 심 교수가 책임졌던 분과는 평가가 좋지 않아서 중단되고 말았다. 그런 사정을 잘 아는 나는 심명필과 차윤정이 주축인 된 4대강 사업 추진본부를 '파우스트 클럽'이라고 지칭했다. 그런 심명필과 차윤정을 인터뷰해서 지면에 띄운 이른바 보수신문도 크게 다를 것이 없었다. 우리나라 언론사에 있어서 매우 치욕스러운 장면이었다.

대정부 투쟁의 최전선에 나서다

중앙하천관리위원회가 4대강 사업을 승인함에 따라 4대강 사업은 착공을 앞두게 되었다. 그즈음 서울대 최영찬 교수가 주축이 되어 만든 운하반대전국교수모임에 참여하고 있는 박창근, 이원영 교수 등이 나에게 4대강 사업에 대한 대책을 문의해 왔다. 나는 이러이러한 여러 실정법 절차를 위반했기 때문에 행정소송을 제기하면 해볼 수 있다고 했다. 이렇게 해서 운하반대교수모임과 인연을 맺게 됐다.

2009년 9월 21일, 운하반대교수모임은 프레스센터에서 4대강 사업의 불법성을 규탄하고 이를 저지하기 위한 국민소송을 밝히게 되는데, 내가 주제 발표를 했다. 나는 4대강 사업이 국가재정법, 하천법, 환경정책기본법 등 법률이 정한 절차를 무시한 위법·무효한 것이라고 주장했다. 이명박 정부가 시행령을 개정해서 4대강 사업에는 예비타당성조사를 하지 않아도 되도록 한 것은 상위법 위반이며, 4대강 사업을 위해서 하천 기본계획은 수정했으나 상위 계획인 수자원 장기종합계획과 유역종합치수계획은 수정하지 않았기 때문에 하천별로 통과시킨 하천 기본계획이 상위 계획에 위반되어서 무효라는 주장이었다.

나는 변호사가 아니었기 때문에 운하반대교수모임이 주도하게 될 국민소송에서 법리적 뒷받침이나 하면 될 것으로 생각했다. 하지만 최영찬 교수 등은 나에게 국민소송단 대표로 앞장서 주기를 부탁했다. 환경법과 하천법에 대해선 나만큼 아는 사람도 없거니와 나는 현직 중앙하천관리위원회 위원이었고, 더구나 이른바 보수 학자였기에 국민소송을 이끄는 대표가 되면 좋다고 생각했던 것 같았다. 상황이 이렇게 되니까 나로서도 고사(固辭)할 수가 없게 됐다. 그렇게 해서 나는 4대강 사업 저지를 위한 국민소송단의 공동대표와 운하반대전국교수모임 공동대표로 이름을 올리게 됐다. 이렇게 해서 이명박 정권의 국책사업을 상대로 한 싸움을 벌이는 반(反)정권 단체의 수장이 된 셈이다.

그해 10월에서 11월에 이르는 동안은 정말 숨 가쁘게 보냈다. 공동대표라고 하지만 언론은 마치 내가 두 단체를 이끌고 이명박 정권과 싸우는 수장인 것처럼 다루었다. 나는 우선 변호사단과 고문단을 구성해야만 했다. 4대강 사업이 시작되기 전 임통일 변호사를 다른 일로 만났더니 그는 4대강 사업 같은 짓은 꼭 막아야 한다고 힘주어 말했다. 임통일 변호사는 나와 오랫동안 교류를 이어 왔는데, 그는 1990년대에 양수(揚水) 발전소 건설을 저지하기 위한 소송을 혼자 제기한 적이 있었다. 그래서 임 변호사에게 4대강 소송에 동참해 달라고 했더니 내가 그 소송단의 대표가 되면 하겠다고 했다. 임통일 변호사 외에도 민변 환경위원회에 속해 있던 이영기, 정남순, 김영희, 김남주 변호사 등이 참여해서 그럴싸한 소송단이 꾸려졌다.

명진 스님과 최덕기 주교를 국민소송단 고문으로 위촉

그다음은 국민소송단의 고문을 위촉하는 문제가 있었다. 환경 사안이 생길 때면 앞장서는 몇몇 종교인이 있었지만, 외연을 넓히기 위해서 명진 스님을 모시자는 의견이 있었다. 그래서 봉은사로 명진 스님을 찾아가서 이런저런 사정을 말씀드리고 국민소송단의 고문을 맡아 주시면 좋겠다고 어렵게 부탁을 드렸다. 명진 스님은 "무얼 그렇게 어렵게 말씀하시느냐. 내가 당연히 도와 드려야지요"라고 흔쾌히 수락해 주셨다. 그러고 요청하지도 않았는데, "소송하려면 비용도 많이 드는데, 그것도 도와 드리겠다"고 하셨다.

그리고 명진 스님과 이런저런 이야기를 나누었는데, 스님은 "이명박, 원세훈은 군대도 안 간 ×들"이라고 하시면서, 자신은 "맹호부대원으로 월남에 다녀왔다"고 하셨다. 그러면서 스님은 다음 날 박근혜 전 대표가 자기를 만나러 올 예정이라고 했다. "법회 때 박근혜 전 대표가 아름답게 승복할 줄도 알고 심성이 올바르다"고 덕담을 했더니 그게 귀에 들어간 모양이라고 하셨다. 그리고 그 다음다음 날 점심이 비어 있으니까 봉은사에서 점심이나 같이하자고 하셨다. 이틀 후 나는 이원영 교수와 함께 봉은사에 가서 스님과 함께 잘 차려 놓은 절밥을 정말 잘 먹었다. 그러면서 스님은 전날 박근혜 전 대표를 만난 이야기를 하셨다. 박 전 대표가 "호호호 하면서 너무 유쾌하게 웃더라"고 하면서, 같이 온 유정복 의원이 나가면서 "대표님 모시고 여기저기 다니는데, 오늘처럼 기분 좋으신 적이 없었다"고 말했다고 전해 주셨다. 스님이 워낙 유머 감각이 풍부하시니까 유쾌한 자리였을 것으로 생각됐다.

이제는 천주교를 대변할 만한 고문을 모셔야 했는데, 나는 그때 최덕기 주교님을 떠올렸다. 수원 교구장을 지낸 최 주교님이 환경과 유기농에 관심이 많으시다는 기사를 읽은 기억이 났기 때문이다. 교구장이나 다른 보직을 맡고 계시지 않았기 때문에 최 주교님은 고문을 맡아 주실 수도 있을 것 같다는 생각이 들었다. 그래서 이원영 교수와 함께 찾아가서 어렵게 말씀을 드렸더니 흔쾌히 수락해 주셨다. 이렇게 해서 강남 한복판에 있는 봉은사 주지 명진 스님과 천주교 수원 교구장을 지내신 최덕기 주교님이 4대강 사업을 저지하기 위한 국민소송단 고문이 되신 것이다.

4대강 소송이 불교와 천주교에 미친 영향

명진 스님과 관련해서는 몇 달 후인 2010년 3월 21~22일간 이런 일이 있었다. 조계종이 봉은사를 직영 사찰로 하기로 한 데는 당시 한나라당 원내대표이던 안상수 의원의 압력이 있었다고 명진 스님이 폭로해서 파문이 인 것이다. '보온병'으로 유명한 안상수 당시 한나라당 원내대표가 "강남 큰 절 주지가 좌파를 하면 되겠냐"고 비난하면서 압력을 가했다는 이야기였다. 나는 그런 이야기를 2009년 11월에 봉은사에서 스님을 만났을 때 들은 적이 있었다. "군대도 안 갔다 온 안상수가 맹호부대로 월남에 다녀온 나를 좌파로 몬다"고 불쾌하게 말씀을 하신 것이다. 당사자인 안상수 의원은 그런 압력을 가한 적이 없다고 해서, 일종의 진실게임이 벌어졌다.

나는 평소 별의별 사유로 병역을 면제받은 이명박, 정운찬, 원세훈, 안상수 같은 사람들이 자신들이 보수라면서 검은 양복에 검은 타이 매고 현충원에 가서 엄숙한 표정으로 참배하는 모습이 꼴불견이라고 생각했다. 그런데 그중 한 사람인 안상수가 맹호부대원으로 월남전에 참전한 명진 스님을 좌파라고 비난하는 것은 정말 희극이라는 생각이 들었다. 사실 명진 스님이 맹호부대원으로 월남에 다녀왔다는 사실은 그때까지 알려지지 않았다.

혹시 누(累)가 될까 봐 스님의 수행 보좌한테 확인해 보았더니 공개해도 무방할 것 같아서, 그날 블로그에 "안상수는 병역면제, 명진 스님은 맹호부대, 누가 더 좌파인가?"라고 짤막한 글을 올렸는데, 〈뷰스앤뉴스〉가 이를 기사화해서 실었다. 그 기사가 단번에 화제가 되었고, 나의 홈페이지는 트래픽 초과로 먹통이 돼 버렸다. 나는 며칠 후에 추가 비용을 지불하고 트래픽 용량을 늘려야만 했다.

하지만 명진 스님은 결국 봉은사를 떠나지 않을 수 없게 되는 등 여파가 만만치 않았다. 오래전부터 불교계 환경운동을 이끌어 온 수경 스님도 화계사를 떠나야 했다. 이처럼 4대강 소송은 두 스님에게 큰 영향을 미쳤다. 2010년 5월에는 낙동강 주변 작은 암자에 계시던 문수 스님이 소신공양(燒身供養: 분신)을 하는 일이 발생했다. 이런 충격적인 일이 생겼음에도 조계종은 아무런 의견이 없었고, 결국 수경 스님이 나서서 조계종의 의사와 무관하게 조계사에서 문수 스님 영결식을 강행했다. 나는 국민소송단을 대표해서 조사(弔辭)를 읽었다.

천주교는 사정이 달리 돌아가고 있었다. 최덕기 주교님이 국민소송단 고문을 맡아 주신 데 이어서 천주교 주교회의 의장이신 강우일 주교님이 4대강 사업 저지 운동에 나서 주셨다. 강 주교님이 이끄시는 천주교 주교회의는 4대강 사업에 대한 반대를 공식적으로 천명했는데, 이는 획기적인 사건이었다. 천주교 주교회의의 결단은 이명박 정권과 힘든 싸움을 하는 국민소송단에 큰 힘이 되었다. 하지만 강우일 주교님은 결국 추기경이 되지 못하셨다. 4대강 사업 반대운동에 적극적으로 참여한 것이 하나의 원인으로 작용했을 수도 있다고 나는 생각한다. 하지만 강 주교님은 원래 어떤 지위에 미련을 가질 분이 아니셨다. 여하튼 4대강 사업은 멀쩡한 강을 파괴했을뿐더러 이처럼 우리나라 불교와 천주교에도 큰 영향을 끼쳤다.

본격적인 4대강 소송과 적극적인 국민 참여

2009년 11월 26일부터 국민소송단 변호사들은 서울·부산·광주·대전 지방법원 네 곳에 4대강 사업 취소를 구하는 본안소송과 공사중지 가처분신청을 순차적으로 제출했다. 소송을 4대강 별로 네 군데에 내고 동시에 진행하는 일은 보통 일이 아니었다. 당장 소송 인지 대금을 내야 했고, 변호사들의 출장비도 적지 않았다. 그래서 우리는 신문에 광고를 내서 모금하기로 했다. 이렇게 해서 2009년 11월 30일 경향신문과 한겨레신문에 4대강 사업을 저지하기 위한 국민소송을 성금으로 후원해 주기를 부탁하는 광고가 나갔다.

우리는 1주일 정도 시차를 두고 두 신문에 순차적으로 광고를 내려고 했는데, 두 신문사에서 같은 날 광고가 나가야지 어느 신문에 먼저 나오고 다른 신문에 그날에 안 나오면 큰일 난다고 해서 같은 날에 광고를 내보냈다. 사실 두 신문 광고비도 만만치 않아서 혹시 후원금이 적게 들어와서 광고비도 못 빼는 게 아닌가 하는 불안감도 있었다. 광고비 등 최초 비용은 최영찬 교수 등 운하반대교수모임에 참여한 교수들이 낸 성금으로 감당했는데, 나도 100만 원씩 몇 차례 기탁했던 것으로 기억한다. 결과적으로 신문 광고비를 감당하고 1억 원 이상이 더 들어와서 변호사들에게 송무 비용과 최소한의 경비를 지급하는 등 소송을 진행할 수 있게 됐다.

2010년 한 해 동안 나는 4대강 소송에 매달려 있었다고 해도 과언이 아니다. 우리 변호사와 교수들과 함께 남한강, 낙동강 등 현장을 답사하고, 법정 심리에 참석하느라 꽤 바쁜 시간을 보냈다. 한강 소송은 이영기·김영희 변호사 등이, 낙동강 소송은 정남순·이정일 변호사 등이, 영산강 소송은 임통일 변호사가, 그리고 금강 소송은 박재홍 변호사가 맡았다. 우리는 낙동강 소송에 기대를 많이 걸었다. 낙동강에는 전체 16개 보 가운데 8개가 세워질 예정이고 그로 인해 수질이 가장 나빠질 것이기 때문이었다. 또 낙동강 소송은 담당 판사가 우리법연구회 멤버였던 문형배였다.

그해 2월 22~23일, 대한변협은 청주에서 인권환경대회라는 큰 행사를 열었는데, 그중 4대강 사업 분과가 있었다. 발제자는 문재인 정부 들어서 환경부 차관을 지내게 되는 안병옥 박사였고, 나는 토론자로 초청되었는데, 하루 전에 느닷없이 그 세션만 취소되었다. 당시 대한변협 회장은 김평우 변호사였다. 박근혜 대통령 탄핵 심판 때 헌법재판소에 나와서 돌출 발언을 했던 바로 그 김평우였다. 아마도 청와대 쪽에서 무슨 연락이나 압력이 있어서 4대강 세션을 취소했을 것이다. 당시 청와대 정무수석은 박형준, 민정수석은 권재진이었다.

3월 초에는 천주교 광주대교구 정의평화위원회와 시민단체가 공동으로 주최한 영산강 도보순례에 참가했다. 당시 환경단체 주최로 4대강 순례 운동을 했는데, 박창근 교수 등은 낙동강 현지답사에 열중해서 영산강 쪽에는 갈 만한 여력이 없었다. 그래서 나라도 현지에 가야겠다는 생각으로 3일 일정으로 광주에 내려가서 영산강 상류부터 광주까지 도보 답사를 했다. 그런 기회에 김재학 신부 등 여러 사람을 알게 됐고 광주 MBC는 나의 인터뷰를 짧게 내보냈다. 영산강 도보순례를 시작하던 날 현장에서 곽정숙 의원(2016년 작고)이 나를 기다리고 있었다. 광주 출신 민노당 비례대표 의원으로 장애인인 곽 의원은 "교수님이 앞장서 주셔서 너무 감사드려요"라면서 내 손을 한참 동안 꼭 붙잡았다. 첫날 순례가 끝난 후 큰 성당에서 강연을 했는데, 청중이 300명은 넘을 것 같았다. 영산강 도보순례는 5월에도 있었는데, 그때도 참가해서 광주에서 하구언까지의 하류 구간을 마저 걸었다.

최종적으로 패소했지만 의미 있었던 4대강 소송

4대강 소송에서 우리 측 변호사들은 정말 헌신적으로 일했다.

나는 서울행정법원과 부산지방법원에서 진행된 한강 소송과 낙동강 소송 기일에 대부분 참석했고, 금강 소송과 영산강 소송에도 참석했다. 한강 소송 재판장은 김홍도 부장판사였는데, 공사중지 가처분신청을 일찌감치 기각한 후 소송을 서둘러 진행하는 느낌을 받았다. 그러다가 11월 들어서 검찰 간부가 서울행정법원 법원장과 재판장을 만나서 소송이 조속히 진행되도록 부탁했다는 의혹이 불거졌다. 국민소송단 변호사들은 재판부 기피 신청을 제출했으나 기각됐고 며칠이 지나서 재판부는 기각 판결을 내렸다. 국민소송단이 1심에서 패소한 것이다. 판결을 내린 김홍도 판사는 2013년 3월 판사직을 사임하고 대형 로펌 바른으로 자리를 옮겼다. 당시 서울행정법원장은 2011년 3월 김앤장으로 옮겨 갔다.

국민소송단은 낙동강 소송에 가장 많은 기대를 걸었다. 낙동강 소송은 쟁점도 많았고 재판장인 문형배 판사가 우리에게 소명할 수 있는 기회를 충분히 주는 등 신중했기 때문이다. 그런데도 2010년 12월 10일, 부산지방법원 재판부는 기각 판결을 내렸다. 문형배 판사는 "하도 귀찮게 해서 선고를 한다"고 하면서 판결 주문을 읽어 내려갔다. 이로써 4대강 소송은 1심에서 모두 패소하고 말았다. 낙동강 소송 중에는 정남순 변호사가 소장을 읽어 내려가다가 울음을 터뜨려서 이정일 변호사가 대신 읽어야 하는 일도 있었다. 정부 측 증인으로 나온 신 아무개 교수가 우리 측 변호사의 반대신문에 얼굴이 붉어지면서 답변하던 장면은 지금도 생생하다. 낙동강 소송 판결을 내린 문형배 판사는 2019년에 헌법재판소 재판관이 됐다.

4대강 사업이 위법하다는 국민소송단의 논리는 대략 세 가지였다. 첫째, 국가재정법상 예비타당성 조사를 안 했고, 둘째, 환경영향평가를 부실하게 하고 조작했으며, 셋째 4대강 사업을 하기 위한 하천 기본계획이 상위 계획에 위반된다는 것이었다. 나는 셋째 근거에 크게 기대했었는데, 법원은 이를 간단하게 무시해 버렸다. 하천관리에 있어서 최상위 계획은 수자원 장기종합계획이며, 그 아래에 유역 치수계획이 있고, 그 아래에 하천 기본계획이 있고, 하위 계획은 상위 계획에 근거해야 하기 때문에 하천 기본계획이 수자원 장기종합계획이나 해당 유역의 치수계획을 위반해서는 안 되는 것은 당연했다. 그러나 4개 지방법원은 마치 약속이나 한 듯이 하천법에 규정된 계획은 법적 구속력이 없다는 이유로 배척해 버렸다.

내가 중앙하천관리위원회 위원을 지낼 때인 2006년에 수자원 장기종합계획이 새로 채택됐는데, 과거와는 달리 자연 친화적 하천관리, 수자원 수요관리, 하천복구, 천변(川邊) 공간 확보 같은 내용을 담고 있었다. 따라서 4대강 사업이 논의될 때 중앙하천관리위원회에서 나와 같이 위원을 지내던 몇몇 박사들도 준설을 하고 보를 설치하려면 수자원 장기종합계획부터 수정해야 한다고 이야기했었다. 그런데 국토부는 하천 기본계획 개정만으로 4대강 사업을 밀어붙였으니, 최상위 법정 계획인 수자원 장기종합계획은 휴지가 되어 버렸다. 그런데도 법원은 하천법상의 계획은 법적 구속력이 없다고 간단하게 판결해 버린 것이다.

환경영향평가를 두고서 치열한 공방이 있었지만, 법원은 그 사안은 사법부가 판단할 내용이 아니라고 해서 정부 측을 지지했다. 고등법원도 지방법원의 판결을 그대로 답습했는데, 다만 부산고등법원은 국가재정법에 대해선 다른 결론을 내렸다. 2012년 2월 10일 부산고등법원은 4대강 사업은 예비타당성 조사를 거쳐야 하는데도 이를 누락했기 때문에 위법하다고 판시했다. 그러나 이미 공사가 많이 진행되어서 취소판결을 하지 않는다는 취지로 사정 (事情)판결을 내렸다. 국가재정법에 관한 우리의 주장은 김영희 변호사가 작성했는데, 비록 사정판결로나마 빛을 남겼다.

부산고등법원 재판부의 재판장은 김신 부장판사였는데, 그해 8월 대법관으로 임명되어 2018년까지 재직했다. 만일에 그가 사정판결을 내리지 않고 1심 판결을 파기했더라면 대법관이 되기는 어려웠을 것이다. 2015년 12월 10일, 대법원은 뒤늦게 4개 고등법원 판결에 대한 상고를 기각하는 최종 판결을 내렸다. 우리가 최종적으로 패배한 것이다. 애당초 4대강 사업 같은 한 정권의 국책사업을 사법부가 견제해 줄 것을 기대한 것이 잘못일 수도 있지만, 이런 과정을 통해서 4대강 사업의 부당성을 알리고 반대운동의 구심점이 되는 역할을 했다는 점에서 그 의미는 컸다. 이 과정을 통해서 어떤 교수가 곡학아세(曲學阿世)를 하고, 어떤 신문이 궤변과 요설(妖說)로 일관하는지 알게 된 것도 소득이라면 소득이었다.

나를 둘러싼 조직적 악플 공세와 국정원 사찰

4대강 소송은 이명박 정부가 들어선 후 환경운동이 매우 위축되어 있을 때 진행했다는 점에서도 의미가 깊다. 10여 명의 변호사가 사명감 하나로 정말 열심히 소송을 준비했다. 박창근, 박재현, 정민걸, 김좌관 등 수자원 및 환경생태학 교수들도 헌신적으로 소송을 도왔다. 박재현 교수는 문재인 정부 들어서 한국수자원공사 사장이 됐다.

4대강 소송에 간여했던 교수들 가운데 일부는 소속 대학으로부터 압력을 받기도 했다. 대학이 정부로부터 압력을 받았기에 그러했을 것이다. 그러나 나의 경우는 대학으로부터 그런 압력을 받지 않았다. 그런 압력이 통할 사람이 아님을 이명박 정부부터 잘 알았기 때문일 것이다. 그러나 2008년 여름부터 나는 조직적인 악플 공세에 시달렸는데, 2009년 봄 들어서는 그 정도가 더욱 심해졌다. 2009년 봄은 원세훈이 국정원장이 된 바로 그 시점이었다. 나의 개인 홈페이지에 악담을 올리는 정도를 넘어서 극우 성향의 인터넷 신문이 나를 '친노 종북 좌익'으로 몰아붙였고, 그것도 모자라서 2009년 6월에는 중앙대 정문 앞과 내가 살던 아파트 단지 앞에서 나를 규탄하는 플래카드를 들고 시위를 했다. 그것이 기자회견이라고 하니 기가 막힐 일이었다. 나는 이런 작태의 배후가 국정원일 것이고 원세훈의 작품일 것이라고 짐작했다. 나를 '친노 종북'으로 몰아붙였던 매체는 국정원의 자금 지원을 받았음이 나중에 밝혀졌으니, 이명박 정권이 어느 정도로 저질이고 악질이었는지 잘 보여 준 사례였다.

2009년 2월에 국정원장으로 임명된 원세훈은 나와는 서울법대 동기이다. 하지만 원세훈은 행정학과라서 같이 공부하지는 않았다. 원세훈이 국정원장이 되고 나서 몇몇 동기생을 만났을 때 나는 원세훈이 틀림없이 감옥에 갈 거라고 장담했다. 이명박이 결국은 법정에 서게 될 것이라고 확신했고, 이명박 아래서 국정원장을 하는 원세훈이 할 일은 온통 불법일 것임이 명백했기 때문이다.

결국에 원세훈은 박근혜 정부 들어서서 국정원 여론조작, 공직선거법 위반, 개인 비리 등 여러 가지 죄목으로 구속되어 재판을 받았다. 문재인 정부 들어서 국정원 과거사 진상 조사를 하는 과정에서 2009년 12월에 원세훈이 나, 박원순 등 이명박 정부에 비판적인 인사들을 상대로 댓글공작과 시위 등 오프라인 활동을 지시한 문건이 발견됐다. 충분히 짐작이 가는 일이었지만 내가 우선순위에서 제일 위에 있었다는 점이 놀라웠다. 이른바 보수였기 때문에 정부를 비판하는 내가 더욱 미웠던 것이 아닌가 한다. 이와 관련해서 나는 2017년 10월 11일 검찰에 출두해서 참고인 조사를 받았다. 이에 따라 원세훈은 국정원법 위반 등으로 추가적으로 기소되어 구속 상태로 재판을 받았다. 원세훈의 지시를 받고 이를 시행에 옮긴 당시 국정원 단장은 2020년 5월에 징역 1년 6개월이 확정됐다. 이런저런 죄목으로 원세훈은 아마 15년 정도는 감옥에 있어야 할 것으로 보이니, 내가 장담한 대로 되고 말았다. 수준이 안 되는 돌쇠형 인간이 국정원장이 되더니 결국 그 꼴이 되고 말았다.

4대강 사업의 또 다른 희생자 정회성

4대강 사업과 관련해서 이명박 정권으로부터 박해를 받은 사람으로는 한국환경정책평가연구원장을 지낸 정회성(1954~2016) 박사도 있다. 정회성 박사는 일찍이 환경정책을 공부하고 한국환경정책평가연구원 초창기 멤버로 참여해서 우리나라 환경정책 발전에 많은 기여를 했다. 나와는 같은 분야를 연구하는 동료로서 가까이 지냈고, 한국환경정책학회 창립 때부터 같이 활동을 했다. 2000년대 후반에 들어서 나와 정 박사는 환경정책학회의 부회장을 같이하고 있었다. 2006년 말, 학회가 차기 회장을 선출하게 될 즈음 선임 부회장인 나에게 학회장을 해야겠다고 했는데, 나는 아무래도 정치에 휘말릴 것 같은 생각이 들어서 정 박사가 회장을 하는 게 좋겠다고 했다. 그렇게 해서 정회성 박사는 환경정책학회 회장이 됐다. 그리고 2007년 4월, 그는 환경정책평가연구원 원장으로 임명되었다. 환경정책평가연구원 내부에서 원장이 된 첫 케이스라서 의미가 깊었다. 나는 정 박사에게 2관왕이 되었다고 축하해 주었다.

이명박과 그 일당은 한반도 대운하든 4대강 사업이든 대규모 토목 사업을 하기 위해선 환경영향평가를 책임지고 있는 환경정책평가연구원을 장악해야 함을 잘 알고 있었다. 2008년 8월, 이명박 정부는 임기 중이던 정회성 박사를 경질하고 후임으로 한반도대운하자문교수단 출신인 박태주 부산대 교수를 임명했다. 그리고 환경정책평가연구원은 4대강 사업과 관련된 사전환경성검토와 환경영향평가를 일사천리로 진행해서 오늘날 4대강을 이 모양으로 만들어 놓았다. 실로 환경부와 환경정책평가연구원의 역사에 있어서 이명박 정부 시절은 거짓이 진실을 누르고 행세했던 암흑기였다.

연구원장 임기 3년을 반도 못 채우고 정든 연구원을 나온 정회성은 〈환경과 문명〉이라는 작은 민간연구소를 만들어서 힘들게 운영해 왔다. 그러다 건강을 해쳐서 발병하더니 암으로 발전해서 투병 끝에 2016년 10월, 62세라는 한창 일할 나이에 눈을 감았다. 애당초 대통령 선거에 출마할 자격이 안 되었던 사람이 대통령이 되어서 많은 사람이 고생했는데, 정회성은 고생 끝에 세상을 뜨고 말았다. 참으로 안타까운 일이 아닐 수 없다.

제7장

2011~2012년

새누리당 비대위·총선

경향신문 특별 기획 시리즈 '대화'

2011년 한 해 동안 내가 했던 큰일 중 하나가 경향신문의 특별 시리즈 '대화'에 참여한 것이다. 이명박 정권이 들어서자 경향신문은 이명박 정부의 소통 부재, 그리고 우리 사회가 진영 논리에 몰입해서 대화를 거부하는 현상에 대해 우려를 표명하고 이를 개선하기 위한 특별 기획을 추진했다. 첫 시도는 2009년 여름에 각 분야 인사를 초청해서 인터뷰와 좌담을 하는 '소통' 프로젝트였다. 윤여준, 최장집, 박원순, 김상조, 공병호, 정두언, 전원책, 손호철, 김호기 등이 참여했으며, 나도 대담자로 참가했다. 경향신문의 '소통' 프로젝트는 좋은 평가를 받았다.

경향신문은 '소통'의 성공에 힘입어서 '대화' 시리즈를 기획해서 2011년 초부터 연재하기 시작했다. 당시 김봉선 경향신문 부국장이 총괄하고 연세대 김호기 교수가 기획을 담당했으며, 나는 김 교수와 함께 초청된 인사와 대담을 하는 방식이었다. 그해 8월 말까지 격주로 23명을 초청해서 진행했는데, 매번 경향신문 한 페이지 전면 기사로 나갔다.

첫 번 초청자는 남한강에서 4대강 사업 반대운동을 하느라 가산(家産)을 탕진한 이항진 환경운동가였다. 그 후 '대화'에 참여한 초청자는 원로 정치인 이만섭, 윤여준, 김종인, 종교계 원로인 강우일 천주교 주교회의 의장과 명진 전 봉은사 주지, 현역 정치인으로는 홍사덕, 이해찬, 최문순, 박영선, 심상정, 오세훈, 송영길, 김두관, 이인영, 그리고 교수로서는 박세일, 조국 등이었다. '대화'에 참여했던 이만섭 전 국회의장, 홍사덕 전 의원, 그리고 박세일 교수는 그 후 세상을 떴다.

'대화'에 참여했던 사람 중 가장 특이한 경우는 이항진일 것이다. 남한강 풍광이 좋아서 경기도 여주에 자리 잡아 살면서 제법 큰 식당을 했던 이항진은 4대강 사업으로 남한강이 파괴될 위험에 처하자 수경 스님을 모시고 남한강 유역에서 4대강 사업 반대운동을 이끌었다. 그러는 과정에서 식당도 문을 닫고 생활도 어려워졌지만, 그는 천박한 개발론자들이 장악한 여주시와 맞서 지치지 않고 싸웠다. 4대강 사업을 한다면서 강바닥에서 퍼 올린 모래로 이루어진 피라미드를 배경으로 우리 세 사람이 찍은 사진과 함께 나온 '대화' 첫 회는 이명박 정권의 오만과 독선이 이룩한 폐해와 이를 막으려고 노력한 평범한 시민 이항진의 눈물겨운 노력을 잘 담아냈다.

이항진은 2014년 지방선거에서 새정치민주연합 공천으로 시의원 선거에서 당선이 됐다. 한나라당·새누리당이 지배해 온 여주시의회에 환경운동가가 입성한 것이다. 경향신문 한 면 가득히 나온 '대화' 기사가 이항진이 시의원에 당선되는 데 조그만 역할을 했을 것으로 생각된다. 2018년 지방선거에서 이항진은 민주당 공천으로 여주시장에 당선되어 오늘날에 이르고 있다. 참으로 보람 있고 흐뭇한 일이 아닐 수 없다.

비상한 관심을 끈 박근혜의 '대화' 참여

이렇게 진행한 '대화'를 단행본으로 만들기 위한 작업을 하던 중 박근혜 전 대표가 '대화'에 나오겠다고 했다. 그래서 출간 작업을 중단시키고 박근혜 전 대표와의 대화를 추가로 진행해서 12월 5일 자에 두 페이지를 전부 할애해서 크게 보도했다. 당시 한나라당이 위기에 처해서 박 전 대표가 곧 구원투수로 등판할 것으로 예상하던 시점에 나온 이 '대화'는 비상한 관심을 끌었다. 수행하는 비서도 없이 혼자 나온 박 전 대표는 나와 김호기 교수가 던지는 질문에 막힘없이 또박또박 화답하는 식으로 대담을 이어 갔다. 김봉선 부국장과 기사를 쓰는 기자만 자리를 같이했는데, 진한 갈색 투피스를 정갈하게 차려입은 모습에 품위가 넘쳐 났다. 대담하는 동안 시종 여유를 갖고 간간이 웃음을 보이던 모습이 지금도 눈에 선하다. 대담을 마치고 우리는 경희궁을 걸으면서 스냅 사진을 찍었다.

박근혜 전 대표는 자신이 대통령이 되고자 하는 동기와 포부를 담담하게 밝혔다. 당시 당 안팎에서 생긴 불미스러운 일에 대해선 "한나라당이 새 비전, 새 정책, 새 인물로 재창당 수준으로 변해야 한다"며 그 목표는 "국민이 진정성을 인정할 때"라고 꼽았다. 한나라당 쇄신을 강력하게 추진하겠다는 의지를 밝힌 셈이다. '생애주기별 맞춤형 복지정책'을 내놓아서 과거의 '줄·푸·세'(세금은 줄이고, 규제는 풀고, 법질서는 세우자) 정책에서 변한 것이 아니냐는 질문에 대해선 "저는 변하지 않았다"고 단호하게 말하면서, "1980년대식 신자유주의는 계속 보완되고 수정돼야 한다고 생각한다"고 말했다. 그러면서 "양극화 문제를 풀고 비정규직 문제도 공공 분야부터 해소해 나가겠다"고 밝혔다. 박 전 대표는 이명박 대통령에 대해선 국민 뜻 수렴이 부족하고 인사정책이 아쉽다고 했으며, 안철수 현상에 대해선 젊은 세대와 소통을 잘해서 그런 것이라고 평가했으며, 총선을 앞두고 제기되는 오픈 프라이머리에 대해선 "역(逆)선택 우려 때문에 하려면 여야가 동시에 해야 한다"고 답했다.

박 전 대표가 종합일간지와 단독 인터뷰를 한 것은 2007년 대선 이후 4년 만이었다. 박 전 대표가 다시 일선에 나설 것으로 예상되어서 많은 언론사가 인터뷰 신청을 넣어 놓은 상태였는데, 박 전 대표가 경향신문에 연락해서 이상돈·김호기 교수와 하는 '대화'로 하는 게 좋겠다고 해서 이 대담이 이루어진 것이다. 이 기사가 나가자 다른 신문들이 항의하는 등 난리가 났다. 2007년 대선 후 삼성동 자택에 머무는 시간이 많았던 박 전 대표는 집에서 경향신문을 구독했다. 박 전 대표는 나와 김호기 교수가 진행한 '대화'를 정말 정독을 했다. 2011년 4월에 나와 만나서 이야기할 때에도 경향 '대화'가 화제에 올랐었다.

'대화'를 진행하면서 김호기 교수와는 자주 만나고 연락을 취해서 가까워졌다. 김호기 교수는 진보가 너무 급진화하는 것을 걱정했고, 나는 보수가 너무 우경화하는 것을 걱정해서 공유하는 바가 많았다. 김호기 교수는 나를 '보수적 자유주의자'라고 정의했는데, 나는 그게 나를 정확하게 규정한 것이라고 생각한다. 박근혜 전 대표가 마지막을 장식한 경향의 '대화'는 그해 12월 23일 경향신문 출판부에 의해 《사람을 만나다, 시대를 만나다》라는 제목으로 출간됐다.

2010년 지방선거와 2011년 한나라당

2008년 총선에서 한나라당은 과반수 의석을 뛰어넘는 승리를 거두었고 이명박 정부는 미디어법, 4대강 사업 등을 밀어붙이는 등 오만과 독선으로 일관했다. 그 결과 민심은 돌아섰고 2010년 지방선거에서 사실상 패배하고 말았다. 게다가 오세훈 서울시장이 제멋대로 시장직을 사퇴하는 우스운 일이 발생했다. 오 시장의 사퇴로 민주당은 서울시장직을 가져올 기회를 맞았다. 손학규 민주당 대표는 서울시장 보궐선거에서 승리하면 대권을 향해 직진할 수 있었다. 하지만 친노와 재야 세력은 계산이 달랐는데, 거기서 나온 카드가 바로 박원순이었다.

그즈음 신기루 같았던 '안철수 현상'에 힘입어 안철수 당시 서울대 융합대학원장이 서울시장 여론조사 1위가 되는 기현상이 발생했다. 그런데 안철수가 박원순에게 무소속 후보를 양보해서 결국 박원순이 야권 단일화 경선에서 민주당 후보였던 박영선 의원을 꺾었으며, 본선에선 한나라당 후보 나경원 의원을 꺾어서 서울시장에 당선됐다. 민주당은 그 후 재야 세력과 통합한 후 친노가 주류인 오늘날의 민주당으로 탈바꿈했고, 손학규 대표는 거기서 끝나 버렸다. 서울시장 선거 패배와 이어서 나타난 디도스 파동으로 홍준표 대표도 사퇴하고 말았다.

국회의원을 지낸 오세훈은 2006년에 서울시장이 됐는데, 그는 서울시장에 당선된 후 인수위원회를 최열 환경재단 대표가 맡도록 했고, 시청 간부들은 아름다운재단에서 연수를 받도록 했다. 박근혜 당시 한나라당 대표는 이런 모습을 좋아하지 않았다. 박근혜 의원은 2007년 한나라당 대선 후보 경선 때 나경원 등 자신이 2004년 총선에 영입한 의원들이 대거 이명박 쪽에 서는 모습을 본 탓인지 서울시장 보궐선거 때 나경원 후보 선거운동을 거의 하지 않았다.

나는 박 전 대통령이 다시 일선에 나서게 되면 나를 부를 것으로 생각했다. 2011년 12월 박근혜 전 대표가 비상대책위원장으로 한나라당을 이끌게 되자 김종인 박사와 나를 비상대책위원으로 위촉해서 세간의 주목을 샀다. 그러면 박근혜 전 대통령과 나는 언제부터 인연이 있었는가?

박근혜 대통령과의 인연

2007년 한나라당 대통령 후보 경선은 박근혜 전 대표와 이명박 전 시장 간에 치열하게 벌어졌다. 나는 심정적으로 박근혜 대통령을 지지했지만, 박근혜 캠프와 공식적으로 연결된 적은 없었다. 내가 박근혜 대통령을 지지하는 사람들과 인연을 맺게 된 것은 2009년 4월 18일 경상북도 문경 천주산 기슭에 있는 천주사에서 있었던 모임이 계기가 되었다. 홍문종 전 의원이 발행하는 〈시민일보〉와 박근혜 전 대표를 지지하는 팬클럽이 그곳 산사(山寺)에서 모임을 갖기로 하고 홍사덕 의원과 나를 연사로 초청한 것이다. 홍사덕 의원과 나는 인사말 수준의 이야기를 했고, 천주사 주지 중흥 스님이 준비한 절 음식을 먹으며 담소를 즐겼다. 홍문종 전 의원은 물론이고 문경·예천이 지역구인 이한성 의원도 참석하는 등 성황을 이루었다.

2009년 가을부터 나는 자의 반 타의 반 4대강 사업 반대운동에 앞장서게 되어서 심적으로 편안하지 않은 세월을 보내고 있었다. 그러던 중에 2010년 4월, 홍문종 전 의원이 이끄는 모임에 참석했는데, 거기서 박근혜 전 대표를 처음 만났다. 내가 인사를 했더니 "4대강 때문에 수고가 많으시지요" 하면서 반가워했다. 솔직히 나는 그때 그 말 한마디에 박근혜 전 대표에게 빠져들었다. 점심 식사 도중 가벼운 대화가 오갔는데, 나에게 "글을 잘 쓰신다"고 하면서 "〈뷰스앤뉴스〉에 자주 나오시네요"라고 했다. 당시 인터넷 신문인 〈뷰스앤뉴스〉는 내가 블로그에 올린 글을 자주 기사

화해서 올렸다.

2011년 4월, 나는 박근혜 전 대표와 단둘이서 만날 기회가 있었다. 강남의 어느 호텔 미팅 룸에서였다. 먼저 도착한 나는 박 전 대표가 들어오자 반갑게 인사를 했다. 나는 박 전 대표가 앉을 수 있도록 제법 무거운 의자를 빼려고 했는데, 박 전 대표는 자기가 하겠다며 직접 의자를 빼서 앉았다. 나는 이런 겸손한 자세가 무척 인상적으로 느껴졌다. 한 시간 가까이 이런저런 이야기를 했는데, 마지막에 "교수님은 우리나라가 어떤 사회가 되면 좋겠다고 생각하세요?"라고 물었다. 의외의 질문이었는데, 나는 평소 생각하던 대로 "상식이 통하는 사회가 되면 좋겠습니다"라고 답했다.

이야기를 나누면서 많이 웃었던 기억이 지금도 생생하다. 그때 나는 한 가지를 간곡하게 부탁했는데, 바로 4대강 사업에 대해서였다. "4대강 사업은 일단 벌이면 원상회복이 거의 불가능한데,

지금 상황에서 4대강 사업을 억제할 수 있는 사람은 대표님뿐"이라고 했더니, 박 전 대표는 "대통령이 국책사업으로 밀고 나가는 것을 제가 어떻게 할 수 있겠나요. 잘 아시잖아요"라면서 오히려 나에게 부탁했다. 나는 그것을 자신이 대통령이 되면 그때에는 어떻게 해보겠다는 것으로 받아들였다.

2011년 6월 중순, 나는 그간 여기저기에 발표했던 글을 모아서 《조용한 혁명》이란 책을 펴냈다. 주위에서 출판기념회를 하면 좋겠다고 해서 지인들을 초청해서 조촐하게 스탠딩 뷔페를 하는 모임을 6월 29일에 갖기로 했다. 그 책 한 권을 박근혜 전 대표에 보내면서 출판기념회 초청장도 같이 보냈다. 며칠 후에 박 전 대표가 전화를 주었다. 책을 잘 받았고 잘 읽었다면서, 출판기념회에 가도록 일정을 잡아 보겠다고 했다. 6월 29일 저녁 프레스센터에 도착해서 준비하고 있었는데 마침 그날 시청 주변에선 민노총 집회가 있었다. 박 전 대표의 수행비서가 먼저 와서 살펴보고 갔는데, 잠시 후 전화가 왔다. 박 전 대표는 주변 상황 때문에 차량 접근이 어려워서 참석이 어렵다면서 미안하다고 했다. 그날 출판기념회에는 김종인 박사, 홍사덕 의원, 곽결호 전 환경부 장관, 손석희 교수, 김호기 교수, 유인경 경향신문 기자, 박태견 뷰스앤뉴스 국장 등이 참석해서 그런대로 성황을 이루었다.

같은 해 9월, 나는 토니 블레어 전 영국 총리가 펴낸 회고록 《여정(旅程) A Journey》을 읽고 그 내용을 요약해서 나의 블로그에 올리면서 한 부를 출력해서 박 전 대표에게 보냈다. 며칠 후 박 전 대표로부터 전화가 왔다. 잘 읽었다면서, 블레어 총리가 대단한 사람이라고 했다. 특히 자기가 총리 시절에 잘못했던 정책을 솔직히 고백한 점이 인상 깊었다고도 했다. 나는 '제3의 길'을 추구해서 성공한 토니 블레어의 길을 박 전 대표가 가기를 희망했다. 이런 인연이 있었기에 박 전 대표가 전면에 나서면 나를 부를 것으로 생각했고, 그것이 어쩌면 운명일 수도 있다는 생각을 했다.

김종인 박사와의 인연

나는 김종인 박사님을 2010년 어느 날 처음 뵈었다. 모르는 번호로 전화가 와 받으니 "나 김종인입니다. 언제 한번 만나서 점심이나 같이합시다" 해서 어느 호텔 식당에서 만나 뵌 것이다. 당시는 이명박 정권의 오만과 독선이 하늘을 찌를 때였고, 나는 4대강 소송을 다루는 법정과 언론 인터뷰 등을 통해 이명박 정권과 싸움을 이어 가고 있었다. 김 박사님은 "요새 배운 사람들이 목소리를 내지 않는데, 이 교수가 그나마 옳은 소리를 한다"면서 "앞으로 종종 만납시다"고 하셨다. 그 후 이따금 김종인 박사는 몇몇 사람들과 함께 저녁 자리를 만들어 정국이 돌아가는 상황을 두고 의견을 나누곤 했다. 김 박사님은 이명박 정권은 어차피 끝났고, 야당은 정권을 담당할 능력이 없다면서 새로운 세력이 나타나거나 기존 정당이 획기적으로 바뀌어서 나라를 이끌어 가야 한다는 생각이셨다.

나는 김종인 박사님에 대해 익히 잘 알고 있었다. 김 박사님의

조부(祖父)이신 가인(街人) 김병로(金炳魯: 1887~1964)는 법학을 공부한 사람이면 너무나 잘 알고 또 존경하는, 우리나라에서 '사법부 독립'의 전범(典範)을 이룩한 초대 대법원장이다. 그 후에 대법원장을 지낸 사람들은 대법원장을 지냈다고 말하기도 부끄러운 것이 우리의 슬픈 현실이다. 6·25가 발발해서 인민군이 서울로 쳐들어오자 김병로 대법원장은 남쪽으로 피난 가는 정부 차량에 황급하게 편승해서 간신히 화(禍)를 면할 수 있었다. 남로당 간부 김상룡과 이주하 등이 사형을 당하고 얼마 지나지 않아서 6·25가 발생했기 때문에 인민군은 한국 사법부의 수장인 김병로 대법원장을 체포해서 참살하려 했을 것이다. 6·25는 가인에게 아픈 기억으로 남아 있을 것인데, 무엇보다 사모님이 인민군에게 희생을 당했기 때문이다. 9·28수복이 되어 서울로 돌아온 가인은 향후 한국의 사법부를 이끌어 갈 인재로 생각했던 판사들이 피난을 가지 못하고 무더기로 납북당했음을 알고 탄식했다.

가인의 사모님이 어떻게 돌아가셨는지가 궁금했던 나는 김종인 박사님께 그것을 여쭈어볼 기회가 있었다. 가인이 혼자 황급하게 피난길에 오르시면서 남은 가족들은 전북 순창 고향으로 가 있으라고 하셨다고 한다. 예상과 달리 북한 인민군은 전라도를 쉽게 점령했는데, 이들은 순창에서 가인의 사모님을 체포해서 총살했다는 것이다. 가인을 체포하지 못한 인민군은 순창까지 뒤져서 사모님을 대신 참살했으니, 당시 열 살 소년이던 김종인 박사에게 그 사건은 평생을 두고 마음속 깊이 남아 있는 아픈 상처일 것이다. 2016년 김 박사님이 더불어민주당 비상대책위원장을 맡고 얼마 되지 않아서 지나가는 말로 "북한이 궤멸되어야 한다"고 했다가 한바탕 소동이 난 적이 있었다. 6·25의 경험이 그런 솔직한 말로 나타난 것이다.

나는 김종인 박사님이 노태우 정부에서 경제수석을 지낸 그 시절이 우리나라 발전의 기초를 세웠다고 생각한다. 이홍구 통일원 장관이 수립한 한반도 통일 방안, 김종휘 안보수석이 주도한 북방정책, 그리고 김종인 경제수석이 주도한 재벌정책이 그러하다. 김영삼 정권이 들어선 후 김 박사님이 겪게 됐던 수난에 대해 나는 남재희 전 장관님으로부터 들은 바가 있다. 분위기가 심상치 않음을 깨달은 남 전 장관님이 김영삼 대통령한테 직간접적으로 구명 노력을 했지만 안 되더라는 것이다. 김영삼 대통령 취임 전에 있었던 정치자금 관련 사건이었지만, 김영삼 대통령을 불편하게 해서 요샛말로 하면 '핀셋 기소'를 당했다는 것이다. 그런 연유가 있어서인지 김종인 박사님은 김영삼 대통령에 대해선 대단히 부정적이었다.

박근혜 한나라당 비대위 발족

한나라당 비상대책위원장이 된 박근혜 전 대표는 김종인 박사, 나, 이양희 교수, 이준석 등을 비대위원으로 선정했다. 이른바 친박 의원은 비대위에 포함시키지 않았고, 쇄신파인 김세연 의원과 주광덕 의원을 포함시켰다. 황우여 원내대표와 이주영 정책위 의장은 당연직 비대위 위원이었고, 권영세 의원이 새로 사무총장으로 임명됐다. 황우여 의원은 서울법대 선배였고, 이주영 의원은 동기, 그리고 권영세 의원은 후배였다.

비대위원 명단이 발표되자 김종인 박사와 나에 대해선 사퇴하라는 시위가 한나라당 당사 앞에서 일어나기도 했다. 그런 시비가 생기자 김종인 박사는 외부 비대위원은 총선에 불출마한다는 약속을 하자고 해서 그런 발표를 했다. 나는 비대위원으로 발표가 난 다음 날 MBN 방송에 나갔는데, 이언경 앵커가 그런 질문을 해서 나는 박근혜 위원장이 대통령이 되는 것을 원하고 총선에 비례대표 같은 것은 생각이 없다고 이미 발언한 상태였다.

박근혜 전 대표가 비대위원장이 되어 당사로 나오게 되자 당직자들은 반가워했다. 이명박 정권 시절 한나라당 지도부가 어떤 식으로 군림했는지 알 수 있었다. 당직자들은 당사 여기저기에 있던 4대강 사업 홍보물을 치워 그것이 뉴스에 나오기도 했다. 나는 박근혜 비대위원장이 대통령이 되기 위해선 이명박 정부와 차별화를 해야 한다고 생각했다. 그러기 위해선 이재오 의원 등 친이 핵심은 총선 불출마를 하거나 아니면 공천에서 배제하는 게 옳다고 믿었다. 그런 말을 조선일보 기자에게 한마디 했더니 크게 보도가 되어서 당이 며칠 동안 시끄러워지기도 했다.

총선을 앞둔 비대위원회는 공천권을 갖게 되기 때문에 친이 실세 용퇴론이 제기되자 이재오 등 친이계 의원들은 거세게 반발했다. 반면에 원내외 친박들은 숨죽이면서 나와 김종인 박사가 벌이는 대리전을 보고 있었다. 그런 와중에 1월 초 고승덕 의원이

2008년 한나라당 전당대회에서 돈 봉투가 돌았다는 폭로를 해서 친이계 책임론을 내세웠던 비대위원회의 입지가 강화되었다. 고승덕 의원이 무슨 생각으로 그런 폭로를 했는지는 그때나 지금이나 이해가 되지 않는다.

이런 과정을 거쳐서 비대위원회는 정강 정책을 손보고 공천 기준을 정하는 기초 작업을 했다. 당명을 새누리당으로, 로고는 어금니 비슷한 형상으로, 그리고 당을 상징하는 색깔을 빨강으로 바꾸었는데, 이는 전적으로 홍보위원장으로 영입된 조동원의 작품이었다. 여하튼 박근혜 비대위에선 하루가 멀다고 이런저런 뉴스가 쏟아져 나와서 민주당 관련 기사를 분량 면에서 압도해 버렸다. 아침 라디오 시사프로도 그러했다. 박근혜 비대위 관련 뉴스가 많기도 하고 재미가 있다 보니까 새누리당을 출입하던 진보 매체 기자들이 자기들 정체성을 잃어 버리겠다고 농담을 했다. 당시 민주당은 야권 성향 단체와 합치고 전국을 순회하면서 전당대회를 하고 있었는데, 뉴스에 별로 나오지도 못했다.

박근혜 비대위에 가장 적대적인 언론은 동아일보였다. 동아일보는 무슨 일만 있으면 박근혜 비대위를 비판하고 또 비난했다. 물론 동아일보가 4대강 사업을 적극 지지하고 그 출신이 이명박 청와대에 진출하는 등 이명박 정권과 친했다고 하더라도 총선이란 큰 싸움을 앞두고 시비를 거는 동아일보를 이해할 수 없었다. 그렇다면 동아일보는 민주당이 총선에서 이기기를 원했던 것인지, 지금도 이해가 되지 않는다. 한번은 아침 회의에 앞서 박근혜 위원장과 차를 같이했는데, 테이블 위에 놓인 동아일보 1면에 무

언가 우리를 안 좋게 쓴 기사가 있었다. 그것을 본 박근혜 위원장
은 "저 신문이 원래 그래요"라고 한마디 했다.

박근혜 비대위에 대한 당내 비판은 1월 중순에 있었던 비대위·
의원총회 연석회의를 계기로 잦아들었다. 회의라기보다는 비대위
원들을 앉혀 놓고 의원들이 발언하는 자리로서 부담스러웠다. 오
후에 네 시간은 족히 걸렸던 것으로 기억되는데, 김종인 박사는
다른 일정이 있다는 이유로 불참했다. 오랜 시간 동안 꼿꼿한 자
세로 앉아서 말 한마디 없이 경청하는 박 위원장의 모습이 인상적
이었다.

진수희 의원이 민주당 정동영 의원의 출판기념회에 참석한 김
종인 박사를 비난하는 등 듣기 거북한 발언이 나오기도 했다. 하
지만 이럴 때일수록 힘을 합쳐야 한다고 이야기한 의원도 있었다.
전재희 의원과 김영선 의원의 발언은 이해하기 어려웠다. 두 의원
은 "우리 당은 이미 국민으로부터 버림받아서 비대위고 뭐고 효
과가 있겠느냐?"는 식으로 탄식을 했다. 나는 그렇다면 탈당하거
나 불출마하면 되지, 왜 저런 말을 하나 싶었다. 4월 총선에서 두
사람은 공천은 받았지만, 민주당의 이언주, 김현미 후보에게 패배
했다. 네 시간에 걸친 '비대위 규탄대회'가 끝나자 박근혜 위원장
은 자리에서 일어나면서 나에게 "힘드시지요?"라고 말을 건넸다.
사실 그 말은 내가 했어야 맞는 것 같았다.

공천 룰과 비대위 정치쇄신분과 위원회

박근혜 비대위원회는 정책 분과와 정치 분과를 두었는데, 정책 분과는 김종인 박사가 위원장을, 정치 분과는 내가 위원장을 맡았다. 정치쇄신분과 위원은 주광덕·김세연 의원과 장훈·곽상진·가상준 교수로 구성했다. 정치쇄신분과는 공천 룰을 정해야 하기에 많은 관심을 받았다. 정치쇄신분과 위원회에 참여한 교수들은 전적으로 오픈 프라이머리를 통해 상향식 공천을 해야 한다고 주장했다. 하지만 의원들은 아무래도 정치 현실을 고려해서 어떤 기준을 미리 정하고 나서 상향식 공천을 선택적으로 적용하는 방식을 선호했다. 또 교수 위원들은 현역 의원을 평가해서 하위 순위 의원을 공천에서 탈락시키자고 강력히 주장했다. 이렇게 해서 나온 제안이 비례대표 의원의 우세지구 공천 금지, 우세지구 현역의원 3선 금지, 현역의원 평가를 통한 공천 배제였다. 여기서 우세지구는 서울의 강남 3구와 분당, 그리고 대구, 경북 지역구였다. 그런데 우세지구 3선 배제는 채택되지 못하였고, 나머지 두 방안은 시행하도록 의결하였다. 이렇게 해서 18대 비례대표 의원들이 강남, 서초, 분당에 서로 나가겠다고 다툼을 하는 모습이 일거에 정리됐다.

현역의원 평가와 하위 25% 컷오프는 그것을 어떻게 시행하느냐를 두고 논란이 많았으나 결국 시행하게 됐다. 그러나 여의도 연구소가 단 한 번의 여론조사로 이를 결정했기 때문에 과연 얼마나 정확한지는 자신할 수 없었다. 그러나 이런 새로운 시도를 한다는 것 자체가 쇄신의 움직임으로 평가됐던 것도 사실이다. 나중에 현역의원 컷오프에 걸려서 공천이 배제된 현역 의원들이 항의하는 일도 있었지만 재론할 시간적 여유도 없이 공천 작업은 진행되었다. 김무성 의원이 뜻밖에 25% 컷오프에 걸려서 탈락했는데, 김 의원은 이의를 제기하지 않았다. 박근혜 위원장과 껄끄러운 관계였던 전여옥 의원과 진수희 의원은 컷오프에선 살아남았으나 해당 지역구가 전략공천 지구로 지정되어서 탈락하고 말았다. 권영세 사무총장이 악역을 담당한 것이다. 돌이켜보면 현역 의원을 여론조사로 평가한 결과를 유권자가 참조하는 것은 모르겠으나 그것을 공천 배제의 기준으로 삼는 것이 적절한지는 생각해 볼 점이 많다.

2012년 총선, 새누리당 예상을 깨고 152석 달성

2012년 대선에 앞서 치러진 4·11 총선에서 새누리당은 경제민주화, 복지 확대, 정치 쇄신을 내걸었고, 민주당은 통진당과 연합해서 정권 심판을 내걸었다. 말하자면 새누리당은 새 비전을, 야당은 식상한 심판을 내건 셈이다. 하지만 공천심사는 역시 말도 많고 탈도 많았다. 강남, 서초와 비례대표 공천 결과를 보고 실망한 김종인 박사는 선대위가 발족할 시점에 비대위원직을 사퇴했다. 마지막 순간에 발표된 비례대표, 강남, 서초, 그리고 대구 공천은 석연치 않은 구석이 많았다. 강남과 서초는 우여곡절이 많았고 비례대표도 처음에는 명단에 있었던 함승희 변호사가 빠지는 등 무언가 진통이 많았다. 대구도 의성·군위 경선에서 탈락한 사람이 전략공천이 되는 등 납득하기 어려운 점이 많았다. 이런 데에 실망한 나에게 홍사덕 의원은 "쌀이 세 가마니면 뉘가 한 됫박이 나오는 법이니까 너무 상심하지 말라"고 달랬다.

김종인 박사님이 비대위원직을 그만두니까 나도 동반 사퇴할 것이라는 기사가 나왔지만 나는 그럴 생각은 없었다. 나도 강남, 서초와 비례 공천에 대해선 불만이 있었지만 그건 당락에 영향을 미치는 공천이 아니었고, 무엇보다 나는 박근혜 비대위원장을 곤란하게 할 생각은 없었다. 그래도 혹시나 해서였는지 김세연 의원을 통해서 박 위원장은 "나를 믿는다"는 말을 전하기도 했다.

공식적인 선거운동이 시작되기 바로 전날, 박근혜 위원장은 비대위원들과 삼성동 식당에서 저녁을 같이했다. 그 자리에서 박 위원장은 "교수님도 지원 유세를 좀 도와주세요"라고 부탁했다. 사실 그렇지 않아도 여기저기서 부탁이 있었고, 당 차원에서도 부산의 손수조, 김도읍 후보 지원 계획 등을 마련해 놓고 있었다. 손수조와 김도읍은 문재인, 문성근 두 거물 후보에 대항하기 위해 내놓은 카드였다.

선거 당사자한테는 2주의 선거운동 기간이 무척 길게 느껴지는데, 여러 지역구를 다니다 보면 어느 정도는 당락 여부를 느낄 수 있었다. 새누리당 붉은 점퍼를 입고 30, 40대 젊은 엄마들이 모여 있는 곳을 가면 이들의 차가운 눈길을 피부로 느낄 수 있었다. 특히 서울 외곽 지역의 새 아파트가 많이 들어선 곳이 그러했다. 반면 대구, 경북 지역에 가면 50, 60대 아주머니들 사이에서 나는 일종의 연예인 같은 존재였다. 나는 그때 앞으로 몇 년 사이에 아파트 단지에 사는 30, 40대의 마음을 돌려놓지 못하면 박근혜 이후의 새누리당은 집권이 어려울 것이라고 생각했다.

이렇게 해서 2주간의 유세 일정이 시작됐다. 처음에는 마이크를 잡고 유세하는 게 어색했지만 두어 번 해보면서 요령도 알게 되었고, 나를 알아보는 사람들이 있어 효과가 있었다. 당시에 나는 현직 교수였고 학기 중이어서 간신히 강의만 하고 유세장을 누볐다. 홍사덕 의원이 출마한 종로를 위시해서 의정부, 오산, 수원 등 수도권뿐 아니라 무소속 후보가 출마했던 진주와 문경·예천, 격전지인 부산 등 여러 곳을 누비면서 지원 유세를 했다. 현직 교수가 이렇게 해도 괜찮은지는 나 자신도 미심쩍었지만, 당시는 그런 것에 신경을 쓸 상황이 아니었다. 무슨 일이 있어도 140석 정도는 해야 한다는 생각뿐이었다.

총선 당일 투표를 하고 6시 출구 조사 발표에 맞추어 당사로 향하던 중에 박근혜 위원장으로부터 전화가 왔다. 지원 유세를 많이 해 주어서 고맙다는 말을 하기 위해서였다. 선거운동 기간 중 박근혜 위원장은 좌파니 뭐니 하는 이야기를 하지 않았다. 어느 후보가 민주당을 좌파라고 비난하자 직접 전화를 걸어서 경고하기도 했다. 민주당 지도부가 한미 FTA를 반대하는 시위를 하고 일단의 민주당 후보들이 제주까지 내려가서 해군기지 반대 시위를 하자 "말을 바꾸는 사람들에게 나라를 맡길 수 없다"고 점잖게 비판했다. 한미 FTA와 제주 해군기지는 노무현 정권이 추진한 사업이었다. 그 대신 진보의 전유물이던 경제민주화와 복지를 하겠다고 했고, 야당과 협치를 하기 위해 국회선진화법을 통과시키겠다고 약속했다. 그리고 예상을 뒤엎고 과반수 의석이 넘는 152석을 차지하는 성공을 거두었다. 나는 지금도 2012년 총선에 대해 작은 자부심을 느낀다.

나중에 알게 됐는데, 새누리당 여의도 연구소 자체 조사도 140석을 못할 것이라고 보았다고 한다. 그리고 140석이 안 되면 총선은 패배라면서 김문수, 이재오 등 비박 대권 주자들이 박근혜 비대위원장의 사퇴를 요구할 예정이었다고 한다. 그래서 총선 당일 저녁 출구 조사 결과 발표를 앞두고 당사를 떠나던 박 비대위원장의 표정이 어두웠다. 그러나 과반이 넘는 152석을 달성하자 그다음 날 박근혜 비대위원장은 환한 모습으로 당사 기자실에 나와서 기자들과 일일이 악수를 했다. 그날 한명숙 민주당 대표는 총선 참패 책임을 지고 사퇴했다.

새누리당의 총선 공약이었던 국회선진화법

국회선진화법이라고 불리는 국회법 개정은 박근혜 대통령의 작품이었다. 18대 국회는 미디어법 개정, 4대강 사업 예산 등을 두고 여야 간에 물리적 충돌이 많았다. 이명박과 차별화를 내세운 박근혜 비대위원장은 국회 개혁 차원에서 이 문제에 접근했다. 내가 위원장을 했던 비대위 정치쇄신분과에서 이 사안을 다루었는데, 실제론 김세연 의원이 추진했기에 '김세연법'이라고 할 만하다. 그때 우리는 이런 이야기를 했다. 총선에서 새누리당이 140석 정도 할 것이라서 어차피 야당과 협의하지 않으면 입법이 어려울 것이기에 선진화법이 협치(協治)의 계기가 될 것으로 보았다. 또한 이런 숨은 고려도 있었다. 추후에 새누리당이 대선에서 패배하더라도 120석만 지키면 민주당 정권이 들어선다고 해도 제멋대로 법률을 만들거나 개정하지 못할 거라는 생각이 있었다.

2004년 총선에서 박근혜 대표가 이끌던 한나라당은 탄핵 역풍 속에서도 121석을 확보했다. 그러니까 새누리당이 120석도 못하는 경우는 불가능하다고 보았으며, 선진화법이 있으면 야당을 해도 버틸 수 있다고 본 것이었다. 노무현 정권 당시 한나라당이 총력을 다해서 반대했던 것이 국가보안법 개정, 사학법 개정, 그리고 수도 이전이었다. 수도 이전은 헌법재판소가 위헌으로 판시해서 막아졌고, 사학법과 국가보안법 개정은 박근혜 대표가 장외투쟁으로 간신히 막아 냈는데, 선진화법이 있으면 국회에서 막아 낼 수 있다는 계산이었다.

그런데 총선에서 152석을 얻어서 단독 과반수를 달성한 것이다. 그러자 이재오, 정의화 의원 등 비주류 의원들이 반대 의사를 표명하고 나섰다. 하지만 약속을 지키는 정치인임을 내세우는 박근혜 위원장은 이 총선 공약을 지키고자 했다. 그런데 당시 야당이던 민주당은 이 법이 고맙지만은 않았다. 왜냐면 패스트트랙 지정 후 180일이 지나면 본회의 상정이 가능하게 되어 있었기 때문이다. 그렇다면 과반수 의석을 차지한 새누리당은 패스트트랙 지정 후 6개월만 지나면 무슨 법안이든 본회의에 상정시켜 통과시킬 수 있기 때문이다. 그래서 당시 민주당 원내대표이던 김진표 의원은 180일을 360일로 바꾸어 통과시키자고 했다.

그 상황에선 새누리당은 선진화법이 구태여 필요하지도 않았는데, 약속을 지키기 위해 야당과 기간을 연장하는 협상을 하게 된 것이다. 당시 새누리당 원내대표이던 황우여 의원이 전당대회 출마를 앞두고 있었던 탓도 있었겠고, 총선 승리로 들떠 있었는지 어쨌는지 330일로 타결을 보았다. 이렇게 해서 야당 안에서 겨우 한 달 깎은 '슬로(slow)트랙'이 되고 말았다. 그리고 18대 국회 마감을 앞둔 마지막 본회의에서 선진화법이 통과됐는데, 야당 의원들은 모두 찬성했고 새누리당에선 정의화, 이재오 등 비박계 의원들이 반대표를 던졌다. 여하튼, 이로써 박근혜 비대위원장은 약속을 지키는 정치인, 협치할 미래의 대통령으로 이미지를 확고히 할 수 있었다. 이렇게 해서 의장이 법안을 직권상정해서 과반수 의결로 벼락같이 통과시키던 집권당의 독주는 어렵게 됐다.

하지만 박근혜 정부가 들어서도 협치는 이루어지지 않았고 소수 야당의 반대에 무력해진 새누리당은 매사를 선진화법 탓으로 돌렸다. 그러더니 2016년 총선에서 선진화법 폐지를 공약으로 내세웠다. 말하자면 자신들이 만든 법을 비난하고 나선 꼴이었다. 2016년 총선 결과 새누리당은 122석을 차지해서 민주당에 1석을 졌다. 호탕하게 국회선진화법 폐지를 공약으로 내걸었던 게 우습게 되어 버렸다. 20대 국회 임기가 시작되기 며칠 전 헌법재판소는 새누리당이 선진화법이 위헌이라면서 제기한 권한쟁의 소송에 대해 각하 결정을 내렸다.

만일 그때 헌재가 새누리당을 지지해서 선진화법이 위헌이라고 결정했으면 새누리당·자유한국당은 정말 큰일 날 뻔했다. 새누리당은 그들이 폐지하겠다던 선진화법에 매달려야 하는 상황에 처한 것이다. 330일이라는 긴 시간 때문에 도무지 쓰일 것 같지 않던 패스트트랙 절차는 20대 국회 들어서 환경노동위원회가 처음으로 가동시켰고, 2020년 총선을 앞두고 민주당이 정당명부제 선거법안과 공수처법안을 통과시키는 데 사용해서 큰 파문을 빚었다.

문재인 후보의 대항마였던 청년 세대 손수조

2012년 총선에서 부산 민심은 새누리당에게 만만치 않았다. 부산 저축은행 사태로 여론이 안 좋았고 믿거나 말거나 식으로 현직 의원들 이름이 떠돌아다녔다. 당시 민주당은 부산에 문재인 후보 외에도 문성근 씨가 출마를 선언했는데, 여기에 나갈 만한 마땅한 후보가 없었다. 여의도연구소가 몇몇 사람을 넣어 여론조사를 해보았는데, 누구를 넣어도 두 후보를 이길 수 없는 것으로 나왔다고 들었다. 그런 고심이 깊어 가던 중 나의 이메일로 자기가 이화여대를 나온 아무개라면서 자기만이 부산에서 문재인 후보를 꺾을 수 있다는 내용의 편지가 들어왔다. 손수조가 보낸 이메일이었다. 그래서 이렇게 전달받은 손수조의 이력서와 출마의 변(辯)

을 조동성 인재영입위원장과 김세연 의원에게 전달했는데, 그 후 논의가 급진전됐다. 언론에 손수조라는 이름이 흘러나가자 MBC 라디오 〈시선 집중〉에서 손석희 교수가 나한테 "손수조를 좋은 후보로 생각하느냐?"고 질문해서 나는 "매우 훌륭한 후보로 본다"고 답했다.

훌륭한 후보이냐 어떠냐를 떠나서 새누리당의 입장에서는 일단 언론의 주목을 사는 데 성공했다. 당시 민주당은 청년 비례대표를 뽑는다고 해서 새누리당도 2030 후보를 선보여야 할 상황이었는데, 스스로 걸어 들어온 손수조는 그런 역할을 하기에도 너무나 좋았다. 언론은 부산에 출마한 야권 거물 문성근보다 손수조를 더 주목했다. 그것만으로도 새누리당의 입장에서는 성공이었다. 이렇게 언론의 주목을 받은 손수조는 부산 선거 전체에 영향을 주었다. 예상외로 문재인 후보는 자기 지역구인 사상구에 묶여 있어서 부산의 다른 지역구 선거에 도움을 주지 못했다.

문성근 후보에 대응해서는 알려지지 않은 검사 출신 김도읍 후보를 내세웠는데, 처음에는 열세였으나 선거일에 다가갈수록 추격해서 당선되었다. 김도읍이 당선됨에 따라 새누리당은 부산에서 문재인 후보에게만 의석을 내주는 데 그칠 수 있었고, 이 같은 부산에서의 승리가 총선 승리와 대선 승리로 이어졌다고 할 만하다.

문제는 그 후이다. 비대위원으로 영입된 이준석과 문재인 후보의 대항마였던 손수조는 2012년 총선을 앞두고 새누리당이 전략적으로 발탁한 청년 정치인이었다. 박근혜 정부가 들어선 다음에는 두 사람을 청와대 비서실에 채용해서 국정이 돌아가는 것도 배우게 한 후 다음 선거에 나갈 수 있는 이력과 능력을 갖추도록 해 주었어야 했다. 하지만 박근혜 청와대는 그런 생각을 하지 않았다. 손수조는 근처에도 못 간 박근혜 청와대 비서실의 그 많은 정무직 자리에 누가 들어갔는지 나는 알지 못하지만, 그런 꼴로 하더니 정권이 무너지고 푸른 집에 있던 사람들이 줄줄이 큰집을 가고 말았다.

박근혜 위원장의 대변인을 자청한 조윤선

내가 조윤선 전 장관을 처음 만난 때는 2012년 총선 전에 MBC가 시도했던 '손바닥 TV' 프로에서였다. 최일구 기자가 사회를 보고, 민주당 이미경 의원, 유시민 작가, 조윤선 의원 그리고 내가 참석했던 프로였다. 당시 조윤선 의원은 서초에 출마하려고 했으나 비대위원회가 비례대표 의원 강남 3구 등 우세지구 공천 금지를 원칙으로 내세워서 무산되어 버렸다. 그런 후 조 의원은 종로에 출마를 선언하고 사무실을 내고 열심히 활동했다. 당시 종로는 박진 의원이 출마를 포기했고 민주당은 4선인 정세균 의원이 출마를 선언한 상태였다. 그런데 막판에 무슨 이유에서인지 홍사덕 의원이 종로로 전략공천을 받았다.

갈 길을 잃어버린 조 의원이 하루는 나를 잠시 보자고 했다. 그러면서 조 의원은 자기가 박근혜 위원장의 대변인을 하면 어떻겠냐고 하면서 나한테 물어봐 달라고 했다. 그즈음 박근혜 위원장은 자기를 수행할 여성 대변인을 구하고 있었다. 중앙 언론의 어느 여기자가 물망에 올랐는데, 그게 잘 안 되어서 마땅한 사람이 없는 상황이라는 것을 나는 알고 있었다. 그래서 비대위 회의가 끝난 후 박근혜 위원장에게 조윤선 의원이 대변인을 했으면 한다고 했더니 박 위원장이 마침 잘됐다는 표정을 지었다. 그다음 날 조의원은 대변인으로 발령이 나서 대통령 선거까지 박근혜 위원장을 수행하면서 고생을 많이 했다.

조윤선 의원은 대변인을 하면서 혹시 비례대표를 한 번 더 할수 있는지도 알아봐 달라고 부탁했는데, 그것은 애당초 불가능한 것이라서 나는 말도 안 꺼냈다. 그 후 이런저런 일로 연락하거나 만나면서 우리는 대선까지 갔고, 조윤선은 대선 후 인수위 대변인을 거쳐서 여성부 장관으로 입각을 했다. 그 후 정무수석으로 청와대를 들어갔는데, 김기춘 실장 아래에서 일한다는 것이 편치 않을 것이라고 나는 생각했다.

2014년 11월, 나는 모친상을 당했는데 청와대 정무수석이던 조윤선이 자신의 명의로 조화를 보내 주었다. 20대 국회 들어서서 문화부 장관이 된 조윤선을 국회에서 만나곤 했는데, 문화부 블랙리스트 때문에 고생이 많을 때였다. 블랙 리스트는 잘못된 처사이지만 과연 그 일이 직권남용이란 범죄를 구성하는지는 의문이고, 그렇게 기소하고 항소해서 사람을 그토록 고생하게 만들어야 하는지도 의문이다.

2012년 4월 총선 후 나에 대한 언론의 반응

2012년 총선에서 새누리당이 과반수 의석을 차지하게 될 것으로 예상했던 정치평론가는 한 명도 없었고, 여론조사 기관도 마찬가지였다. 그만큼 성공적이었다. 하지만 이른바 보수신문은 자신들의 예측을 뒤엎은 성공이 못마땅했는지 시큰둥한 반응이었다. 박근혜 비대위에 대해 특히 시비를 많이 걸었던 동아일보는 별로 반가워하지 않는 모양이어서, 나는 속으로 저 사람들은 민주당이 승리하기를 원했나 보다고 생각했다. 박근혜 비대위 때문에 새누리당과 보수가 망할 것이라고 악담을 하던 극우 성향 인터넷 신문이나 논객들도 할 말이 없기는 마찬가지였으니, 그들의 무지함이 드러난 것이다. 박근혜 비대위원장이 그런 것을 무시해서 성공했다고 나는 확신했다.

총선이 끝나고 여기저기서 인터뷰를 하자고 해서 응했는데, 이른바 진보 언론으로부터 과분한 평가를 받았다. 이들의 평가가 맞는다면 나는 총선에서 진보 세력에 패배를 안겨 준 셈인데, 이들이 오히려 나를 높이 산 것이다.

박세열 기자가 쓴 2012년 4월 19일 자 〈프레시안〉 인터뷰 기사는 이렇게 시작했다.

"학자적 양심에 따라 이명박 대통령의 4대강 사업을 강하게 비판했던 이 교수가 한나라당(지금의 새누리당)의 비상대책위원으로 발탁된 것은 일대 사건이었다. 〈조선일보〉와 각을 세우기도 마다하지 않는 그의 '강성' 이미지 때문에 우려하는 목소리도 있었다. 보수 진영 내 가장 신랄한 MB 비판자였던 그는 한나라당이 새누리당으로 바뀌는 과정 속에서 누구도 얘기하지 못했던 '과거 청산'을 적극 설파했다. MB 정부 실세 이재오 의원을 정면 겨냥했고, 당이 왼쪽으로 좀 더 움직여 중간 지대에 서야 한다고 역설했다. 결과는 새누리당의 총선 승리로 나타났다. 이상돈 교수가 이번 승리의 1등 공신이라는 점은 아무도 부인하지 못한다. 그는 〈프레시안〉과 인터뷰에서 총선 승리 이후에도 이명박 정부의 나쁜 과거와 단절해야 한다고 거듭 강조했다."

2012년 4월 30일 자 〈한겨레 21〉은 '정신적 귀족주의자의 길'이란 제목으로 나의 인터뷰 기사를 실었다. 고나무 기자가 쓴 기사의 마지막 부분은 이러했다.

"가족사로만 보면 이상돈 교수는 보수정당과 거리가 멀다. '대학 3학년 때 유신이 있었습니다. 1971년 사법부 파동도 있었죠. 우리 같은 서울 토박이들은 민주당 지지 아닙니까. 우리 서울 사람은 이승만·박정희를 찍어본 적이 없습니다. 협의의 서울인 종로에서 유진오·윤보선이 국회의원 한 것 아닙니까.' 그가 '우리 서울 사람'이라는 표현을 쓸 때 문득 (외조부인) 고희동 화백을 떠올렸다. 수도에서 태어나 당대 최고의 교육을 받은 엘리트였지만 죽을 때까지 일제와 이승만 독재에 반대했고, 그렇다고 사회주의자도 아니었던, 어떤 태도의 완고함을 말이다. 이 교수는 '양반 의식'이라는 단어도 썼다. 그는 이명박 정권에 대해 '거대한 엽관 정부'라고 표현한다. 거침없다. 이런 수사학의 행간에서 이성, 법치, 도덕적 품격을 강조하는 태도의 보수주의를 냄새 맡았다."

보수언론 중에선 〈주간동아〉가 총선이 끝난 후 나를 인터뷰했다. 그 시절 동아일보는 항상 친이(親李) 입장에서 기사를 쓰고 칼럼을 게재해서, 나는 '동아 사람들은 민주당이 집권하는 모습을 보고 싶어 하나'라고 생각했었다. 동아일보는 4대강 사업을 열렬히 지지했고, 그와 관련해서 나를 비판하는 사설까지 썼다. 당시 동아일보 논설위원실에서는 정성희 위원이 환경 관련 사설과 칼럼을 썼는데, 내가 4대강 사업에 반대하는 운동을 시작하자 정 위원은 당시 주필에게 자기는 이상돈 교수와 잘 알기 때문에 4대강 관련 사설을 쓰지 못하겠다고 해서 다른 위원이 4대강 사업을 지지하는 사설을 썼다고 한다.

4대강 사업과 이명박 대통령에 대한 애정 때문인지 모르지만, 동아 계열 매체는 박근혜 비대위원회를 처음부터 틈만 나면 비난했다. 그래서 나는 그 계열 언론과는 인터뷰를 회피했다. 총선이 끝나고 〈주간동아〉 조성식 기자가 내가 인터뷰를 사양했음에도 학교 연구실로 밀고 들어와 인터뷰를 해서 2012년 4월 30일자 〈주간동아〉 835호 기사로 나왔다.

내가 이명박을 비난하는 데 대해 조성식 기자는 이명박을 "국민이 선택하지 않았나"라고 물어서 나는 "잘못된 선택이니 대가를 치러야지"라고 웃으면서 답했다. 또 "그는 (선거법 위반과 관련해) 증인을 해외에 도피시킨 혐의로 유죄판결을 받고 의원직을 사퇴했던 사람이다. 법치에 대한 개념이 없다"고 답했다. 조 기자가

"BBK 사건을 어떻게 보나. 정권 바뀌면 재수사하지 않겠나"고 물어서, 나는 "계기가 생길 거다. 야권에서 문제를 제기하지 않겠나. …… 2007년 대선 자체를 부정하는 상황이 올지 모른다"고 했다. 야당 대선 후보에 대해 물어서 나는 "문재인 고문이 유력하다. 하지만 안철수 원장과 단일화하지 않을 거다. 안 원장이 문 고문을 지지한다든지, 무소속으로 나올 가능성은 있다"고 했다.

2020년 10월 29일, 대법원은 이명박에 대해 징역 17년과 벌금 130억 원, 추징금 57억 8천만 원을 선고한 원심을 확정했다. 대법원은 1, 2심과 같이 다스의 실소유주가 사실상 이 전 대통령이라고 확인했다. 이명박은 다스의 회삿돈 349억 원을 횡령하고 다스의 미국 소송비 119억여 원 등 163억 원 상당의 뇌물을 삼성전자 등으로부터 받은 혐의로 재판을 받아 왔다. 대법원이 다스가 이명박 소유임을 인정했기에 2007년 대선에서 논란이 됐던 BBK도 이명박 소유임은 이제 법적으로 확인됐다. 이명박이 거짓말을 하고 있다고 주장했던 박영선 의원과 이장춘 전 대사가 진실을 이야기했던 것이다. 이렇게 되면 2007년 대선 당시 이명박은 대통령 후보 자격이 아예 없었다는 말이 된다. 그야말로 2007년 대선이 부정되는 상황인 셈이다. 2007년 대선 전후로 이명박에게 면죄부를 주었던 검찰과 특검의 민낯도 12년 만에 드러나고 말았다.

〈주간동아〉에 실린 나의 인터뷰 기사는 나를 곤란하게 만들려는 의도가 있었다. 제목을 '2007년 대선 부정하는 상황 올 수도'라고 선정적으로 붙인 것부터가 그랬다. 실제로 이 기사를 보고서 청와대 쪽에서 너무 심하지 않느냐는 말이 돌고 돌아서 나에게 전달됐지만 나는 그냥 흘려듣고 말았다.

성공적으로 임무를 마친 박근혜 비대위 고별 오찬

박근혜 비대위원회의 임기는 5월 15일 전당대회까지였다. 5월 초로 기억되는데, 통상적인 안건을 처리하기 위해서 국회 회의실에서 비대위원회가 열렸다. 기자들과 점심을 마치고 급히 가느라 회의실에 숨이 가쁘게 도착해서 얼굴이 붉어졌던 것 같았는데, 회의실에 들어온 박 위원장은 "점심때 한잔하셨어요?" 하고 웃으면서 농담을 건넸다.

전당대회가 열리기 며칠 전에 국민일보 빌딩에 있는 중국음식점에서 비대위 고별 오찬이 있었다. 참으로 즐겁고 유쾌한 자리였고, 박근혜 위원장도 얼굴에 미소가 만발했다. 우리 중 누군가 "비대위 전성기를 열었다"고 농담을 건넸는데, 박 위원장은 처음에는 잘 알아듣지 못했다. 민주당과 통진당 모두 당 대표가 사퇴하고 비대위 체제로 들어갔기 때문에 새누리당이 전당대회를 여는 5월 15일까지는 모든 정당이 비대위 체제라고 덧붙이자 박근혜 위원장은 유쾌하게 웃었다. 그 자리에서 박근혜 위원장은 비대위원들에게 감사패를 전달했는데, 내가 대표로 받았다. "어려운 시기에 비상대책위원을 맡으셔서 당을 위해 헌신해 주신 이상돈 비상대책위원님께 감사패를 드립니다"라고 쓰여 있는 감사패였다.

5월 15일 새누리당 전당대회가 열리면서 역사상 가장 성공적이었던 비대위는 임무를 마치게 됐다. 전당대회는 황우여 의원을 당대표로, 그리고 이혜훈 전 의원 등을 최고위원으로 선출했다. 일산 킨텍스에 투표하러 온 대의원들은 모두 즐거운 표정이었고, 많은 사람이 나에게 수고가 많으셨다고 인사를 했다. 최고위원 투표에서 홍문종 의원이 떨어지고 심재철 의원이 당선된 것은 이변이었다. 홍문종 의원이 연설할 때 자기가 하버드에서 박사를 하고 대학 총장도 했다는 등 쓸데없는 말을 해서 떨어졌다는 생각이 들었다. 정치인은 항상 겸손해야 하는 법임은 아무리 강조해도 지나침이 없을 것이다.

제8장

2012년

제18대 대통령 선거

출발부터 이해하기 힘들었던 박근혜 캠프

2012년 4월 총선은 그해 12월 대선으로 가는 중간 역이었다. 많은 사람이 박근혜 의원이 차기 대통령으로 유력하다고 보았고, 나 역시 그렇게 생각했다. 하지만 선거에는 수많은 변수가 있어 긴장의 끈을 놓을 수 없었다. 5월 15일 전당대회가 끝나고 한 달 남짓 지난 6월 말, 박근혜 전 대표는 강남의 한 호텔 회의실에서 캠프 참여자 회의를 열었다. 김종인, 홍사덕, 김광두, 윤상현, 최경환, 조윤선 등 여러 사람이 참석했다. 간단한 덕담 후에 의견을 나누는 시간이 있었는데, 김광두 교수가 박 전 대표에 대해 "소통이 잘 안 된다는 이미지가 강하다"고 쓴소리를 했다. 그랬더니 박 전 대표가 정색하면서 "내가 얼마나 전화도 많이 하고 그러는데요" 하고 불쾌한 표정을 지었다. 회의가 끝나고 김종인 박사가 "그런 말도 자리를 봐 가면서 해야지" 하셨다. 19대 국회에 진입하지 못해서 국회 사무실을 비워야만 했던 조윤선은 나에게 보좌진 뒷감당하느라 혼났다고 이야기했다.

나는 그 미팅에서 무엇이 잘못되고 있음을 느꼈다. 무엇보다 권영세와 함승희가 보이지 않았다. 17대와 18대 의원을 하고 박근혜 비대위에서 사무총장으로 공천 실무를 책임졌던 권영세는 서울법대 후배이고, 검사 출신이라서 추진력이 있는 인물이었다. 함승희는 나와 서울법대 동기생이고 검사 출신이고 17대 의원을 지냈고 '오래포럼'을 운영해 왔는데, 오래포럼은 박근혜 전 대표가 직접 참석했던 박근혜 지지 모임이었다. 함승희는 2012년 4월 총선 공천 마지막 순간까지 비례대표 당선권 명단에 있었다가 막판에 이름이 없어졌는데, 총선 후에 오래포럼 모임을 팔레스호텔에서 크게 열어서 주목을 받았다. 돌이켜보면, 검사 출신으로 이른바 측근 세력을 견제할 수 있는 두 사람이 캠프에서 빠져 버렸을 때부터 무언가 잘못되기 시작한 것이다.

그리고 7월 초, 박근혜 전 대표는 여의도 대하빌딩에 캠프 사무실을 공식적으로 열었다. 새누리당 대선 후보 경선 캠프이지만 사실상 대선까지 이어질 것으로 예상해 어떻게 구성되는가에 사람들의 관심이 많았다. 김종인 박사와 홍사덕 전 의원이 캠프의 공동선대위원장을 맡았다. 나와 관련해서는 5월까지만 해도 박근혜 후보의 메시지도 관리하는 등 중요한 직책을 맡을 것이라는 소문이 있었지만, 나는 전적으로 박근혜 전 대표의 뜻에 따른다는 생각이었다.

나에게는 정치발전위원이라는 조금은 어색한 지위가 주어졌다. 정확히 무엇을 하는 위원회인지도 불분명했다. 기자들도 의아해했는데, 권영세와 함승희가 배제된 것과 같은 맥락이라고 나는 생각했다. 얼마 후 박 전 대표는 나한테 경선 토론 때 나올 수 있는 질문에 대해 답을 만들어 달라고 했다. 그래서 5·16, 10월 유신, 인혁당 판결, 정수장학회 등에 대한 답변을 만들어서 전달했다. 요약하자면, 5·16은 그 후의 국가발전과 더불어서 역사의 평가에 맡길 것이며, 10월 유신은 헌정을 중단시킨 잘못된 처사이고, 인혁당 판결은 잘못된 것으로 재심에서 판정이 난 만큼 피해자들에게 죄송하게 생각하며, 정수장학회는 독립된 법인이기 때문에 어떻게 할 수는 없으나 국민 정서를 고려하여 가능한 일을 찾아보겠다는 정도의 답변이었다.

새누리당 대선 후보 경선에는 이재오와 김문수가 출마할 것으로 예상했기에 이런 질문이 나올 것이 분명했고, 이런 문제를 깨끗하게 털어 내야 대선 본선이 무난할 것으로 생각했다. 나는 몇몇 사람이 모인 자리에서 인혁당 피해자 유가족들한테 먼저 사과의 뜻을 전해야 하지 않겠는가고 이야기하기도 했는데, 모두 그 문제는 거론하기를 부담스러워했다. 나는 먼저 사과하지 않으면 나중에 억지로 사과해야 하는 일이 생길 것이라 생각했다.

대하빌딩에 캠프라고 있었지만 나는 회의가 있을 때만 들렀다. 어느 날 무슨 일로 캠프 총괄본부장인 최경환 의원을 찾아간 적이 있었는데, 안종범 의원과 수행비서를 하던 안봉근이 함께 있었다. 그런데 안봉근과 최경환이 서로 말을 놓는 투로 이야기하는 것을 보고 놀랐다. 그래서 홍사덕 전 의원한테 이런 이야기를 했더니 깜짝 놀라고 기막혀했다. 문재인 정권 들어서 최경환, 안종범, 안봉근 세 사람은 모두 큰집 신세를 지고 말았다. 나는 박근혜 대통령이 최-안-안에 의존해서 그 모양이 됐다고 생각한다.

7월 10일에 박근혜 전 대표는 영등포 타임스퀘어에서 대선 출마 선언을 하고 공식 선거운동에 들어갔다. 영등포 타임스퀘어에서 열린 대선 출마선언식은 성황을 이루었다. 총선 때부터 대변인으로 박 전 대표를 수행한 조윤선 전 의원이 사회를 보았는데, 무척 깔끔하게 진행을 했다. 대선 출마를 선언했던 정몽준, 이재오 의원은 완전 국민경선 요구가 받아들여지지 않자 보이콧을 선언했고, 김문수 전 지사, 임태희 전 의원, 김태호 의원 그리고 안상수 전 인천시장이 경선에 참여했다. 대선 후보는 박근혜 전 대표가 당연히 되는 것이라서 5년 전 악몽 같은 것은 생각할 필요가 없었으나 맥 빠진 경선은 그 자체가 문제라면 문제였다.

7월 26일 광주를 시작으로 전국을 순회하면서 연설회를 가졌고, 8월 20일 일산 킨텍스에서 열린 후보지명 전당대회에서 박 전 대표는 정식으로 새누리당 대통령 후보가 됐다. 나는 박근혜 전 대표를 지지하는 팬클럽 회원들과 함께 경선 토론회 모든 일정에 참석했다. 누가 시켜서가 아니라 자신들이 회비를 내서 버스를 빌려 먼 거리를 마다하지 않고 참석해서 자리를 메우고 응원하는 팬클럽 회원들이야말로 박 전 대표가 갖는 최대의 강점이었다.

유력 대권 후보로 떠오른 안철수

내가 2011년 말 박근혜 비대위의 비대위원이 됐을 때부터 안철수는 중대한 변수였다. 서울시장 후보를 박원순에게 양보하자 언론은 대단히 흥분했다. 새 정치를 내세운 안철수가 단순한 '현상'의 주역을 넘어서 정치적 인물이 되는 순간이었다. 그러나 나는 안철수 현상은 현상이고 실제 정치판에 들어오면 상황은 다를 것으로 생각했다. 박원순과의 단일화도 그것을 기획한 움직임이 있는데, 안철수가 거기에 휘말렸다고 생각했다.

2002년 대선 때 정몽준과 노무현의 단일화도 정몽준 후보가 착각하고 그런 움직임에 휘말렸다고 생각한다. 나는 2011년 서울시장 보궐선거를 앞두고 안철수가 양보한 것도 페이스에 말렸다고 보았다. 그런 점에서 나는 정치는 미우나 고우나 정당을 떠나서는 존재할 수 없고, 정당을 잘 만들고 운영하는 것이 중요하다고 생각하는 전통적 사고를 갖고 있는 편이다.

서울시장을 양보한 안철수는 2012년 초부터 단번에 유력한 대권 후보가 되어서 박근혜 비대위원장과 지지도 1, 2위를 다투고 있었다. 박근혜 전 대표가 비대위원장을 맡았다고 하더라도 당내 사정은 간단치 않았다. 특별한 경우가 아니면 국회의원은 결코 스스로 물러나지 않기에 친이(親李) 세력을 정리하는 일은 진통이 있기 마련이다. 박근혜 비대위는 나를 위시한 신박(新朴)이라고 불리는 멤버들이었다. 나는 물론이고 비대위에 참여했던 김세연 등 쇄신파도 안철수 현상이라고 불리는 정치 개혁에 대한 여망을 잘 알고 있었다. 그러면서 그때 걱정했던 바는 안철수가 창당해서 2012년 총선에 나서는 시나리오였다. 만일에 안철수가 창당하고, 박근혜 비대위원장으로부터 공천받기 어렵다고 생각하는 친이(親李) 의원들이 그 정당에 대거 입당한다면 새누리당은 고전할 것이 분명했기에 우리는 안철수의 동향을 주시했다. 하지만 무소속으로 대선에 나갈 생각이었는지 어땠는지, 안철수는 창당하지 않았으니 다행이었다.

그런데, 당시 친박에서는 안철수를 이명박이 갖고 있던 카드라고 보는 시선이 많았다. 이명박 대통령이 박근혜 전 대표를 차기에서 배제하기 위해 키운 카드가 정운찬, 김태호, 안철수였다는 설(說)이 당시 제법 유력했다. 그러나 그것은 어디까지나 추측이었으니 진실 여부는 알 수 없다. 하지만 서울대 융합대학원장이라는 전에 없는 자리를 만들고, 부인도 서울대에 임용한 일은 청와대의 뜻이 아니고는 쉽게 이해되지 않는 것도 사실이다. 그러니까 안철수가 '이명박의 아바타'라는 시선은 친박(親朴)에서 시작된 것이다. 박근혜 지지자들은 2007년 한나라당 경선 후유증으로 이명박 사람들을 매우 싫어했는데, 이들은 안철수도 이명박의 사람으로 보았다.

2012년 초부터 대통령 후보 지지도에서 박근혜 전 대표와 안철수가 근접한 차이로 다투게 되자 박근혜 지지자들은 안철수를 깎아내리는 홍보운동을 SNS 등에 하곤 했다. 그런 과정에서 '안철수는 MB 아바타'라는 이야기가 유포된 것이다. 여하튼 이명박 대통령이 박근혜 전 대표에 대한 대항마로 생각했던 정운찬은 국무총리를 하면서 우습게 되어 버렸고, 김태호 의원은 총리 임명 과정에서 낙마했다. 그러자 많은 사람이 2012년 대선이 박근혜와 안철수의 대결이 될 것으로 보았다. 하지만 나는 2012년 대선은 결국 박근혜와 문재인의 싸움이 될 것으로 보아서 안철수에 대해선 별다른 관심을 두지 않았다.

2012년 총선 승리 후 나는 여러 곳에서 인터뷰를 했는데, 대선에서 안철수와 문재인 중 누구를 대항마로 보느냐는 질문을 많이 받았다. 당시 대통령 후보 지지도는 박근혜 비대위원장이 30%대였고, 안철수가 20%대, 문재인 의원이 7%, 김두관 의원이 5% 정도였다. 총선 후 처음으로 가진 〈프레시안〉과의 인터뷰를 위시해서 그런 질문을 받을 때마다 문재인 의원과 상대할 것으로 본다고 답했다. 내 논리는 아주 간단했다. 민주당은 뿌리가 깊은 정당이기 때문이다. 그해 5월, 경기고를 나온 언론인 모임이 나를 초대해서 점심을 같이했는데, 모두 민주당은 끝났고 안철수와 상대할 거라고 해서, 나는 그렇게 보지 않는다고 정색을 하고 반박한 적도 있다.

2012년 대선을 앞두고 문재인, 안철수 두 사람은 담판을 벌이더니 안철수가 느닷없이 사퇴를 선언했다. 2002년 노무현-정몽준 단일화 같은 이벤트는 불발한 것이다. 그 당시 두 사람 사이에 무슨 일이 있었는지는 당사자, 그리고 같이 배석한 박영선, 박선숙 두 사람만이 알 것이다. 그런데, 안철수가 2012년 대선 야권 단일후보 자리를 두고 문재인 의원과 경쟁하게 되자 친노·친문 지지자들이 안철수는 'MB 아바타'라고 암묵적으로 선전했던 것은 사실로 보인다. 박근혜 지지자들이 했던 이야기를 재활용한 것이다. SNS나 입소문을 타고 다니던 'MB 아바타'라는 호칭은 2017년 대선 TV 토론 때 안철수 본인이 "내가 MB 아바타입니까?" 하고 묻는 소극(笑劇)을 연출해서 역사의 공식기록으로 남게 됐다.

제주 4·3평화공원에 헌화 참배한 박근혜

2012년 여름, 나는 여러 번 제주도를 찾았다. 6월에는 박근혜 전 대표를 지지하는 팬클럽 행사로 갔고, 7월에는 제주대 최용복 교수가 맡고 있는 오래포럼 제주지부 행사로 갔다. 7월에는 제주대 교수들과 함께 4·3평화공원을 둘러보았는데, 일행이 준비한 '전 새누리당 비상대책위원 이상돈' 명의의 작은 추모 화환을 준비해서 갖고 갔다. '민주당 국회의원 문재인' 명의로 된 추모 화환이 이미 놓여 있어서 그 옆에 놓았다. 천주교 제주 교구장을 하시는 강우일 주교님과 무소속의 우근민 제주도 지사를 찾아뵈었는데, 두 분 모두 같은 말씀을 하셨다. 박근혜 전 대표가 제주에 내려와서 4·3평화공원에 참배하고, 4·3이란 불행한 사태에 대해 반성하고 위로하는 모습을 보여야 한다면서, 나한테 꼭 전하라고 하셨다. 그래서 나는 두 분이 전하는 말씀을 그대로 요약해서 메모로 박근혜 전 대표에게 전달했다.

제주도 경선은 8월 1일에 제주체육관에서 열리게 되었는데, 박근혜 전 대표 등 모든 후보가 공항에 도착해서 곧장 4·3평화공원에 들러서 헌화 참배한 후에 행사장으로 향했다. 4·3평화공원에는 사람이 많이 나와서 박근혜 전 대표를 반겼고, 4·3평화공원에 참배하는 모습이 언론에 크게 보도되었다. 그해 새누리당 경선 일정 중 가장 돋보인 순간이 4·3평화공원 참배였을 것이다. 국민 통합에 대한 의지를 이처럼 잘 전달할 수는 없었다. 나는 전날 미리 내려와서 제주 오래포럼과 박근혜 팬클럽 회원들과 함께 4·3평화공원과 체육관 행사에 자리를 같이했다. 4·3평화공원 행사를 끝나고 나올 때 내가 제주 오래포럼 회원들을 박근혜 전 대표에게 소개했더니 박 전 대표는 환한 웃음으로 답했다. 나로서는 참으로 뿌듯했던 순간이었다. 2012년 대선 당시 제주에서 박근혜 후보가 문재인 후보를 근소하게 이겼는데, 이는 4·3평화공원 참배에 힘입은 것이다. 그런데 대통령 임기 중에 박 대통령은 4·3 기념일 행사에 한 번도 참석하지 않았다.

'박정희 독도 폭파론'을 반박하다

새누리당 경선이 한창이던 8월 초, 문재인 의원이 "박정희 대통령이 독도를 폭파해 버리고 싶다"고 말했다고 해서 난리가 났던 적이 있다. 박근혜 캠프의 외교안보팀이 이 문제를 다루었지만 공개된 자료에 그런 문언이 있으니까 사실이 아니라고 반박하기도 어려웠다. 김종필 전 총리도 한일 협상을 할 때 '독도 폭파'를 언급했다고 해서 논란이 됐는데, 그것은 일본이 집요하게 독도 문제를 제기하니까 독도가 없었으면 좋겠다는 의미에서 꺼낸 이야기임은 알려진 사실이었다. 여하튼 문재인 의원이 이 문제를 꺼냈으니 모른 체할 수도 없었다.

박정희 대통령이 최고회의 의장을 할 때 독도를 방문한 적이 있었음을 알고 있는 나는 혹시 그때 박정희 의장이 독도 근처를 다녀오지 않았을까 하는 생각이 들었다. 그래서 수소문을 해서 최고

회의 총무수석으로 박정희 의장을 수행하고 독도를 다녀온 최영섭 예비역 대령을 만나 뵈었다. 당시 88세로 일산의 큰아드님 댁에 살고 계시던 최영섭 예비역 대령은 박 의장이 탄 함정은 독도 부근은 가지 않았지만 "독도를 박정희 대통령만큼 생각한 대통령은 없다"면서 문재인 의원의 주장이 말도 안 된다고 목소리를 높였다. 최영섭 예비역 대령은 최재형 감사원장의 부친이다.

1962년 10월 11일 박 의장은 동해안의 군부대를 시찰한 후, 해군 APD 81함(2000톤급 병력 수송 호위함)을 타고 울릉도로 향했다. 울릉도 주민들은 박 의장을 열렬히 환영했다. 박 의장은 그 후 울릉도와 독도에 육지 방송을 들을 수 있는 라디오와 생활필수품을 보냈다. 울릉도 어린이들을 서울로 초청하는 행사를 시작했고, 독도의용수비대를 이끌었던 홍순칠 씨 일행에게 훈장을 수여하고 청와대로 초청해서 만찬을 베풀기도 했다. 1963년 대통령 선거 개표 때, 처음에는 지고 있던 박 의장은 새벽 5시경부터 도서 지역 개표 결과가 나오자 이기기 시작해서 결국 당선되었다. 박 의장은 최영섭 총무수석에게 "섬 지방 민원을 챙겨 준 당신 덕분에 내가 당선됐다"고 덕담했다고 한다. 나는 이런 내용을 간추려서 MBN 방송에 나가서 설명하고, 박정희 대통령이 독도를 폭파하려 했다는 주장은 어불성설이라고 강조했다. 그것으로 독도 폭파 논란은 수그러들었다. 박근혜 전 대표는 방송을 보았는지, 나한테 전화를 주었다.

이밖에도 8월에는 이런저런 일들로 시끄러웠다. 2012년 8월 초, '현영희 리스트'라는 악재가 터졌다. 19대 국회에 새누리당 비례대표로 입성한 현영희 의원이 부산 지역 후보들에게 편법으로 후원금을 돌렸다는 혐의로 검찰이 수사를 시작하자 새누리당이 휘청했다. 결국에 현영희 의원은 제명됐고 나중에 대법원 판결에 의해 의원직을 상실했다. 현영희 사건은 복잡한 부산 정치 구도에서 공천을 둘러싼 잡음이 불거져 나온 것인데, 그 정도로 마무리된 것이 다행이었다.

8월 15일은 육영수 여사 서거를 추모하는 날이라서 캠프 인원들이 현충원을 찾았다. 폭우 속에서도 많은 사람이 줄을 서서 참배했는데, 박지만 회장은 부인 서 여사를 둘러싼 논란을 의식했는지 참석하지 않았다. 오전에 참배를 끝내고 박근혜 전 대표는 반포의 식당에서 캠프 관계자들과 점심을 같이했다. 그때 김기춘 씨가 자리를 같이했는데, 그 자리에 맞지 않게 굉장히 말을 많이 했다. 내가 김기춘을 만난 것은 그때가 처음이자 마지막이었다. 4월 총선 때 공천심사위원장으로 정홍원을 추천한 사람이 김기춘이라는 이야기도 있으나 확인된 바는 없다.

박근혜의 한계를 드러낸 '인혁당 두 개의 판결'

나는 2012년 대선에서 박근혜 전 대표가 넘어야 할 문턱은 부친과 관련된 과거사이고 정수장학회 문제라고 생각했다. 2007년 대선을 앞둔 한나라당 경선에서도 이명박 쪽에서 그 문제를 제기해서 곤혹을 치른 바 있으니, 2012년 대선 본선에서도 이 문제가 나올 것은 너무나 분명했다. 그래서 이런 문제를 앞장서서 해소하면 좋겠다는 생각이었으나 이 이야기만 나오면 캠프 사람들은 입을 다물어 버렸다.

2012년 9월 들어서 손석희 교수가 전화를 주었다. 그러면서 자기가 진행하는 MBC 〈시선 집중〉에 박근혜 후보가 나오기로 했다고 했다. 그래서 조윤선 대변인에게 전화를 했더니 그렇게 하기로 했다면서 "대표님이 잘하실 것"이라고 했다. 처음에는 박근혜 후보가 아침에 MBC 스튜디오로 직접 나가기로 했다는 이야기가 있었다. 혹 MBC 노조가 김재철 해임을 요구하러 피켓을 들고나오지 않을까 걱정되어 확인하니 자택에서 전화 인터뷰로 하기로 했다고 한다. 나는 손석희 교수가 10월 유신과 인혁당 사건에 대해 질문할 것이라고 생각했는데, 당시 이정현 등 공보라인이 있었기 때문에 내가 간여할 상황은 아니었다. 말하자면 나는 후보로부터 2선으로 물러나 있었다.

9월 10일 아침, 나는 MBC 라디오를 듣다가 깜짝 놀랐다. 손석희 교수가 "5·16, 유신 등 과거사 문제에 대해서 전향적인 태도를 보여야 한다는 지적이 있다"며 견해를 묻자 "다양한 평가가 있기 때문에 이제 역사의 판단에 맡겨야 된다는 생각이다"라고 했다. 더 큰 문제는 그다음이었다. 손 교수가 인혁당 사건 피해자들에 대한 사과 가능성에 대해 묻자 "대법원 판결이 두 가지로 나오지 않았느냐, 그 부분에 대해서는 판단에 맡겨야 되지 않겠는가"고 말한 것이다.

손 교수가 물어본 것은 1975년에 사형집행을 당한 인혁당 사건으로, 2007년에 대법원이 재심 판결을 통해 무죄를 확정했는데, 이것을 두고 두 개의 판결이 있으며 그에 대한 평가도 앞으로의 판단에 맡겨야 한다고 했으니 기가 막힐 일이었다. 당장 그날 오전부터 야당이 거센 비판에 나섰고, 다음 날에는 억울하게 사형당한 피해자 유가족들이 영정을 들고 당사 앞에서 시위를 벌였다. 나는 그날 오후에 MBN에 출연하게 되어 있어서 방송국에 갔더니 당연히 그 문제에 대해 질의를 했다. 나는 그 발언이 잘못된 것이고 법적 이해가 부족했다고 둘러대서 후보의 실수라고 인정하는 수밖에 없었다. 인혁당 두 개의 판결의 충격이 너무 크니까 새누리당 대변인을 하던 홍일표 의원이 "박 후보 표현에 일부 오해의 소지가 있었다는 것을 인정하고 사과한다. 박 후보의 뜻도 이와 다르지 않다"고 밝혔다.

그러자 박근혜 후보 대변인이던 이상일 의원이 당 대변인의 발언은 후보와 상의가 없이 나온 것이라면서 홍일표 의원의 성명을 부인했다. 나는 중앙일보 기자 출신인 이상일 의원이 인혁당 사건을 모를 리 없으며, 후보가 이 문제에 대해 과민한 반응을 보여서 그런 반박문을 냈을 것이라고 보았다. 이런 상황이 되니까 홍일표 의원은 당 대변인직을 내려놓고 말았다. 박근혜 후보의 사과 메시지가 나온 것은 9월 13일 목요일 늦은 오후였다. 대학의 법학개론 강의에도 나오는 사안에 대해 후보 주변이 결론을 내는 데 꼬박 3일이 걸린 것이다. 그런데, 박근혜 후보의 MBC 인터뷰를 듣고 감격한 사람도 있었다. 박근혜 대통령에 의해 나중에 대변인으로 발탁되는 윤창중은 그 방송을 듣고 박 후보가 "단호했다"고 자신의 블로그에 썼다. 박 후보는 9월 24일에 기자회견을 열고 유신 등에 의한 피해자에 대해 공식적으로 사과를 했다. 어차피 사과해야 할 일을 스스로 먼저 하지 못하는 박근혜 후보의 한계점이 안타까우면서도 한심하게 느껴졌다.

9월 18일에는 홍사덕 공동선대위원장이 4월 총선 당시 받은 정치자금이 문제가 돼서 책임을 지고 새누리당을 탈당했다. 홍사덕 전 의원은 나와 각별한 사이여서 큰 충격이었다. 홍 전 의원이 없어지면 최경환 등 측근 세력이 더욱 활개를 칠 것이 분명했기에 나는 그 점을 우려했다. 그쪽을 견제할 만한 함승희와 권영세가 캠프에 들어오지 못한 것도 그런 이유에서였을 것으로 나는 생각했다.

'박근혜와 박근혜의 싸움', 뒷감당은 정치쇄신위원 몫

공식적으로 새누리당 대통령 후보가 된 박근혜 전 대표는 안대희를 정치쇄신위원회 위원장으로 영입해서 큰 주목을 받았다. 박 후보는 나에게도 전화를 걸어서 정치쇄신위원을 맡아 달라면서 "교수님이 있어서 제가 든든해요"라고 했다. 안대희는 나보다 서울법대 몇 년 후배라서 나한테는 깍듯이 했다. 나는 안대희를 본 적은 없지만 동기생들을 통해서 익히 알고 있었다. 그가 대학을 졸업하지 않고 사법연수원에 들어가서 최종 학력이 대학 중퇴란 점은 이해하기 어려웠다.

정치쇄신위원회에는 판사 출신 변호사, 검사 출신 변호사, 정치학 교수, 그리고 경찰 출신 박종준이 참여했다. 그런데 정치적 메시지에 대한 훈련이 부족했던 안대희는 처음부터 많은 혼선을 야기했다. 박근혜 후보 본인과 가족 등 주변 문제를 살피겠다고 말해서 아직도 중수부장인 줄 아는가 하는 이야기가 언론에서 나왔다. 박근혜 후보 본인도 당혹스러워했을 것이다. 안대희는 검찰 개혁 문제에 대해서 문재인 후보 측이 주장하는 대검 중수부 폐지와 공수처 설치에 대해서도 반대했다. 거기에 더해서 경찰대는 폐지해야 한다고 말하자 경찰 출신인 박종준 위원이 회의를 보이콧했다. 언론은 '중수부는 살리고, 경찰대는 없애고' 식으로 크게 썼다.

공약을 개발하는 국민행복추진위원회에서는 김종인 위원장이 자신의 재벌 규제 강화책에 대한 반대가 일자 회의를 보이콧하는 사태가 발생했다. 순환출자 금지와 금산(金産)분리 원칙을 두고 김종인 박사와 박근혜 후보의 생각이 달라서 분란이 있는 것으로 비치는 등 순탄치 못했다. 경제 단체가 박근혜 후보에게 직접 의견을 전달해서 상황이 이렇게 된 것이다. 그러자 김종인 위원장이 박 후보와 결별하는 게 아니냐는 보도가 나오기도 했지만 대선 후보 토론을 앞둔 12월 들어서 두 사람 사이는 봉합이 됐다.

10월 들어서는 대선 캠프가 뿌리부터 흔들거렸다. 이런 상태로 선거를 치르겠나 하는 생각이 들었다. 박근혜 후보가 김대중 정부에서 요직을 지낸 한광옥을 국민대통합위원장으로 영입하자 안대희는 사퇴하겠다고 기자회견을 했다. 안대희는 대검 중수부장 시절에 한광옥을 구속시킨 장본인이었다. 김종인 박사는 이한구 원내대표와는 같이 못 하겠다며 캠프 업무를 보이콧했다. 그야말로 대선 캠프가 와해될 지경에 이르렀는데, 그때 유승민 의원이 최경환 비서실장의 퇴진을 공개적으로 요구했다.

김세연 의원 등 몇몇 재선의원들이 대선캠프 총괄본부장을 김무성 전 의원에게 맡기는 수밖에 없다는 의견을 박근혜 후보에게 건의하기에 이르렀다. 이렇게 해서 10월 7일에 최경환 의원이 후보 비서실장 자리에서 물러났다. 10월 8일에는 나, 이양희 교수, 주광덕 전 의원, 김세연 의원, 그리고 이준석이 회동해서 전직 비대위원 일동의 이름으로 박근혜 후보에게 비대위원장을 맡을 당시의 초심으로 돌아가야 한다는 내용의 성명서를 냈다. 이렇게 해서 김무성 전 의원이 캠프 총괄본부장이 되고 권영세 전 의원이 종합상황실장이 되어서 캠프를 재정비하게 됐고, KBS 출신으로 문화공보부 차관을 지낸 박선규가 대변인을 맡아서 언론 대응에 나서게 됐다. 무능한 측근 세력이 잠시 밀려난 것이다

인혁당 판결 발언 후 한 달을 이렇게 보내고 정상으로 돌아가나 했더니, 이제는 정수장학회 문제가 크게 불거졌다. 정수장학회 최필립 이사장이 문화방송 경영진과 정수장학회가 갖고 있는 언론사 지분을 매각하려고 의논했다는 폭로가 나온 것이다. 야당과 언론이 다시 정수장학회 문제를 들고나오자, 박근혜 후보가 "지분을 팔아서 좋은 일을 하겠다는데"라고 말을 해서 사건이 더욱 커졌다. 나는 이 소식을 듣고 정말 기가 막혔다.

MBC 지배 구조는 여야 정치권에서 합의해서 만들어 놓은 것

으로, 더 이상 건드릴 수가 없는 것이다. 따라서 정수장학회가 갖고 있는 MBC 지분과 부산일보 지분은 정치권에서 여야 합의 없이 처분할 수도 없거니와 그것을 처분한다고 해도 그 대금은 국가가 환수한다면 모르거니와 그것을 가져갈 주체가 없다고 보아야 하기 때문이다. 부산일보는 자산 가치가 크지 않으니까 혹시 인수자가 나타날 수도 있겠지만 MBC 지분은 가치를 계산하기도 어렵고 인수할 사람도 나타나지 않을 것인데, MBC 사장과 경영기획실에서 그런 발상을 했다니 도무지 믿어지지 않았다. 더구나 대통령 선거를 앞두고 박근혜 후보가 그런 발언을 한다면 결국 정수장학회가 박근혜 후보의 개인소유임을 스스로 인정하는 꼴이었다. 문재인 후보 측은 이에 대한 해명을 요구하는 등 문제가 일파만파로 커졌다.

정치쇄신위원회도 이 문제를 다루었고, 결국 안대희 위원장이 최필립 이사장의 퇴진을 요구하고 나섰다. 나도 방송 인터뷰에서 "MBC 지분 30%는 정수장학회가 그냥 갖고만 있는 것"이고 "그것이 MBC 지배 구조에 관한 기본적인 양해"이며, "그 지분을 정수장학회가 처분한다는 것은 불가능하다"고 보며, "박 후보 발언은 이해하기 어렵다"고 말했다. 대선을 앞두고 후보 주변은 이상한 사고나 치고, 후보는 엉뚱한 발언으로 사태를 악화시키는 모습이 계속되는 양상이었다. 그런 일이 있어도 도무지 변변하게 아는 게 없는 공보 라인은 아무런 말이 없고, 결국 그 뒷감당은 정치쇄신위원회가 해야만 했다. 그러니까 선거 상대방과 싸우는 게 아니라 자기 자신과의 싸움이었으니, 2012년 대선은 '박근혜와 박근혜의 싸움'이라는 말이 실감이 났다.

실마리를 찾지 못하는 MBC 파업

인혁당 판결 발언과 정수장학회 지분 처리 발언 등으로 초래된 논란은 박근혜 선대위와 내가 속했던 정치쇄신위원회가 함께 감당해야 했던 일이었다. 그것도 큰일이었지만 나는 당시 어려운 사안을 혼자 짊어지고 있었는데, 바로 MBC 문제였다.

2012년 1월 30일, MBC 노조가 김재철 사장의 퇴진을 요구하며 전면파업에 들어갔다. 이명박 정권에 의해 MBC를 장악하기 위해 투입된 김재철 사장과 MBC 노조의 갈등이 드디어 터져 버린 것이다. 〈PD 수첩〉 팀장이던 최승호 PD가 2010년에 제작한 '수심 6미터의 비밀', '검사와 스폰서' 등을 둘러싸고 이명박 정부와 MBC 경영진, 그리고 기자와 PD가 주축이 된 노조 사이의 긴장이 계속 높아가더니 임계점을 넘어 버렸다.

정권 초기에 〈PD 수첩〉을 기소토록 한 이명박 대통령은 김재철을 MBC 사장으로 임명해서 방송을 장악하려고 했다. 이명박 정부 들어서 방송문화진흥재단 이사장을 지내던 김우룡 교수가 〈신동아〉 2010년 4월호에서 MBC 임원 인사는 "김재철 사장 혼자 한 게 아니라, 큰집(청와대)이 김 사장을 불러다 '조인트' 까고 해서 만들어진 인사"라고 인터뷰를 해서 파문이 일었다. 나는 이명박 정부가 공영방송을 대하는 태도를 도저히 납득할 수 없었다.

하지만 나는 MBC 기자나 PD 중 각별하게 오랫동안 알아 온 사람은 없었다. 아침 라디오 시사프로인 〈시선 집중〉을 진행하는 손석희 교수, 그리고 4대강을 취재한 최승호 PD와 아는 정도였다.

MBC가 전면파업에 들어간 1월 말은 박근혜 비대위원회가 제 궤도에 올라서 바쁜 시기였다. MBC 파업은 한 달 넘게 계속되었고 좀처럼 타결될 기미는 없어 보였다. 야당은 이명박 정부의 공영방송 장악을 비난하고 김재철 퇴진을 요구하고 나섰다. 문제는 박근혜 비대위의 입장이었다. 박근혜 비대위의 존립 근거는 '쇄신'이었다. 그것은 이명박 정권과의 '차별화'였다. 그렇다면 MBC 파업에 대해서도 무언가 입장이 있어야 한다는 공감대가 생기기 시작했다. 김세연 의원과 나는 MBC 파업 문제를 전향적으로 검토해야 할 것 아니냐는 의견을 냈고 김종인 박사도 동조했다.

하지만 박근혜 비대위원장은 MBC 이야기만 나오면 부담스러운 표정을 지으면서 회의를 마무리하곤 했다. 파업이 한 달이 가고 두 달이 지나서 4월 총선이 지나도록 끝나지 않았는데, 사실 끝날 수가 없었다. MBC 노조는 4월 총선에서 민주당이 승리할 것으로 예상했다고 나는 생각한다. 총선에서 민주당이 승리하면 여소야대 국회가 되어서 MBC 문제가 새로운 국면으로 들어설 것으로 기대했을 것이다. 그런데 새누리당이 총선에서 승리했다.

총선 전후로 MBC 상황은 날로 심각해져 갔다. MBC 경영진은 2월 29일에 기자회장을 하던 박성호 기자를 해고했고, 3월 21일에는 노조 홍보국장을 하던 이용마 기자에 대한 해고를 확정했으며, 4월 2일에는 정영하 노조위원장 등을 해고했다. 4월 총선이 끝날 무렵에는 파업에 참가한 MBC 노조원들은 벌써 석 달째 급여를 받지 못하고 있었다. 총선이 끝나서 새누리당 비대위원회는 사실상 할 일을 마친 것과 다름없었고, MBC 문제는 더 이상 비대위원회에 올라올 논의 대상이 되지 못했다.

그런 상황에서 나는 최승호 PD와 최일구 앵커에게 연락해서 저녁이나 같이하자고 했다. 4월 27일, 홍대 부근 '월향'에서 두 사람과 이야기를 하면서 밤늦게까지 유명한 월향 막걸리를 마셨다. 총선이 새누리당의 승리로 귀결되어서 더 이상 여권은 MBC 파업에 대해 신경을 쓸 이유가 없어져 버린 상황이라서, MBC 문제에 대해 도움을 주지 못했고 줄 수도 없었던 나는 미안한 마음을 가졌었다. 그 자리에서 두 사람은 "김재철 아래에선 도저히 방송할 수 없다. 노조원들도 많이 지쳤고 명분만 있으면 복귀하고 싶지만, 김재철이 사장으로 있는 한 파업을 풀 수 없다"고 토로했다. 또한 "김재철이 없어지면 대선 때 MBC가 새누리당에 불리한 편파방송을 할 거라는 이야기는 근거 없는 기우에 불과하다"고 말했다.

5월 들어선 이강택 당시 전국언론노조 위원장이 나를 찾아왔다. "파업하는 노조원들이 지쳤으며, 복귀할 명분을 찾고 있다. MBC 김재철 사장만 교체하면 YTN 등 다른 공영방송 문제도 대화로 풀 수 있으며, 이런 사태가 한두 달 더 간다면 강경한 노조원들이 방송 송출을 물리적으로 중단시키는 사태가 발생해서 정부가 공권력을 투입하게 될 상황이 될 수 있다"며 나한테 무언가 역할을 기대했다. 하지만 비대위가 끝나서 더 이상 회의석상에서 박근혜 전 대표를 만날 수 없어서 이러한 이야기를 정리해서 박근혜 전 대표에게 친전(親展) 메모로 만들어서 전달했다.

총선 후에도 MBC 경영진은 〈PD 수첩〉을 제작하는 시사교양 국을 해체하는 초강수를 두었고, 사측과 노조는 서로 고소 고발을 하는 등 극렬한 대치는 그칠 줄을 몰랐다. 김재철 사장 등 사측은 총선에서 새누리당이 승리한 데 힘입어 더욱더 강경하게 나서는 것으로 보였으니 그 모습을 보는 나는 힘들었다. 6월 들어서 MBC 경영진은 해고 후 6개월 정직으로 감경됐던 박성호 기자를 다시 해고했다. 정직을 당한 노조원은 셀 수 없이 많았고, 파업에 참여한 노조원들은 4개월째 봉급을 받지 못하고 있었다.

MBC 파업을 해결하기 위한 노조와의 밀약

이런 상황이 계속되고 있는 6월 중순 주말에 정흥보 전 춘천 MBC 사장을 다시 만났다. 정흥보 전 사장은 MBC 파업이 기약 없이 계속돼서 후배들의 고생이 너무 많다면서 박근혜 전 대표가 파업 사태를 해결하기 위한 실마리를 풀어 주면 박 전 대표에게도 좋지 않겠냐고 했다. 내가 보기에도 MBC 파업 문제는 박근혜 전 대표가 풀지 않으면 파업이 무기한 계속돼서 파업에 가담한 전 노조원이 해고되는 수순을 밟을 것으로 보였다. 나는 구체적으로 어떤 방안이 있느냐고 물었더니, 정흥보 전 사장은 이런 설명을 해 주었다. 김재철 사장은 이미 MBC 구성원들로부터 불신임을 받았기 때문에 교체해야 MBC가 정상화될 것이라는 이야기였다. 파업에 동참한 중견 기자와 PD를 중심으로 올림픽중계를 이유로 일단 선(先)복귀하자면서 강경한 노조집행부와 젊은 층을 설득하려고 하는데, 김재철 사장이 있는 한 절대로 직장에 복귀할 수 없으니 8월 8일에 방문진 이사진이 새로 구성되면 김재철 사장을 평가해서 교체할 것이라는 약속 내지는 언질이 있으면 올림픽중계라는 명분을 걸고 6월 말까지 파업을 풀고 복귀할 수 있다는 설명이었다.

그러던 와중에 손석희 교수가 잠시 보자는 연락을 해서 만났는데, 정흥보 전 사장과 똑같은 이야기를 했다. 손 교수도 8월에 새로 구성되는 방문진 이사회가 김재철 사장을 자연스럽게 교체하는 방안이 있으며, 박근혜 전 대표가 MBC를 이대로 방치할 것같지는 않은데 박 전 대표의 의중을 파악해 보면 좋겠다고 당부를 했다. 특히 이대로 두면 MBC 문제가 계속 악화해 대선까지 쟁점이 되면 박근혜 전 대표한테도 도움이 안 될 것이기에 사태를 푸는 데 박 전 대표가 힘을 실어 주면 좋겠다고 당부했다.

나는 방송문화진흥회에 대해 정관도 읽어 보고, 현 이사진도 알아보았다. 당시는 제8기 이사회로 임기 만료를 앞두고 있었는데, 이사장은 김우룡 교수가 물러난 후 토건업 출신인 김재우가 맡고 있었다. 여권 추천 이사 중 김광동, 차기환, 최홍재는 뉴라이트 계열 극우 성향이었다. 여권이건 야권이건 방송이나 언론을 아는 사람이 방문진 이사를 해야 하는데, 그런 구성원을 보고 있자니 한심한 생각이 들었다. 정관을 자세히 훑어보았더니, 방문진 이사회가 경영평가를 한 후에 과반수 결의로 MBC 사장을 해임할 수는 있게 되어 있었다. 그렇게 해서라도 파업을 푼다면 고통받고 있는 MBC 직원들을 돕는 일이 아니겠나 생각했다.

정홍보 전 사장과 손석희 교수가 이 문제를 갖고 서로 의논하거나 소통한 적은 없었다고 생각된다. 두 사람은 MBC 후배들의 고생을 끝내기 위해선 이 방법밖에 없다고 생각했고, 박근혜 전 대표에게 그런 말을 할 수 있는 사람은 나밖에 없다고 생각해서 나한테 연락을 한 것이었다. 두 사람은 또한 방송문화진흥회 새 이사진이 김재철을 교체할 시점이면 대선 본선에 들어갈 시점이어서 MBC가 새누리당에 편파적인 방송을 할 수 없을 것이라고 했다.

구체적인 방안으로는 MBC 업무를 감독할 권한이 있는 방송문화진흥회 이사 9명의 임기가 8월 초에 끝나니, 새로 선임한 이사들이 MBC에 대한 전반적인 업무보고를 받고 사장에 대해 책임을 물어서 해임할 수 있다는 것이었다. 방송문화진흥회 이사 9명 중 3명은 청와대가, 3명은 여당, 그리고 3명은 야당이 추천하게 되어 있었다. 그런데 박근혜 전 대표가 새누리당이 추천하는 이사에 영향력을 가하면 새 이사진이 자연스럽게 김재철을 퇴출시킬 수 있다는 이야기였다. 따라서 박근혜 전 대표로부터 그런 약속을 받아 내면 MBC 노조 지도부를 설득해서 먼저 파업을 풀 수 있다는 것이었다.

나는 이런 내용을 메모로 정리해서 박근혜 전 대표에게 전달했다. 또 그렇게 되면 당시 19대 국회 개원 협상에서 야당이 강력하게 요구했던 MBC 청문회 요구를 철회할 것임도 보고했다. 박근혜 전 대표로부터 그렇게 진행하라고 직접 전화가 왔다. "제가 MBC 노조를 적대시할 이유가 없다"고 했다. 노조가 먼저 파업을 풀고 올림픽 방송 준비에 매진하고, 정상화에 돌입한다면 모든 문제는 순리대로 풀릴 것이라는 요지였다.

6월 20일, MBC 경영진은 파업에는 참여했지만 노조 직책은 갖고 있지 않던 최승호 PD와 박성제 기자를 해고했다. 그때 MBC 노조는 해직된 박성호 기자를 통해서 나와 연락을 했는데, 박 기자는 박근혜 대표가 나를 통해서 메시지가 전달됐음을 확인할 수 있는 공개 발언을 부탁했다. 그래서 박성호 기자가 만들어 준 문구를 메모로 만들어서 6월 21일에 박근혜 전 대표에게 전달했다. "노사가 서로 대화해서 슬기롭게 풀었으면 좋겠다. 징계 사태는 안타까운 일이다"라는 원론적 언급이었다. 아울러 박근혜 전 대표의 의중이 확인되면 MBC 노조는 청문회를 원치 않는다고 민주당 박지원 원내대표에게 밝힐 것이며, 그러면 원구성 협상을 타결하고 홀가분하게 대선 출마 선언을 할 수 있다고 전한 것이다.

6월 22일, 서울 노원구 서울시립북부장애인종합복지관에서 봉사활동을 하는 자리에 참석한 박근혜 전 대표는 기자들과 만나 MBC 파업과 관련해 "파업이 징계 사태까지 간 것은 참 안타까운 일이라고 생각한다. 노사 간에 빨리 타협하고 대화해서 정상화되길 바라는 마음"이라면서 "(파업이) 장기화되면 가장 불편하고 손해 보는 게 국민 아니냐"며 "노사가 서로 대화로 좀 슬기롭게 잘 풀었으면 좋겠다"고 덧붙였다. 좀처럼 기자간담회를 하지 않던 박근혜 전 대표가 MBC 파업에 대해 처음으로 언급했기 때문에 연합뉴스 등이 긴급하게 보도를 했다. 〈뉴스1〉은 "박근혜, MBC 파업 징계 사태 안타까워… 빨리 정상화되기를"이란 제목으로 기사를 내보냈다.

이 발언 문구는 박성호 기자가 나에게 적어 주어서 내가 박근혜 전 대표에게 전달한 그대로였다. 장애인복지관 행사에서 어울리지 않게 MBC에 대한 발언을 해서 그 진의가 무엇이냐를 두고 여야 정치권은 여러 해석을 내놓았지만 그러한 내막이 있었다. 박근혜 전 대표는 복지관 행사를 마치고 나에게 전화를 하고 "제가 그 발언을 했으니까 나를 믿고 파업을 풀도록 전해 주세요"라고 했다. 그 전화를 받고 나는 정말 감동했다. 내가 메모를 전하고 바로 그다음 날 발언을 하고 나한테 전화를 주었으니 말이다.

MBC 파업 해결과 19대 국회 개원

여기서 2012년 6월 하순의 상황을 살펴볼 필요가 있다. 19대 국회 임기가 5월 30일에 개시됐지만 당시 여야는 개원 협상에 막혀서 국회는 공전하고 있었다. 당시 새누리당의 원내대표는 이한구 의원이었고, 민주당의 원내대표는 박지원 의원이었다. 박지원 원내대표는 개원 협상 조건으로 야당 몫 상임위원장 자리 외에도 민간인 사찰과 MBC 파업에 관한 국정조사를 내걸어서 원 구성은 전혀 진척이 없었다. 새누리당은 총선 때 개원 협상이 미루어지면 국회의원은 봉급을 받지 않겠다고 약속을 했고, 실제로 새누리당 의원들은 지급된 6월분 봉급을 다시 모아서 다른 데에 기부했다. 그즈음 이재오, 김문수 등이 속속 대선 출마를 선언했는데, 박근혜 전 대표의 입장에서는 19대 국회가 개원도 못 하는 상황에서 대선 출마 선언을 하기도 부담스러운 상황이었다.

나는 6월 25일 아침 평화방송 인터뷰에서 박근혜 전 대표의 6월 22일 발언의 의중을 묻는 질문에 "박근혜 의원의 복지관 발언은 김재철에 대한 불편한 심기를 나타낸 것"이며 "새로운 이사진이 김재철 문제도 해결할 것"이라고 말했다. 보다 구체적으로 나는 "새누리당이 추천한 이사 3명은 아마도 독자적인 길을 가지 않을까 합니다. 즉, 청와대 의중도 다르고 야당과의 의중도 다르고, 경우에 따라서는 캐스팅 보트를 행사할 수 있는 그런 위치에 있을 거라고 봅니다. …… 파업을 지지하는 여론이 60%, 70% 이렇게 가고 있습니다. 이런 사태를 방치할 경우 박근혜 전 위원장의 대선 가도에도 상당히 문제가 있지 않겠습니까. 이런 걸 볼 때 새로운 이사진이 뭔가 변화를 주지 않겠나 합니다. 이런 사정을 고려한다면 MBC 노사가 이제는 정말로 일단 양보해서 방송을 정상화시켜야 한다고 봅니다."라고 밝혔다. 민감한 MBC 문제에 대해 폭탄 발언을 한 셈이었다. 내가 이렇게 박근혜 전 대표의 의중을 암시하는 발언을 의도적으로 한 이유는 새누리당 의원들에게도 메시지를 전달하고 또한 속사정을 잘 모르는 MBC 노조원들에게 암묵적 신호를 보내기 위함이었다.

6월 22일 복지관 발언으로 박근혜 전 대표의 생각이 확인되자,

박성호 기자는 박지원 원내대표를 만나서 MBC 파업 국정조사 요구를 철회해 달라고 했다. MBC 파업에 대한 야당의 국정조사 요구가 사라짐에 따라 개원 협상은 급물살을 탔고, 6월 29일에 타결이 됐다. 따라서 MBC 파업은 추후 상임위원회에서 다루기로 하고, 김재철 사장 문제는 방문진 새 이사회가 다루기로 합의를 보았다. 그리고 7월 10일 박근혜 의원은 영등포 타임스퀘어에서 밝은 표정으로 대선 출마를 공식적으로 선언했다.

7월 17일, MBC 노조는 파업을 중단하고 업무에 복귀하기로 했다. 가장 길었던 방송사 파업이 막을 내린 것이다. MBC 노조 집행부는 많은 노조원이 해직당하고 정직당했음에도 아무런 보장도 없이 백기 투항하는 식으로 복귀하느냐는 강경파의 질문에 답변하는 데 애를 먹었다고 한다. 노조 집행부는 파업 중단을 결정하게 된 이유로 "여야 합의를 통해 김재철 사장의 퇴진이 기정사실화했다"라는 점을 들었지만, 박근혜 전 대표의 약속을 모르는 노조원들로서는 납득하기 어려웠을 것이다.

이런 속사정을 알아차린 새누리당 의원도 있었다. 평화방송 인터뷰가 나간 후 남경필 의원이 나한테 전화를 걸어서 "그것이 박근혜 대표의 뜻이냐?"고 물어서 그렇다고 하고 다른 사람에게는 말하지 말라고 당부했다. 얼마 후에는 유승민 의원이 전화를 걸어서 "박근혜 전 대표의 의중이 잘 전해지지 않은 것 같다"는 아쉬움을 전했다. 당시 새누리당 원내대표이던 이한구 의원 등 원내지도부는 MBC 문제를 보는 시각이 청와대와 같았기 때문에 그런 안타까움을 표시했다고 생각됐지만, 나로서도 더 이상 어떻게 할 수가 없었다.

그런가 하면 MBC 노조 파업이 끝난 후, 김재원 의원은 이진숙 MBC 기획본부장과 함께 나의 대학 연구실로 두 차례 찾아왔다. 아마도 이진숙 본부장이 나를 만나기 위해 김재원 의원과 같이 찾아왔을 것으로 생각됐다. 이진숙 본부장은 "김재철 사장은 인간적으로 이미 망가졌지만 지금 사장에서 물러나면 안 된다"고 나에게 당부했고, 서울법대 후배인 김재원 의원은 나에게 "제발 방송 인터뷰에서 MBC 이야기는 그만하시라"고 부탁했다. 12월 19일 대선까지는 그대로 가는 수밖에 없다는 이야기였다. 나는 그냥 알았다고 했다. 유승민, 남경필 의원은 알아차리는데 왜 김재원 의원은 그렇지 못할까 하고 생각했다.

MBC 노조와의 약속을 지키지 못한 박근혜 후보

방송문화진흥회 이사는 방송통신위원회가 선임권을 갖고 있지만, 실질적으로는 청와대가 3명, 여당과 야당이 각 3명씩 추천하는 사람을 이사로 선임해 왔다. 여당과 야당이 선임하는 경우는 원내대표가 당 대표와 의논해서 결정하는 게 통상적이다. 나는 김재철 사장을 교체할 수 있는 이사를 새누리당이 추천하기 위해서 당시 새누리당 대표이던 황우여 의원을 만나서 의중을 물어보았지만 별다른 관심을 보이지 않았다.

7월 26일, 방송통신위원회는 제9기 방송문화진흥회 이사 9명을 선임했다. 여권 추천으로는 김재우 이사장, 차기환, 김광동 이사가 재임명됐고, 박천일 숙대 교수, 김충일 전 경향신문 기자, 김용철 전 MBC 부사장이 새로 임명됐으며, 야권 추천으로는 선동규 전 전주 MBC 사장, 최강욱 변호사, 권미혁 여성단체연합 대표가 임명됐다. 김재우, 김광동, 차기환이 재임명되는 모습을 보고 나는 청와대의 확고한 생각을 읽을 수 있었다. 새누리당이 3명을 추천했다고는 하지만 실제로 새누리당이 추천한 이사는 김용철 이사뿐이고 박천일, 김충일 이사는 청와대가 밀었다는 소문이 있었는데, 그 진상은 알 길이 없다. 한 가지 분명한 사실은 박근혜 전 대표의 입김은 없었다는 점이다.

8월 9일에 정식으로 제9기 이사회가 발족하게 되면 민주당이 추천한 이사 3명은 김재철 불신임을 들고나올 것이고, 거기에 여권 추천 이사 두 명이 동조해야 김재철을 해임할 수 있게 된다. MBC 노조와의 약속을 지키기 위해선 내가 은밀히 나서는 수밖에 없었다. 김용철 이사는 MBC 후배들로부터 인정을 받고 있어서 내가 만나서 이야기하면 충분히 통할 수 있다는 생각이 들었다. 그리고 김충일 이사도 신문과 방송에서 일했기 때문에 대화가 될 것으로 생각했다. 나는 김용철 이사와 김충일 이사를 따로 만나서 이러이러한 사정을 설명하고 야당 추천 이사 3명과 함께 김재철을 교체해야 대선까지 아무 탈이 없이 갈 것이라고 부탁을 드렸다. 두 사람은 놀라면서도 나의 진의에 대해선 조금도 의심하지 않았다.

9월 13일, 야당 추천 이사 3인이 김재철 사장 해임 건의안을 방문진 이사회에 제출했다. 그러자 김재철은 뜬금없이 MBC 민영화를 제안했는데, 나중에 김필립 정수장학회 이사장과 전화를 해서 정수장학회가 갖고 있는 MBC 지분을 매각하자는 통화를 했음이 드러나서 또 한바탕 난리가 났다. 10월 들어서 야권 이사들이 제출한 김재철 해임안을 이사회에서 다루기 시작했다. 그러나 10월 25일, 김재철 해임안은 이사회에서 부결됐다. 11월 8일, 양문석 방통위 상임위원이 방문진 이사회를 앞두고 청와대 하금열 대통령 실장과 김무성 새누리당 총괄선대본부장이 방문진의 여권 이사에게 김재철을 해임하지 말라고 외압을 가했다고 폭로하고 상임위원직을 사퇴했다. 하금열과 김무성으로부터 전화를 받은 사람은 김충일 이사였음이 확인됐다. 그 소식을 들은 나는 김충일 이사가 심적 고생이 많았다는 생각이 들었다. 왜냐면 김충일 이사는 청와대 추천으로 이사가 됐기 때문이다. 언론인으로서의 양심과 자신을 임명해 준 청와대 사이에서 갈등하다가 결국 물러서고만 것이다.

이렇게 되면 MBC 노조가 박근혜 후보의 약속 위반을 규탄하는 기자회견을 할 것은 정해진 수순이었다. 그런 상황이라면 사실 그대로 인정하면서도 박근혜 후보는 방문진 이사회에 대해 기대를 했던 것이라고 변명하는 수밖에 없다고 생각했다. 11월 14일, MBC 노조는 박근혜 후보가 김재철을 해임하겠다는 약속을 위반했다고 기자회견을 했다. 그 순간부터 나는 전화에 시달려야 했다. 우선 권영세 선대위 상황실장이 전화를 해왔다. 나는 "노조 발표가 모두 사실"이라고 했더니, "정말이냐?"고 놀랐다. 그래서

"내가 거짓말할 이유가 없지 않느냐"고 답했다. 언론사 기자들의 전화도 빗발쳤다. 나는 모두 사실이라고 확인해 주었다. 그런데, 그 반응이 그렇게 부정적이지는 않았다. 박근혜 후보가 약속을 파기했다는 것보다 박근혜 후보가 그래도 MBC에 신경을 썼다는 데 오히려 무게가 실린 것 같았다.

어느 KBS 여기자의 전화가 지금도 기억에 남는다. 그 여기자는 자기 남편이 MBC에 다닌다면서, "박근혜가 MBC 문제를 그렇게 모른 체할 수 없다고 생각했는데, 그런 일이 있었군요"라고 하면서 통화를 끝냈다. CBS 라디오의 김현정 앵커가 잽싸게 전화를 해서 다음 날 아침 인터뷰를 하기로 했다. 권영세가 계속 전화를 했지만 나는 받지 않았다. 틀림없이 인터뷰하지 말라고 할 것 같았는데, 그러면 더 역효과가 난다고 생각했기 때문이다. CBS 인터뷰에서 나는 공개할 수 있는 한 최대한 사실을 인정하고 다만 박근혜 후보는 어디까지나 방문진 이사회가 결정해 주기를 기대했다는 식으로 약간의 여유를 주었다. 인터뷰에는 방문진 이사회를 통한 김재철 교체 아이디어를 준 사람에 대해 나는 단지 'MBC 선배'라고 답했는데, 정흥보 전 춘천 MBC 사장과 손석희 교수가 그들이었다.

김재철은 2013년 3월 26일 해임되었다. 야권 이사 3명에다가 김용철, 김충일 이사가 동조해서 해임이 이루어졌다. 박근혜 정부 들어서도 MBC는 계속 파행을 거듭했다. 김장겸 사장에 대한 노조의 반대는 김재철 시절에 비해 덜할 것도 없었다. 더구나 김문환, 고영주같이 언론과 방송에 문외한인 사람을 이사장으로 선임해서 방송문화진흥회도 이상하게 되고 말았다. 나는 김문환, 고영주 같은 사람이 왜 방문진 이사장을 하겠다고 나섰는지 이해가 되지 않는다. 사람마다 자기가 할 수 있는 지위가 있고 그렇지 않은 지위가 있는데 말이다. 이들을 임명한 사람이나 어울리지 않는 감투를 하겠다고 나선 사람이나 똑같이 한심하다.

문재인 정부가 들어선 후 징계를 당했던 노조원들은 모두 현직으로 복귀했다. 최승호 PD는 MBC 사장이 됐고, 그 뒤를 이어서 박성제 기자가 사장이 됐다. 박성호 기자는 뉴스데스크 앵커를 하다가 주미 특파원으로 일하고 있다. 이용마 기자는 복직했지만 끝내 암으로 세상을 떴다. 유례없이 여권 이사면서도 야권 이사들과 함께 김재철을 해임하는 데 동조해서 마음고생이 많았던 두 언론인 김용철, 김충일도 잊지 말았으면 한다. 11기 방문진 이사회를 구성할 즈음인 2015년 4월 말, 나는 〈시사IN〉(2012년 8월 1일 자)에 2012년 MBC 파업과 관련해서 당시로선 알려지지 않았던 막전막후 사정을 털어놓은 적이 있다. 당시 방문진 여권 이사로 거론되는 사람들이 너무 한심해서였다.

박근혜 대통령이 MBC 문제에 대한 약속을 지키지 못한 데는 2012년 9월 2일 청와대에서 이명박 대통령과 했던 100분 단독 회담의 영향이 있었을 것이다. 당시 두 사람이 덕담만 하지는 않았을 것이다. 아마도 이명박은 자기가 대선을 돕겠다고 말하면서 최소한 4대강 사업과 MBC 문제를 박근혜 후보에게 말하지 않았을까 한다. 대선에서 4대강 사업을 부정적으로 말하지 말 것과 MBC는 김재철이 있어야 선거에서 승리할 것이라고 말하지 않았다면 무슨 다른 중요한 의제가 있었을지 짐작이 가지 않는다.

당시 4대강 사업은 거의 완공이 되어가고 있어서 박근혜 후보로서도 어떻게 할 바가 없었지만, MBC 문제는 당면한 현안이었다. 그리고 4대강 사업과 MBC는 바로 나의 문제였다. 이명박이 볼 때 박근혜 주변 인물 중에서 내가 제일 고약한 사람이었을 것이다. 나도 그것을 알고 있기에, 그럼에도 불구하고 나를 발탁한 박근혜 전 대표를 좋아하고 존중했던 것이다. 그러나 9월 10일 인혁당 판결 발언이 있은 후, 박근혜 전 대표는 더 이상 내가 알았던 박근혜가 아니었다.

2012년 대선과 잘못 끼워진 첫 단추

MBC 노조가 기자회견을 하고 난 후, 나는 허탈한 기분으로 시간을 보냈다. 2012년 가을에도 안철수의 지지도는 문재인보다 높았다. 그런데도 나는 문재인 의원이 민주당 후보가 될 것으로 생각했다. 문제는 어떤 방식으로 문재인 의원이 야권 단일 후보가 되느냐는 것인데, 안철수가 후보를 포기해서 문재인이 야권 단독 후보가 됐다. 그러나 누가 되는가는 당시 박근혜 선대위에선 중요할 것이 없었다. 박근혜 본인이 부친 문제에 발목이 잡혀 있는 것이 당시 박근혜 후보의 가장 큰 문제였다. 인혁당 문제에 대한 공식 사과를 할 즈음에 박근혜 후보가 정치쇄신위원회 회의가 시작될 때 잠시 들른 적이 있었다. 오랜만에 박근혜 대표를 만났는데,

눈가에 다크서클이 크게 그려져 있는 것을 보고 놀랐다. 인혁당 두 개의 판결 이후 연거푸 터지는 악재로 충격을 받았던 것으로 생각됐다. 부친의 문제를 부친의 문제로 명쾌하게 정리하지 못해서 저렇게 충격을 받았구나 하는 생각이 들었다.

3주간의 공식 선거운동 기간에 나는 박근혜 후보 지지 단체와 함께 부산과 제주 등지의 유세에 힘을 보탰다. 그러던 중 12월 2일, 박근혜 후보의 보좌진 중 맏형 격이었던 이춘상 보좌관이 강원도 유세 일정 도중 교통사고로 사망하는 불상사가 일어났다. 그날 나도 박 후보 지지자들과 함께 유세 일정을 따라가다가 그 소식을 들었다. 그 소식은 나한테 굉장히 우울하게 들렸다. 박근혜 후보를 둘러싸고 있는 보좌관 4명에 대해선 문고리라고 해서 말이 많았는데, 그래도 이춘상 보좌관이 있어서 외부와의 소통이 가능했기 때문이다. 그는 블로그와 SNS를 관리하고 팬클럽 등 지지 단체와의 연락을 책임지고 있었다. 행사장에서 만나면 먼저 나한테 반갑게 인사를 했던 사람이었다. 박 후보가 대통령 당선 후 잘못되어 간 데는 이춘상이 없어진 것도 원인이라고 나는 생각한다. 그는 평소 부인과 함께 열심히 교회를 나갔다는데, 사후에 가족들은 생활도 어려웠다고 들었다.

12월 19일 출구 조사는 박근혜 승리를 예상했고, 그날 늦은 저녁에 새누리당 당사에는 김종인, 안대희, 김무성 등 선대위 멤버들이 자리를 같이했다. 나는 그날 참석하지 않았는데, 연합뉴스 등에 나온 사진은 의미하는 바가 컸다. 대선 승리가 눈앞에 있는데도 김종인, 안대희, 김무성의 얼굴에 웃는 모습이 없었기 때문이다. 그들은 정권을 창출한 사람들의 모습이 아니었다.

대선 승리 후 누가 인수위원장이 되며, 누가 인수위 총괄을 맡게 되느냐를 두고 온갖 예측이 있었다. 나는 나 혼자 박근혜 정부에 들어갈 가능성은 없다고 생각했다. 김종인, 안대희, 함승희, 권영세, 이혜훈과 함께 들어가든가 아니든가 둘 중의 하나라고 생각했다. 박근혜 대통령은 자기가 필요로 해서 나를 불렀던 것이고, 내가 먼저 무얼 하겠다고 한 적은 없었다. 그러나 나는 박근혜 정부가 처음부터 잘못 나간다고 생각했다. 김용준 인수위원장, 윤창중 대변인으로 시작한 인사는 참사의 연속이었다.

나는 박근혜 청와대에는 함승희나 권영세가 들어가야만 한다고 생각했다. 두 사람 모두 서울법대를 졸업하고 검사를 지내서 조직 운영을 알고 강단이 있기 때문이다. 두 사람 정도는 돼야 우리가 전부터 우려했던, 정윤회와 문고리의 전횡을 억제할 수 있다고 생각했다. 특히 이춘상이 사고로 사망해서 그런 위험은 더 크다고 생각했다. 그 후에 박근혜 정부는 계속 잘못된 길을 갔다. 김기춘을 비서실장으로 기용한 인사는 최악이었다.

제9장

2013~2015년

자유의 시간

30년 몸담았던 대학을 자발적으로 떠나다

나는 2012년 한 해 동안 대학교수로 제대로 역할을 하지 못했다. 게다가 더 이상 강단에 서고 싶지 않았다. 교수 생활을 접고 싶었다. 그래서 대선을 앞두고 중앙대 총장을 만나서 그 뜻을 전했더니 "대선 끝나고 정부에 들어가면 휴직하면 되고, 그렇지 않으면 정년이 4년이나 남았는데 무슨 소리냐"고 했다. 하지만 내가 뜻을 굽히지 않아서 결국 명예퇴직으로 처리하기로 했다. 그것을 두고 내가 박근혜 정부에 입각하는 게 아니냐는 말도 있었으나 그런 것은 전혀 아니었다.

나는 서울대 대학원에서는 미국 헌법에 대해 많이 공부했지만, 유학 기간에는 새로운 분야인 환경법, 그리고 국제법, 해양법, 해사법 분야를 주로 공부했다. 박사학위 논문은 해양오염에 관한 매우 테크니컬한 주제였다. 문화사회적 배경과 무관한 그런 분야가 학위를 하기가 편한 이유도 있었다. 그 분야는 하도 복잡해서 오래 기억하기도 어려웠다. 공부를 잘 마쳐서 대학에 쉽게 자리 잡았고, 그 후는 마음껏 하고 싶은 분야에서 많은 논문을 냈다.

교수가 된 첫해인 1983년에 《미국의 헌법과 연방대법원》이란 책을 냈는데, 이는 1976년 서울대 석사 논문을 유학 기간 중 보완해서 펴낸 것이다. 우리나라에서 석사 논문을 보완해서 이 정도 책으로 펴내는 경우는 거의 없었다. 적어도 미국의 사법심사에 대해선 국내에서 지금까지도 이 책을 능가할 만한 책이 나오지 않았다고 나는 생각한다.

대학교수 마지막 해인 2012년에는 그간 발표했던 미국 대통령에 관한 논문을 모아서 《미국의 헌법과 대통령제》를 발간했다. 1980년대에 발표한 미국 대통령 선거제도, 대통령의 전쟁 권한과 조약체결권 등 논문과 2010년에 발표한 미국의 프라이머리에 관한 논문을 담았다. 1980년대는 원고지를 사용할 때여서 그때 발표한 논문들을 아르바이트 학생을 시켜서 다시 컴퓨터로 입력하는 등 많은 작업을 해야만 했다. 따라서 나는 교수 생활의 처음과 마지막을 미국 헌법에 관한 책으로 장식한 셈이다. 그리고 2013년 2월 말, 65세 정년을 4년 남기고 명예퇴직을 했다. 할 만큼 했고 더 이상 미련도 없었다. 다음은 대학을 떠나면서 블로그에 남긴 글이다.

대학을 떠나면서 (2013년 2월 28일)

평소부터 60세까지만 대학에 있으면 충분하다고 생각했으니, 정년을 4년 앞두고 명퇴를 택한 결정은 나에게는 새삼스러운 일은 아니다. 법학은 원래 내가 공부하고 싶었던 전공은 아니었지만, 법학을 공부하게 되어 논리적 사고(思考)와 윤리와 규범의 중요성, 그리고 법과 현실의 괴리 같은 문제를 40년 넘게 고민했으니 법학을 전공해서 얻은 것도 많다.

30년 대학 강단에서 환경법, 국제경제법, 국제환경법 등을 가르쳤고, 교양과목으로 법학개론 등을 가르치기도 했다. 초창기에 내 강의를 들은 학생으로는 이재명 성남시장이 있다(이재명 시장은 노동자 생활을 하다가 뒤늦게 장학생으로 입학해서 숱한 신화와 일화를 남겼다). 1983년부터 몇 년 동안은 서울대에서 법학개론을, 1980년대 말부터 90년대 초까지는 서울대에서 환경법을 가르쳤고, 비슷한 시기에 경찰대학에서도 환경법을 가르쳤다. 중앙대에서 1990년대 말부터 2011년까지 영어 원강도 가르쳤는데, O.J. 심슨 재판과 클린턴 탄핵에 관한 〈TIME〉 기사를 교재로 사용해서 학생들의 호응이 좋았다.

30년 교수 생활에 미련이나 후회는 없고, 그간 교수 생활을 뒷받침해준 중앙대학교에 깊이 감사하는 생각뿐이다. 가까운 교수들에게는 일찍이 내 생각을 밝혔지만, 그때마다 이들은 "정년까지 가셔야 한다"고 만류했다. 하지만 나는 2011년 말 새누리당 비대위원에 발탁되면서 2012년이 교수로서의 마지막 해가 될 것이라고 생각했다. 우리나라에서 교수가 자발적으로 정년보다 앞당겨서 대학을 뜨는 경우는 드물다. 사실 평생 교수를 한 사람이 대학을 떠나는 것은 쉽지 않다. 자신의 성(城)인 연구실을 비우고, 그다음 날부터 갈 곳이 없는 것이 서글프다고 한다. 퇴직하면서 연구실을 비우는 일이 보통이 아니다. 시간 나는 대로 불필요한 자료와 책을 가려내서 폐기했는데도 막상 연구실을 비우려 하니 무슨 자료와 책자가 구석구석에서 그렇게 많이 나오는지 나도 놀랐다. 나는 대학을 떠났지만, 한국 대학의 앞날을 생각하면 마음이 무겁다.

돌이켜보면 1990년대 중반까지 중앙대 법대를 졸업한 학생들은 취직 걱정은 하지 않았다. 그러나 1997년 경제위기 후에 취직이 어려워져서 불안한 미래를 안고 공부하는 학생들을 가르치는 것 역시 우울할 수밖에 없었다. 그즈음부터 대학원 공동화(空洞化) 현상이 나타나기 시작했다. 그전에는 대학원 입학에 경쟁이 있었지만, 지금은 입학생을 구해야 하는 상황이 되었다. 서울에 있는 대학은 학부 학생마저 부족한 지방대학에 비하면 그나마 다행이라지만, 이는 우리 대학의 앞날에 검은 그림자를 던져 주는 현상이라 하겠다. 그런 짐을 후배 교수들에게 넘겨 버린 것 같아서 미안한 생각이 들기도 한다.

오랜만에 찾아온 여유

2013년 1월, 박근혜 정부가 인수위 문제로 한창 시끄러울 때 어머니가 암 진단을 받으셨다. 그것은 내가 겪어 본 가장 우울한 일이었다. 2월 말에 대학 연구실을 정리하고 집에 들어와 30년 만에 사무실이 없는 생활을 시작하였다. 나는 우선 지난 2년 동안 멀리했던 책을 읽고 그것을 바탕으로 2006년에 펴낸 《세계의 트렌드를 읽는 100권의 책》의 속편을 내려고 했다. 9·11테러에서 이라크전쟁 실패에 이르는 중동 정세와 미국의 대외정책, 그리고 미국 정치와 공공정책을 중심으로 한 100권의 책을 요약해서 출간하고자 했다. 또 하나는 전부터 관심이 있었던 한국전쟁에서의 미국 해병대의 역할에 관한 책도 내고자 했다. 후자는 이미 써놓은 글이 있어서 모으는 작업만 하면 되어서 2013년 6월에 《미 해병대 한국을 구하다》라는 제목으로 기파랑 출판사에서 출간됐다.

오래전부터는 나는 번역 책을 도저히 읽을 수 없었다. 1990년 전후로 나온 폴 케네디 교수의 《강대국의 흥망(興亡)》,《21세기를 준비하면서》 같은 책도 원서로 읽었다. 책 가격이나 두께도 영어 원서가 더 싸고 얇아서 보관하기도 편하다. 책 표지와 양장 제본 등 장정(裝幀)도 우리말 번역서는 원서의 품위를 도저히 따라갈 수 없다. 2013년에서 2014년까지는 그동안 못 보았던 책을 읽고 내용을 정리해서 블로그에 올렸다. 조지 W. 부시 정부의 대외정책과 경제정책이 실패하게 된 원인을 분석한 책을 많이 읽었다. 보수 정권이 실패하게 된 원인을 아는 것보다 더 중요한 일은 없다고 생각했기 때문이다.

나는 박근혜 정부가 잘될 것으로 생각하지 않았다. 국무총리는 주어진 대로 답변이나 하고 부총리는 능력이 부족하니까 더 이상 기대할 것도 없었다. 그런데도 여기저기 언론은 나를 아직도 박근혜 정부의 예비 인력으로 보고서 인터뷰를 청하곤 했다. 여하튼 나는 MBN, JTBC 등에 출연하고 간간이 라디오 인터뷰를 하면서 여유로운 시간을 보내게 됐다.

젊은 날의 우상, 남재희

2013년 3월, JTBC가 특집으로 방송한 '동행'이란 프로에 남재

71년 대선·총선이 있었고
72년에 (10월) 유신이 제가 학교 다닐 때 있었죠

이상돈

2013년 3월 JTBC '동행'

희 전 장관님과 같이 출연했던 일이 TV 출연 중 가장 기억에 남는다. 남재희 전 장관은 나한테는 서울법대 대선배인데, 원래 서울대 의예과에 입학했다가 적성에 맞지 않아서 법대로 전과를 했고, 법대에서도 고시 공부가 맞지 않아서 졸업 후에 기자 생활을 하셨다. 남재희 전 장관은 나에게는 너무나 특별한 분이다. 내가 고등학교에 다닐 무렵에 당시 유럽과 미국을 휩쓸던 스튜던트 파워와 신좌파(New Left) 운동에 대해 글을 쓰셨는데, 나에게는 그 글이 너무나 인상적이었다.

내가 대학에 다닐 때인 1970년대 초에는 조선일보 논설위원으로 계시다가 어느 날 갑자기 서울신문 편집국장으로 가서서 후배들에게 실망을 안겨 준 적이 있다. '동행' 대담에서 나는 서울신문으로 옮기게 된 경위에 대해 여쭈어보았더니, 당시 공보부 장관이 조선일보 사주(社主)인 방일영 회장에게 남재희를 서울신문으로 달라고 해서 방 회장도 할 수 없이 보내야 했단다. 지난 일을 되돌아보시면서, 정권과 회사 주인이 가라고 하니 어떻게 할 수가 없었다고 말씀하셨다.

JTBC 방송에도 나왔지만, 나는 그날 책 두 권을 들고 남 전 장관님을 만났다. 한 권은 내가 쓴《미국의 헌법과 대통령제》로, 증정 서명을 해서 남 전 장관님께 드렸다. 다른 한 권은 1970년 12월에 나온《현대 한국의 위치와 과제》로, 당시 조선일보 논설위원이던 남 전 장관이 편집해서 나온 책이었다. 그 시점에서 한국 사회의 과제에 대해 당시의 젊은 지식인들이 쓴 글을 모은 책으로, 노재봉, 이홍구, 송건호, 이효재, 신일철, 백낙청 등이 필자였다. 나는 많은 책과 잡지를 버렸는데 이 책은 보관하고 있어서 이날 보여 드리고 서명을 부탁드렸다. 책이 나온 지 32년 만에 저자 서명을 하시는 남 전 장관님은 감동을 숨기지 못하셨다.

윤여준과 문재인, 그리고 나

2013년 가을에는 어느 출판사의 기획으로 윤여준 전 장관, 이철희 평론가와 함께 역대 대통령의 실패를 다룬 대담집《누가 해도 당신들보다 낫다》를 펴내기도 했다. 이런 식으로 대담집을 펴내는 게 일종의 유행이었는데, 나는 솔직히 그런 책을 좋아하지 않는다. 그런데 이렇게 가볍게 읽을 수 있는 대담집이 오히려 잘 팔린다고 한다. 원래 대담집은 당대의 석학이 인생 말년에나 내는 것이 정상인데, 우리나라에선 너나없이 대담집을 펴내고 있으니 이상한 현상이다. 출판사는 이 책을 펴낸 후에 토크쇼도 하려고 했으나 마침 세월호 침몰 사건 때문에 큰 행사는 하지 못했다.

2013년 늦가을, 윤여준 전 장관님이 잠시 보자고 하시더니 안철수가 2014년 지방선거를 앞두고 창당을 하자고 해서 안 도울 수가 없다면서 나에게도 도와 달라고 하셨다. 그때 나는 창당 시기가 아니라고 했다. 즉, "김종필 총재같이 충청에 기반을 둔 제 3당이라면 지방선거를 앞두고 창당할 수 있지만, 안철수처럼 '새 정치'라는 가치를 내세운다면 비례대표 의석을 얻을 수 있는 총선을 앞두고 창당을 해야지 어떻게 지방선거를 앞두고 합니까?"라고 말씀드렸더니, 윤 장관은 "그러게 말이야, 2012년 총선을 앞두고 했어야 했어"라고 말씀하셨다.

더구나 당시 안철수의 '새 정치' 약속에는 기초단체 선거는 정당 공천을 폐지하자는 내용이 있었다. 그렇다면 창당을 해서 광역단체장만 공천하겠다는 이야기가 되는데, 그러고야 정치 지망생이 모여들 수가 없었다. 결국에 광역단체장 후보를 구하지 못했고, 민주당과 합당해서 새정치민주연합이란 정당을 만들어서 김한길 의원과 공동대표를 지내면서 지방선거에 임했다. 그러나 세월호 사건 후라는 유리한 여건 속에서도 경기도지사와 인천시장을 새누리당의 남경필과 유정복에게 내주고 말았다. 새정치연합에 참여했던 윤여준 전 장관도 스타일을 구겼음은 물론이다. 나는 안철수 대표가 현실 정치를 너무 모르고 있다고 생각했다.

역시 2013년 늦가을, 문재인 의원이 남재희, 윤여준, 그리고 나를 초청한 저녁 식사 자리가 있었다. 북촌의 한정식집이었는데,

2012년 총선과 대선에서 상대방에 있었던 나를 원로 두 분과 함께 저녁에 초청했기에 무척 뜻깊게 생각했다. 문재인 의원이 초청한 자리여서 나는 당연히 문 의원이 무언가 할 말도 있고, 전달하고자 하는 메시지가 있을 거라 기대했다. 그런데 문재인 의원은 나한테 "한번 만나고 싶었다"고 했을 뿐 특별한 말이 없었다. 그날 저녁도 발언권은 남재희 전 장관에게 돌아가서 장관님의 구수한 말씀을 들으면서 술잔이 오갔을 뿐이었다. 더구나 문재인 의원은 바른 자세로 앉아서 옆에 있던 나도 불편함을 느꼈다. 대통령이 된 후에도 그런 모습이 그대로인 것 같아서 그런 겸손함이 반드시 좋은 것만은 아니라는 생각을 하게 된다.

아무것도 변하지 않은 세상, 내게 남겨진 숙제

2013년 여름과 가을을 거치면서 나는 박근혜 정부가 4대강 사업과 MBC 문제에 대해 전향적인 변화를 전혀 보이지 않는 데 대해 깊이 실망하게 됐다. 사실 이명박 정권이 남긴 가장 부정적인 영향은 4대강 사업과 MBC 문제였고, 나는 박근혜 대통령이 4대강 사업과 MBC 문제에 대해 이명박과 다르다고 생각해서 한 해 동안 정치적 행로를 같이했던 것이다. 이명박 청와대는 박근혜 주변 인물 중에서 나를 가장 골치 아픈 존재로 보았을 것인데, 그것도 4대강 사업과 MBC 때문이었을 것이다. 박근혜 정부 들어서 감사원이 4대강 사업을 재평가하는가 하더니 어느 순간 그런 분위기마저 사라져 버렸다. 그렇게 되고 나니까 4대강 사업을 저지하고자 같이 애썼던 사람들 보기에도 체면이 서지 않았다.

그때 〈시사IN〉 이숙이 편집장 덕분에 4대강 사업으로 망가진 낙동강과 남한강 현지 르포기사를 〈시사IN〉에 기고할 수 있어서 그나마 다행이었다. 사진기자를 대동하고 현지를 답사하며 쓴 글이 〈시사IN〉 제311호 '강아, 미안하다'(8월 26일 자) 표지 기사와 제312호 '다리와 도로가 무너진다'(9월 2일 자) 기사로 나왔다. 4대강 사업이 완성된 후의 낙동강과 남한강의 처절한 모습을 목격하고도 글을 쓰는 것 외에는 달리 할 수 있는 일이 없다는 것이 답답했다. 박근혜 정부가 들어서도 보수신문과 KBS, MBC는 4대강 사업이 마치 존재하지도 않는 것처럼 무시했다.

그런데, SBS가 '물은 누구의 것인가?'라는 〈SBS 스페셜〉 특집 프로의 1부로 '4대강의 반격'을 만들어서 9월 29일에 방송했다. 송영재 PD가 심혈을 기울여 만든 이 방송 프로는 4대강 사업 공사가 끝난 후, 그 부작용과 해악을 다룬 훌륭한 프로였다. 하지만 방송이 나가고 나서 송영재 PD는 사실상 보직에서 해임되어 그후 아무 일도 하지 못했다. SBS에서 환경을 많이 다루었던 박수택 기자가 이명박 정권 때 현장 취재에서 물러나야 했던 일이 반복된 것이다. 도무지 4대강 사업이 무엇이기에 이렇게 숨길 것이 많은지, 또 언제까지 숨겨야 하는지 알 수가 없었다.

MBC 문제도 김재철이 해임됐을 뿐 해직자 복귀는 전혀 이루어지지 않는 등 전과 다를 게 없었다. 김재철이 사라졌을 뿐이고 방송문화진흥회와 MBC도 전과 다를 것이 없었다. MBC 문제를 풀어 보고자 함께 의논했던 박성호 기자는 대학원에서 박사과정을 시작했고, 최승호 PD는 〈뉴스타파〉에서 일을 했고, 박성제 기자는 스피커 제작 사업을 시작했다. 이런 일들이 나를 우울하게 만들었다. 나는 최대한 노력을 했고 신뢰를 지켰지만, 결과적으로 진전된 것이 없으니 면목이 없었다.

세월호 사건, 그리고 새누리당 탈당

2014년은 세월호 사건이 발생한 해였다. 세월호 사건은 그해 모든 것을 집어삼켰다. 바다에서는 간혹 참사가 발생한다. 1994년 9월 28일 발트해에서 침몰한 에스토니아 호 침몰 사건이 근래에 있었던 세월호와 가장 비슷한 사고였다. 에스토니아 호는 세월호 같은 페리였는데 크기가 두 배 이상 컸고 사망자도 두 배 이상 많았다. 차이가 있다면 에스토니아 호는 풍랑을 만나 침몰했는데, 세월호는 맑은 날 별안간 침몰했다. 문제는 사고에 대처하는 우리의 자세였다. 한밤중에 커진 풍랑 속에서 침몰한 에스토니아 호와는 달리 맑은 날 조용한 바다에서 기울어진 세월호에 탔던 학생들은 탈출할 수 있었다. 결과적으로 어른들의 잘못이고 시스템의 실패였다.

사태의 심각성에 대해 적절하게 대응하지 못한 박근혜 대통령도 그렇지만 이른바 보수라는 사람들의 언동이 상황을 악화시켰다. 어느 여권 인사는 세월호를 9·11에 비유하면서 미국인은

9·11 후 단결했다고 주절거려서 비웃음을 샀다. 〈시사IN〉 이숙이 편집장의 부탁으로 사진기자와 함께 팽목항에 다녀올 수 있었다. 시신을 수습한 해경정이 부두에 도착하면 하얀 광목이 펼쳐지고 그러면 유가족의 절규가 들려오는, 참으로 견디기 어려운 현장이었다. 그렇게 해서 쓴 르포 '피해 가족의 얼굴이 까맣게 변해 가고 있었다'가 〈시사IN〉 347호(2014년 5월 7일 자)에 나왔다. 팽목항에 내려가기 전에 제자 변호사들과 함께 안산 분향소에 갔는데, 한 학생이 작은 메모지에 "돈만 아는 어른들 때문에 아이들이 죽었다"고 써서 붙여 놓은 것을 보았다.

박근혜 대통령은 민심 수습 차원에서 정홍원 총리의 사표를 수리하고 안대희 전 대법관을 후임으로 지명했다. 나는 두 가지 측면에서 놀랐다. 안대희에 대한 야당의 거센 비난에 놀랐고, 과다 수임료 등 논란이 일자 엿새 만에 사퇴해 다시 한번 놀랐다. 그리고 6·4 지방선거를 치렀는데, 남경필, 유정복 의원이 경기도지사와 인천시장에 당선됐다. 세월호 정국임에도 매우 선전한 것이다. 야당인 새정치민주연합이 그런 유리한 분위기 속에서도 경기도와 인천을 빼앗긴 원인은 아무래도 안철수의 새정치연합과 합당해서 생긴 후유증 때문일 것이다. 지방선거를 앞두고 기초단체 공천을 하니 안 하니 하면서 혼선을 빚어서 그런 결과가 나오고 말았다.

세월호 분위기에서 치른 지방선거에서 선전한 박근혜 대통령이 국정 기조를 바꿀 이유가 없었다. 이어서 총리로 지명된 문창극 전 중앙일보 주필이 또 낙마해서 정홍원이 다시 총리를 하다가 이듬해 2월에야 이완구 총리가 취임하는 난맥상을 빚었다. 하지만,

박 대통령은 세월호 사건 보고와 사후 처리 등에 책임이 있는 김기춘 비서실장을 유임시켰다. 나는 김기춘이 있는 한 박근혜 정부에 기대할 것은 없다고 생각했고, 박 대통령에 대해 갖고 있었던 일말(一抹)의 기대를 접어 버렸다. 그즈음 나는 새누리당을 탈당했다.

박영선과 새정치민주연합 비대위원장 파동

그리고 얼마 후 새정치민주연합 비대위원장 파동이 일어났다. 그 사건은 기자들이 워낙 열심히 취재해서 보도한 탓에 내가 더 이상 밝힐 것도 없다. 2007년 대선 때 이명박 후보에 맞서서 BBK의 진실을 밝히고자 했던 박영선 의원을 나는 좋아했다. 그 후 경향신문 '대화'를 진행하면서 만나는 등 교감을 하면서 지냈다. 나는 박영선 의원 같은 정치인이 야당을 이끌어야 야당이 경직적인 교조(敎條)주의에서 벗어나 집권할 수 있다고 믿었다.

2014년 7·30 재보선에서 새정치민주연합이 참패하자 나는 8월 9일 자 경향신문 칼럼 '야당의 문제, 야당의 기회'에서 당시 야당인 새정치민주연합은 새누리당에 비해 전당대회와 경선 규칙이 불안정하고, 야당 인사들은 정치가 전업인 경우가 대부분이라서 동작을 보궐선거에서와 같은 공천 잡음이 생기며, 따라서 야당도 이제 전문직, 관료, 학자 출신을 많이 영입해야 하며, 새누리당이 우경(右傾) 본색을 드러내고 있기 때문에 야당은 토니 블레어 전 영국 총리 방식처럼 중도 개혁을 지향하는 우(右) 클릭할 기회를 맞고 있다고 썼다. 그러면서 "'국민공감혁신위원회'로 출범한 박영선 비대위원회의 건승을 기원한다"고 끝을 맺었다. 박근혜 대통령이 토니 블레어가 될 가능성은 없어졌으니까 박영선 의원에게 기대를 표명했던 것이다.

박영선 의원은 원내대표로 세월호 사건 후 여당과 특별법 협상을 하던 중 조사위원회에 수사권과 기소권을 부여하자는 유가족과 시민단체의 주장에 봉착했다. 박 의원은 새누리당이 이런 주장을 절대로 받지 않을 것이라고 생각해서 수사권과 기소권을 삭제한 타협안을 여당과 합의했다가 유가족들로부터 거센 비난을 들었다. 더구나 문재인 의원이 광화문 광장에서 유가족들과 함께 단식농성을 해서 여당과 합의를 통한 특조위 구성 자체가 무산되는 등 당 안팎의 압력에 시달리고 있었다. 나는 8월 20일 자 〈시사저널〉 1296호에 '곤경에 빠진 박영선'이란 칼럼에서 "아무리 세월호 진상 조사가 중요해도 조사위원회에 수사권과 기소권을 주는 것은 무리이다. 이렇게 되면 조사위원회 자체를 거부하는 여당에 명분을 주게 되는데, 합리적 타협안을 마련한 박영선 비대위원장은 당 안팎의 비판에 시달리고, 여당은 그런 모습을 즐기고 있으니 서글픈 현실"이라고 썼다.

9월 10일, 박영선 의원이 급하게 보자고 해서 밤에 한남동으로 나갔는데, MBC 출신인 김성수, 최명길과 함께 있었다. 2016년 총선 때 함께 국회에 들어오게 될 김성수와 최명길을 나는 그때 처음 만났다. 그랬더니 새정치민주연합의 비대위원장을 맡아 달라고 했다. 놀라서 그게 무슨 말이냐고 했더니 문재인 의원, 김한길 의원도 동의했고, 평소에 영국의 토니 블레어 총리, 독일의 메르켈 총리 같은 제3의 길을 주창했으니까 이쪽에서 그걸 같이 해보자는 말이었다. 원내대표로서 비상대책위원장직을 겸하고 있는 박 의원이 비대위원장직을 내려놓고 외부 비대위원장을 찾았는데, 마땅한 사람이 없었는지 나를 생각했던 것이다. 나는 그런 발상을 할 수 있다는 자체에 놀랐지만, 박 의원의 부탁이니 무조건 못 하겠다고 할 수도 없어서 생각을 해보자고 했다.

그러고 다음 날인 9월 11일, 박영선 의원과 함께 문재인 의원을 조선호텔 커피숍에서 만나서 꽤 오랫동안 이야기를 했다. 주로 박영선 의원이 이야기했고, 문재인 의원은 간혹 몇 마디 보태곤 했다. 당시 야당은 세월호 후에 치른 지방선거와 재보궐선거에서 성적이 좋지 않아서 매우 가라앉은 분위기였다. 화제가 선거와 공천으로 옮겨 가자 문재인 의원은 기존 당원과는 달리 모바일 당원이 주축이 된 정당민주주의에 대해 잠시 이야기를 했다. 박근혜 정부에 대한 이야기가 나와서 나는 이제 새누리당에 대한 미련은 없고, 박근혜 정권은 보기보다 취약하다고 말했다. 문재인 의원은 나한테 박 의원과 함께 도와 달라고 부탁했다.

박영선 의원과는 전당대회 규칙과 상향식 공천제도 같은 이야기를 나누었다. 당시는 새누리당은 당 대표와 최고위원을 선출하는 전당대회 규칙이 확립되어 있었지만, 야당은 그런 룰 자체가 불안정했다. 상향식 공천제도에 대해선 나와 박영선 의원이 생각을 공유하는 제도가 있었는데 캘리포니아 등 몇 개 주가 하고 있는 톱 투 프라이머리이다. 나는 이 독특한 제도를 우리가 도입해 볼 만하다는 칼럼 '톱 투 프라이머리 도입을 제안한다'를 2011년 2월 9일 자 경향신문에 기고한 적이 있다. 박 의원은 캘리포니아 출장 중, 이 제도에 대해 알게 되었고 이를 토대로 한 법안을 18대 국회에 제출하기도 했다.

나는 박 의원한테 내가 정당의 대표 같은 비대위원장을 절대로 할 수 없다고 하니까 어차피 비대위원회는 회의체 리더십이니까 회의를 주재하고 전당대회와 공천제도 같은 정치제도 개혁을 주로 맡아 주면 된다고 했다. 이야기가 이렇게 진행되니까 내가 더이상 못 한다는 말을 할 수 없게 되고 내 거취를 박 의원에게 위임하게 됐다. 그러다가 자연스럽게 내 인선이 언론에 흘러 들어가서 보도되자 새정치민주연합이 발칵 뒤집혔다. 특히 친문 성향의 의원들의 반응이 폭발적이었다. 박 의원은 나와 안경환 교수를 공동위원장으로 하는 방안도 내놓았으나 효과가 없었다.

박 의원이 이런 결정을 독단적으로 한 것이 문제라는 반감이 커 보였다. 그런 도중 몇몇 신문에 문재인 의원이 사전에 나를 만났고 동의를 했으면서도 침묵하고 있다는 보도가 나왔다. 이런 이야기까지 나오면 사태는 걷잡을 수 없는 것이라서 9월 13일 박 의원은 비대위원장 선임을 철회했다. 세월호 협상이 당내 강경파에 의해 좌초되고 비대위원장 선임도 실패함에 따라 박 의원은 큰 상처를 입었고, 사태가 수습된 후에 10월 2일 자로 원내대표직을 내려놓았다.

나는 한 달 후 장윤선의 〈뉴스팟장〉(10월 8일 자 오마이뉴스 기사)

에서 당내 합의가 있어야 비대위원장이 가능한 것이라고 했는데, 문재인 의원 본인이 동의해도 자신을 지지하는 측근이나 핵심 지지층이 반대하니까 그들을 설득하지 못했던 것 같다고 이야기했다. 그리고 톱 투 프라이머리를 도입하는 등 공천 제도를 개혁하는 방안을 당론으로 채택해서 계파정치의 온상인 당내 경선 같은 것을 바꾸어 보고 싶었다고 밝힌 바 있다. 돌이켜보면, 박 의원이 문재인 의원의 말을 너무 믿은 것이 잘못이었다. 문재인 의원은 처음에는 동의했다가 주변과 지지 세력이 반대하니까 물러나고 만 것인데, 그나마 내가 그 부분을 커버해 주어서 파동이 더 이상 커지지 않았다. 아마도 친노를 계승한 친문 세력은 안철수-김한길 공동대표 체제에 이어서 박영선-이상돈 공동 체제로 이어지면 자신들의 당내 입지가 약화하는 것이 아니냐고 생각했을 수도 있다. 하지만 내 관심은 우리나라 정치 발전을 막고 있는 정당의 공천 제도와 당 대표를 선출하는 당내 민주주의를 구현하는 방안을 마련해 보고 싶었던 것이고, 혹시 거기에 성공하면 야당이 집권할 수 있도록 토니 블레어 같은 '제3의 길'을 모색하도록 하고 싶었을 뿐이다.

박영선 의원은 의원 연구단체인 '한국형 제3의 길'을 운영해 오고 있었는데, 원내대표를 그만두고 나서 처음으로 '오픈 프라이머리'에 관한 토론회를 12월 8일 국회 의원회관에서 개최했다. 나도 그 토론회에 토론자로 참석했는데, 이 소식을 전하면서 〈뉴스1〉은 기사 제목을 '박영선, 8일 이상돈과 함께 오픈 프라이머리 토론회'라고 달았다.

배척당한 오픈형 국민경선제, 톱 투 프라이머리

톱 투 프라이머리(Top Two Primary)는 미국 워싱턴주가 2004년부터 시행한 프라이머리로, 2012년에는 캘리포니아주가 채택한 제도이다. 톱 투 프라이머리는 결선 투표형 예비선거라고 번역할 수 있는데, 일반 유권자가 특정 정당의 후보를 선출하는 오픈 프라이머리와는 달리 정당 소속과 관계없이 모든 후보자가 예비선거에 출마하고 그중 최고 득표자 2인이 본 선거에 출마하도록 해서 유권자의 선택을 받게 된다. 톱 투 프라이머리를 시행하면 예비선거에 한 정당에서 여러 명의 후보가 나설 수 있고, 어떤 경우에는 예비선거에서 한 정당에 속한 두 명의 후보가 선출되어 본 선거에서 당락을 겨루게 된다. 워싱턴주와 캘리포니아주에선 실제로 이런 경우가 발생하곤 한다. 이 제도가 정당의 정체성을 해한다는 이유로 반대하기도 하지만, 워싱턴과 캘리포니아의 유권자들은 주권재민(主權在民) 원칙에 더 부합한다고 보고 있다.

우리나라가 톱 투 프라이머리를 도입하면 정당은 공천권을 상실하게 되고, 낙후된 정당 공천을 거치지 않고 신인이 선거에 뛰어들 수 있다. 무엇보다 여야 텃밭에서의 '공천이 곧 당선'이란 공식이 없어지게 되어 경북·대구와 호남의 유권자들은 본 선거에서 같은 정당 후보 2명 중 한 명을 선택하는 경우가 많아질 것이다. '톱 투 프라이머리'를 실시한다면 법을 고쳐 선거관리위원회가 이를 직접 관장해서 공정성을 담보하도록 해야 할 것이다.

2015년 7월 말, 문재인 대표가 위촉한 김상곤 정치쇄신위원회

는 오픈 프라이머리를 배척하고 기존의 권리 당원 중심의 국민참
여경선제를 유지하기로 했는데, 이때에도 박영선 의원은 톱 투 프
라이머리 같은 오픈형 국민경선의 도입을 주장했다. 조국 교수가
초안을 만든 김상곤 쇄신위의 공천안에 대해 반발한 박지원 등 비
당권파 의원들이 그해 말 탈당하기 시작해서 국민의당이 태어나
는 계기가 되었다.

《공부하는 보수》, 《춘곡 고희동》 출간

2006년에 《세계의 트렌드를 읽는 100권의 책》을 낸 후에도 나
는 미국에서 나오는 정치와 국제관계에 관한 신간을 꾸준히 주문
해서 읽고, 그 개요를 내 블로그에 올려놓았다. 2012년은 워낙 바
빠서 책 읽을 시간이 없었으나, 대선이 끝나고 대학마저 그만두니
책 읽을 수 있는 좋은 환경이 찾아왔다. 나는 9·11테러와 그 이후
급격한 변화를 겪고 있는 세계정세, 서유럽 문명과 이슬람 문명의
충돌, 미국의 대외정책과 국내 정치, 그리고 2008년 경제위기와
그것이 미치는 영향 등에 대해 읽고 블로그에 올려놓은 글을 모으
면 훌륭한 단행본이 될 만했다. 다행히 책세상 출판사가 출간하겠
다고 나서서 2014년 9월 20일에 《공부하는 보수》가 햇빛을 보게
됐다.

'공부하는 보수'라는 책 제목은 출판사가 고집해서 관철한 것인
데, 썩 마음에 들지는 않았다. 9·11 후의 중동 정세, 미국의 대외

정책, 그리고 미국의 정치 사회 경제에 관한 책 100권에 관한 소개 겸 서평을 모아 놓아서 이 책을 읽으면 원서 100권의 개요는 충분히 이해할 수 있게 된다. 하지만 700쪽이나 되는 어려운 책이 과연 몇 권이나 팔리느냐가 관건이었다. 여러 신문이 신간 소개란에 비교적 비중 있게 다루어 주었다.

이 책을 읽은 중앙일보 홍석현 회장이 내용이 좋다면서 꽤 많은 부수를 구매해서 중앙일보와 JTBC 기자들에 돌리고, 정몽준 의원이 새누리당 의원들에게 한 권씩 돌린 덕분에 2쇄를 금방 찍고 이듬해 초에 3쇄를 찍었다. 책을 읽은 언론인들로부터는 잘 읽었다는 인사를 들었지만, 새누리당 의원으로부터는 그런 인사를 듣지 못했다. 청와대에 있던 조윤선 수석으로부터 책을 잘 읽었다는 메시지를 받았을 뿐이다. 국회의원으로 있을 때 해외 출장 중 현지에서 만난 대사 등 외교관이 《공부하는 보수》를 잘 읽었다는 인사를 받았을 때가 제일 뿌듯했다.

10월에는 또 하나의 기다리던 책이 출간됐다. 근대 건축과 미술을 연구하는 김란기 선생이 쓴 《춘곡 고희동》이 드디어 나온 것이다. 외할아버지의 삶을 정리한 아담한 책인데, 그중 상당한 부분이 어머니의 회고와 증언이었다. 어머니는 외조부의 막내딸로 일제강점기 말기 어려운 시절에 지금은 등록문화재 고희동 미술관으로 보존되고 있는 원서동 16번지에서의 살았던 이야기, 8·15 해방과 6·25, 그리고 4·19과 5·16을 거치는 격동의 세월에 외조부와 겪었던 일을 담담하게 구술(口述)로 남겨 놓으셨다. 어머니는 이 책을 받아 보시고 하염없이 눈물을 흘리셨다. 그리고 말기

암 증상이 악화되어 책이 나온 지 한 달이 되는 11월 20일, 성당 교우들의 기도와 성가를 들으면서 눈을 감으셨다.

모친상을 여러 군데 알렸는데, 청와대에는 조윤선 수석에게 알렸다. 조 수석은 자기 명의로 조화를 보내 주었다. 박 대통령에게 말을 전하지는 못 했을 것이다. 어떤 기자가 빈소에 들러서 박근혜 대통령이 보낸 조화가 있는지를 확인하고 가더니 '박 대통령이 이상돈 교수 모친상에 조화를 안 보냈다'는 기사가 나중에 났다. 어떤 신문은 나의 모친상 때 박 대통령은 물론 새누리당 의원들도 조화를 전혀 보내지 않았다고 썼는데, 그것은 사실이 아니다. 새누리당 현역으로는 진영, 유승민 의원이 조화를 보내 주었고, 홍사덕, 전용원, 함승희 전 의원도 조화를 보내 주었다. 민주당에서는 신기남, 박영선 의원이 조화를 보냈다. 진영 의원과 신기남 의원은 나와 경기고 동창이기도 하다. 그 외에도 새누리당에선 김세연, 김선동 의원이, 민주당에선 원혜영 의원과 이재명 성남시장 등이 직접 조문을 다녀갔다.

주요 정치 이슈를 다룬 전국구 신문 칼럼 기고

2014~2015년 기간은 신문 칼럼을 쓰고 라디오 시사프로로 인터뷰하는 일이 사실상 나의 본업이었다. 2013년 여름부터 나는 〈시사저널〉에 4주에 한 번씩 권말 에세이 칼럼을 기고해 왔다. '4대강의 불편한 진실'(2013. 9. 4), '마거릿 대처를 제대로 아는

가'(2013. 12. 24), '메르켈에게 통합을 배워라'(2014. 1. 22), '내정이 중요하다'(2014. 3. 12), '기능장애에 빠진 정부'(2014. 5. 28), '추락한 대통령 리더십'(2014. 12. 7), '신뢰 상실한 정부'(2015. 1. 8), '개혁신당의 성패'(2015. 7. 30), '리더십 쇄신이 필요한 새정치연합'(2015. 11. 23) 등이 〈시사저널〉에 나왔던 나의 칼럼이었다.

2014년 1월부터는 경향신문에도 〈이상돈 칼럼〉으로 정기적으로 기고하게 됐다. 전부터 기고해 달라는 경향신문 편집자의 부탁을 더 이상 거절할 수가 없었다. '박근혜 정부, 지금 어디에 서 있나'(2014. 1. 1), '레임덕의 길, 개혁의 길'(2014. 4. 2), '내가 박 대통령을 지지한 이유'(2014. 5. 14), '실패한 대통령에게서 배워라'(2014. 7. 9) 등 2014년에 쓴 칼럼은 주로 박근혜 정부에 대한 실망과 비판을 담은 글이었다. 2015년에 쓴 칼럼으로는 '노태우, 김영삼 그리고 박근혜'(2015. 1. 21), '대통령제의 저주'(2015. 7. 1), '바보야, 문제는 야당이야'(2015. 7. 29), '역사의 수렁에 빠지다'(2015. 10. 28) 등이 있다. 경향신문에 마지막으로 쓴 칼럼이 '이럴 거면 갈라서라'(2015. 12. 9)와 '새 정당이 성공하려면'(2015. 12. 30)이었는데, 이듬해 2월 나는 국민의당에 합류하게 됐으니 결과적으로 자기의 행보를 미리 써 놓은 꼴이 되고 말았다.

2015년에는 대구 매일신문, 광주일보에도 정기적으로 칼럼을 기고하게 되었다. 광주일보는 4주에 한 번이었으나 대구 매일신문은 격주로 써 주기를 원했다. 새정치민주연합 비대위원장 파동이 있고 얼마 후인 2014년 10월 15일, 나는 매일신문과 광주일보의 후원으로 영호남상생포럼이 주최한 대통합을 위한 국민토론회에서 주제 발표를 맡게 되었다. 공천 개혁 등 정치개혁 없이는 지역 패권정치를 타개할 수 없다는 요지로 발표를 했다. 토론자로는 천정배 의원, 이혜훈 전 의원, 이상호 대구매일 편집국장, 기현호 광주일보 편집국장 등이었고, 주제 발표와 토론 내용은 두 신문에 크게 보도가 됐다. 그러고 나서 두 신문이 동시에 나에게 칼럼 기고를 부탁해서 한 해 동안 기고하게 된 것이다. 그러니까 대구와 광주의 대표적인 지역 일간지에 동시에 기고하게 된 것이다.

매일신문에는 '대통령 비서실장'(2015. 1. 16), '좋아하지 않는 대통령을 위한 변명'(2015. 3. 20), '유승민 사태와 정치인 유승민'(2015. 7. 10), '새누리당은 혁신할 수 있나'(2015. 7. 24), '대구 경북 유권자에 달렸다'(2015. 8. 7), '좋은 대통령, 나쁜 대통령'(2015. 10. 30), '호남 민심은 폭발, 그렇다면 영남은?'(2015. 12. 25) 등이 좋은 반응을 얻었다. 나는 대구 유권자들이 무조건적인 진영 논리에서 벗어나서 이성적으로 판단할 것을 여러 번에 걸쳐 촉구했다. 박근혜 대통령의 정치적 고향인 대구에서 그런 글을 쓸 수 있는 필자가 없었기 때문에 나의 칼럼은 상당히 호소력이 있었다고 한다. 내가 매일신문에 쓴 칼럼이 2016년 총선에서 무소속으로 나온 유승민과 민주당 후보로 나온 김부겸, 또 무소속으로 나온 홍의락이 당선되는 데 약간의 도움을 주지 않았나 하고 생각한다.

광주일보에는 '야권은 성찰과 반성이 필요하다'(2015. 5. 1). '새정치민주연합, 어디로 가나'(2015. 5. 29), '김상곤 혁신위의 공천 개혁 논의'(2015. 6. 26), '호남 신당은 가능하고 성공할 것인가?'(2015. 7. 24), '정계개편을 논의할 시점이다'(2015. 10. 23), '갈 길을 잃은 새정치민주연합'(2015. 11. 20), '안철수 의원의 새로운 도전'(2015. 12. 18) 등이 호응을 얻었다. 나의 이런 칼럼이 호남 민심을 움직여서 그해 연말과 이듬해 초에 호남의원들이 민주당에서 이탈하는 데 조금은 영향을 주었을 것이다.

새정치민주연합 내의 심각한 갈등과 민집모 탄생

2015년 4·29 재보선에서 새정치민주연합이 참패함에 따라 문재인 대표의 사퇴를 요구하는 등 불만과 비판이 봇물 터지듯 쏟아져 나오기 시작했다. 이에 대해 문재인 대표는 김상곤 전 교육감을 혁신위원장으로 영입해서 당을 혁신하자고 했고, 조국 교수가 쇄신위원으로 공천 룰 등을 손보게 됐다. 누가 보나 그런 상황에서 나온 쇄신안은 비주류 의원들을 공천에서 탈락시키기 위한 수단이 될 것이 분명했다.

민주당 내 비주류의 정서를 대표해서 정대철 고문이 먼저 문재인 대표의 사퇴를 요구하고 나섰다. 7월부터는 박지원, 주승용 의원이 문 대표를 강도 높게 비판했고, 호남신당, 개혁신당, 심지어 비노(非盧)신당 같은 이야기가 나오기 시작했다. 이런 비판에도 아랑곳하지 않고 8월 들어서 김상곤 혁신위원회는 현역의원 평가와 하위 20% 컷오프 등 공천 룰을 발표했다. 나는 새누리당 비대위원 시절에 현역의원 평가와 컷오프가 얼마나 무모한 것인지를 경험한 바가 있어서, TV 대담에서 저렇게 하면 당이 깨질 거라고 논평하기도 했다.

나는 그즈음 정대철 전 민주당 의원을 만난 적이 있었다. 정대철 고문은 나의 외조부가 춘곡 고희동임을 알고 나를 만나자 무척 반가워하셨다. 정대철 고문의 부친인 정일형 박사님과 나의 외조부는 민주당 창당 멤버였고, 4·19 후 정일형 박사는 민의원 의원이자 외무장관이 되셨고 나의 외조부는 참의원을 지내셨다. 게다가 5·16 후에도 정일형 박사 자택과 우리 집은 내자동에 있었기 때문에 외조부님이 우리 집에 오시면 정일형 박사님 댁을 꼭 들르시곤 하셨다. 정대철 고문은 김한길, 안철수 등 비문 의원들이 새로운 정당을 만들어야만 정권을 창출할 수 있다고 하면서, 나한테도 이제 대학도 그만두었으니 마지막으로 제3 신당을 같이 해보자고 하셨다.

가을에 접어들자 다음 총선을 앞두고 새정치민주연합 내의 갈등은 심해졌다. 당 공동대표를 내려놓은 안철수 의원은 문재인 대표를 강도 높게 비난하는 등 민주당의 내분은 깊어만 갔다. 그런 분위기가 높아 가던 2015년 10월 초, 새정치민주연합의 비주류 의원들의 모임인 민집모(민주당의 집권을 위한 의원들의 모임)가 나를 초청해서 간담회를 열었다. 김한길, 안철수, 황주홍, 김동철, 박지원 등 나중에 국민의당을 창당해서 2016년 4월 총선을 치르는 의원들이 대거 참석했는데, 그 모임의 총무 역할을 하던 황주홍 의원이 연락을 해 왔다. 나를 초청한 이유는 내가 2012년 4월 총선을 앞두고 새누리당 쇄신안을 만드는 데 참여했기 때문에 당시의 경험을 듣고자 했던 것도 있다. 말하자면 나는 정치 현실을 아는 교수였기 때문이다. 그 당시 천정배 의원은 이미 신당 창당을 선언한 후였고, 박주선 의원은 민주당을 탈당한 후였다.

나는 당시 김상곤 전 교육감과 조국 교수가 주도해서 만든 혁신안을 중심으로 간단한 발표를 했다. 김상곤 혁신안에 의하면 당대표를 당원, 비당원 가리지 않고 선거인단을 구성해서 선출하고, 현역 국회의원은 평가를 통해 하위 20%를 컷오프하며, 국회의원 후보는 일반 유권자의 비중을 70%로 하는 국민참여경선으로 선출하고, 여성과 청년 신인에게는 가산점을 주자는 내용이었다. 나는 그 같은 국민참여형 정당 모델은 정당의 본질에도 위배되고, 2012년 새누리당 비대위에서 적용해 보았던 현역의원 평가와 25% 컷오프도 실제 운영해 본 결과 신뢰할 수 없었다고 설명했다. 당시 새정치민주연합 내 비주류 의원들이 김상곤 혁신위에 반발했던 것은 이런 룰을 내세워서 호남 다선 의원들을 대거 교체하려 한다고 보았기 때문이다. 나와 호남의원들과의 인연은 이때부터 시작됐다.

대성공을 거둔 박영선 북 콘서트

원내대표직을 내려놓은 박영선 의원은 한동안 외부 활동을 줄이고 책을 준비했다. 그렇게 나온 책이 《누가 지도자인가?》이다.

7월 15일에 나온 이 책은 2주 만에 1만 권이 팔리는 등 베스트셀러가 됐다. MBC 기자에서 국회의원까지 30년 동안 만나온 국내외 정치 지도자들의 이야기를 자기의 직접 체험을 중심으로 생생하게 담은 책이었다. 교보문고 사인회에서도 대단한 인기를 누렸고 이어서 서울 대학로와 광주, 대전 등지에서 열린 북 콘서트에도 많은 사람이 참석했다.

그중에도 대구에서 열린 북 콘서트는 가장 큰 의미가 있었다. 11월 4일 저녁에 대구경북디자인센터에서 열린 북 콘서트는 최명길이 사회를 보았고, 저자와의 대화가 끝난 후에는 윤여준 전 장관, 김부겸 전 의원, 전계완 평론가가 참여하는 대담이 계속되는 등 다른 곳에서 했던 행사보다는 규모가 컸다. 같은 시간에 안철수 의원은 대구에 다른 행사가 있어서 인사만 하고 갔고, 대구에서 출마를 계획하고 있던 홍의락 민주당 비례대표 의원도 무대 위로 올라와서 인사말을 했다. 청중이 많았는데, 현지에서 준비하던 민주당 관계자가 대구에서 민주당이 이런 규모 행사를 하는 게 도무지 얼마 만인지 기억이 안 난다고 했다.

대구 〈매일신문〉은 11월 5일 자 기사에서 '박영선 전 원내대표, 대구 시민 야당 뽑는 자체가 개혁'이라는 제목으로 북 콘서트 기사를 내보냈다. 매일신문은 대구 행사가 있기 전에는 박 의원을 인터뷰해서 11월 3일 자에 '정의감 넘치는 대구에 김부겸 응원하러 왔죠'라는 제목의 기사를 내보냈다. 11월 13일에는 김부겸 전 의원이 대구에서 『공존의 공화국을 위하여』라는 책을 가지고 북 콘서트를 열었다.

대구에서 열린 박영선 북 콘서트로 무대 위로 오른 사람들은 20대 국회에 대거 진출했다. 최명길은 서울 송파에서 당선됐고, 김부겸과 홍의락은 대구에서 당선됐고, 나는 국민의당 비례대표로 당선됐다. 물론 박영선 의원도 구로 지역구에서 당선됐다. 이날의 북 콘서트가 대구 시민들이 2016년 총선에서 김부겸과 홍의락을 선택하는 데 영향을 주었다고 나는 생각한다. 나는 서울뿐 아니라 광주와 대구에서도 환영받는 박영선 의원이 좀 더 큰 역할을 하기를 그때나 지금이나 기대하고 있다.

제10장

2016~2017년

국민의당·박근혜 탄핵

숨 가쁘게 돌아간 2016년 1월

2015년 말, 새누리당과 청와대는 계파 갈등 속에서도 자신들이 성공하고 있다고 착각하고 있었고, 야당인 새정치민주연합은 그 동안 누적된 내부 갈등이 외부로 폭발하기 직전이었다. 새정치민주연합의 내분 상황에 대해 나는 2015년 12월 9일 자 경향신문에 '이럴 거면 갈라서라'라는 제목의 칼럼을 썼다. 새정치민주연합은 더 이상 하나의 정당으로 볼 수 없으니 이념과 성향에 따라서 각자의 길을 가는 게 낫다는 주장이었다. 신문에 이런 제목의 칼럼이 나올 정도면 이미 하나의 정당이 아닌 셈이었다. 12월 13일 안철수 의원이 탈당하고 이어서 신당 창당을 선언했다. 12월 17일에는 황주홍, 유성엽, 김한길 의원 등이 탈당했다. 이어서 박지원 의원도 탈당을 시사하는 등 비주류의 집단 이탈은 초읽기에 들어갔다. 이제 제3당은 현실이 되었고 2016년 총선은 다자 구도로 치르게 되었다.

그즈음 윤여준 전 장관은 나한테 국회 진입을 권했다. 드디어 양당 중심의 대통령제 정치 구도가 바뀔 기회가 왔으니 이럴 때

꼭 국회에 들어가서 제3당을 성공시켜서 정치개혁과 정계 개편을 이끌어야 한다고 했다. 윤 전 장관은 한국 정치의 고질적인 병폐는 양당제에서 비롯된 것이니 제3당이 자리 잡아야 정치가 정상적으로 발전한다는 지론(持論)을 갖고 계셨다. 나는 2015년 여름부터 박영선, 김한길 의원도 만나고 민집모에서 주제 발표도 하고 해서 내가 새정치민주연합에서 떨어져 나오는 제3지대 정당에 합류할 것으로 보는 시각이 제법 많았다. 당시 새누리당은 새누리당대로 계파 싸움이 치열했고, 새정치민주연합은 드디어 분열했으니 제3지대 제3당에 대한 기대가 매우 높았다.

안철수 의원을 필두로 탈당 의원들이 늘어나자 2015년 연말의 새정치민주연합은 혼란에 빠졌다. 이와는 별도로 문재인 대표가 영입한 손혜원 홍보위원장은 새정치민주연합이란 당명을 폐기하고 12월 28일 자로 당명을 '더불어민주당'으로 바꾸기로 했다. 당명에서 '새정치'를 지워 버린 것이다. 2016년 1월 14일, 문재인 대표는 김종인 박사를 선대위원장으로 영입했다. 이어서 문재인 의원은 대표직을 내려놓았고 김종인 박사가 비대위원장 겸 선대위원장이 되었다. 문재인 의원으로서는 마지막 카드를 사용한 셈이다. 김종인 위원장의 취임 후 첫 메시지는 "친노 패권주의를 수습할 능력이 없다면 여기에 오지도 않았다"는 일갈(一喝)이었다.

김종인 박사는 워낙 오랫동안 정관계 사람들과 교류를 해서 대인관계가 넓었다. 문재인 의원과 교류가 있는 것도 이상한 일이 아니었다. 하지만 내가 김종인 박사가 문재인 대표를 위한 구원투수로 등장할 수도 있겠다는 생각을 하게 된 계기는 손혜원 당시 홍보위원장을 통해서였다. 2015년 가을, 나는 손 위원장을 만날 기회가 있었는데 굉장히 말을 재미있게 하는 사람이라는 느낌을 받았다. 그때 손 위원장은 문재인 의원이 대통령을 하고 김종인 박사가 총리를 하면 좋겠다는 말을 한 적이 있다. 손 위원장이 문재인 의원 부부와 잘 아는 사이임은 알려진 사실이었다. 그러나 항간에 알려진 바와 같이 손혜원 홍보위원장이 김종인 박사를 비대위원장으로 영입하는 데 결정적인 역할을 했다고는 생각하지 않는다. 김종인 박사는 워낙 인적 채널을 많이 갖고 있기 때문이다. 비대위원장이 된 김종인 박사는 박영선 의원을 비대위원으로 임명해서 한때 탈당설이 떠돌던 박 의원은 더불어민주당에 잔류하게 됐다. 2016년 1월 한 달은 이처럼 숨 가쁘게 돌아갔다.

공동선대위원장으로 국민의당 합류

안철수 의원은 2016년 1월 초, 창당준비위원회를 발족시켰고 각기 출범한 천정배 의원의 국민회의, 박주선 의원의 통합신당과 합당해서 2월 2일 창당대회를 열었다. 윤여준 전 장관과 한상진 교수는 공동준비위원장으로 참여했으나, 윤 전 장관은 당시 건강이 나빠져 역할을 하지 못했다. 나는 2월 17일에 공동선대위원장으로 영입되어 국민의당에 합류했다. 정식으로 합류하기 며칠 전에 안철수 대표를 만났는데, 예상했던 대로 조심스럽고 말수가 적었으며 무척 피곤해 보였다. 2월 전당대회 전후로 김한길 의원 및 김영환 의원과도 만나서 신당 창당에 대해 의견을 나누었지만, 정동영 의원이 국민의당에 합류할 줄은 예상하지 못했다. 안철수 의원은 평소에도 '안보는 보수, 경제는 진보'라고 외쳐 왔기 때문에 대북 유화론자인 정동영 의원을 영입하려고 전라북도까지 내려간 것은 의외였다. 하지만 이미 나는 배에 올라탔기 때문에 같이 가는 수밖에 없었다.

그렇게 해서 국민의당 최고회의와 선대위 회의에 참석하곤 했는데, 운명의 장난처럼 국민의당에는 서울법대 동문이 많았다. 천정배 의원은 2년 후배이고, 박주선 의원은 동기이고, 문병호 의원은 10년 후배, 그리고 박주현 최고위원은 11년 후배였다. 선대위 멤버 외에도 임내현 의원(2018년 작고)은 1년 후배, 김동철 의원은 4년 후배, 최원식 의원은 9년 후배이고, 뒤늦게 입당해서 출마한 조배숙 전 의원은 5년 후배였다. 2012년 새누리당 비대위원회 시절에 황우여, 이주영, 권영세 의원이 각기 서울법대 선배, 동기, 후배였던 생각이 났다.

하지만 창당 선언을 한 후 불과 한 달 반 만에 국민의당의 지지율은 거의 반 토막이 났다. 정치 현장을 잘 모르는 한상진 교수가 TV 인터뷰에서 실수하고, 쓸데없이 묘지 순례를 하면서 이승만, 박정희가 어떻고 하는 불필요한 역사 논쟁에 휘말렸기 때문이다. 또 그때 안철수 대표의 이희호 여사 면담 사건도 좋지 않은 결과를 가져왔다. 나는 당시 제3당으로서의 국민의당의 역할을 강조하고 친노, 친박 계파패권 정치를 타파한다는 명분을 강조해야 한다고 생각했고, 당에 합류한 후에는 인터뷰를 통해 그 점을 일관성 있게 강조했다.

국민의당 일등공신 'Mr. 쓴소리'

2016년 4·13 총선에서 나는 국민의당 공동선대위원장이자 비례대표 후보로 그야말로 최일선에서 뛰었다. 공천이 끝날 즈음 국민의당의 지지도는 10% 정도여서 비례는 5번까지가 안전권이었다. 나는 4번이었고, 박주현이 3번, 그리고 박선숙이 5번이었다. 셋이 모인 자리에서 우리가 열심히 해서 각자 한 명씩은 더 붙여야 한다고 다짐했다. 그때 나는 비례대표는 8번까지는 된다고 봤고, 최소한 수도권 3~4석에 호남에서 15~16석 정도 얻어서 30석 가까이 되지 않을까 생각했다. 결과적으로 38석을 했으니 대성공이었다.

하지만 수도권 지역구에 나간 문병호, 김영환 의원이 고배를 마셔서 수도권에서는 안철수 대표와 김성식만 당선되었다. 나는 지역구 선거에서 승산이 없었던 김한길 의원이 비례 6번이나 8번으로 원내에 들어왔으면 했으나 김 의원은 어떻게 그럴 수 있냐고 했다. 김한길 의원이 원내에 있었다면 국민의당이 쪼개지고 하는 일은 피할 수 있지 않았나 한다. 정치적 역량이라곤 없는 비례대표 후순위 의원 대신에 김한길 의원이 원내에 들어왔으면 국민의당의 운명이 바뀌었을 것이다.

선거운동 기간 중 호남을 제외한 전국의 유세 지원에 나섰다.

후보는 많이 냈지만 해볼 만한 곳은 많지 않았다. 그런데도 부산, 울산, 양산, 창원, 원주, 청주 그리고 수도권 곳곳에 유세 지원을 나갔다. 안철수 대표의 동선과 중복을 피해서 일정을 짰고, 해볼 만한 지역은 두 번 이상 가기도 했다. 첫날 부산에 갔는데, 공교롭게 문재인 의원도 부산에 내려와서 기자회견을 하고 유세 일정을 시작했다. 부산에서 하루를 보내고 다음 날 올라왔는데, 국제신문이 문재인 의원과 나를 똑같은 규모로 다룬 기사를 내보냈다. 당시 민주당이 국민의당에 대해 야권 단일화를 제안했는데, 안철수 대표가 민주당 후보가 양보하라고 되받아치자 문 의원이 이를 다시 강도 높게 비난했다. 나는 당 차원의 단일화는 없지만, 후보 개개인에 대해 단일화 거부를 강요할 수는 없다고 말한 것이 기사 내용이었다.

무엇보다 나는 2012년 총선에서 새누리당 비대위원으로서 선거운동을 해본 경험이 있었다. 보통사람한테 선거운동 차량에 올라 마이크 잡고 유세해 보라고 하면 제대로 하기가 어렵지만 나는 2012년 총선에서 유세차 마이크 유세를 많이 해본 '프로'였다. 그리고 지원 유세는 이름만으로 알 수 있는 사람이 해야 효과가 있지, 그렇지 않은 사람은 도움이 되지 않는다는 것을 너무 잘 알고 있었다. 선거 당시 호남의원들은 자기 선거에 바빴고, 안철수 대표와 나밖에 제대로 지원 유세를 할 사람이 없었다. 안 대표는 민주당 후보와 치열한 접전을 펼치는 호남에도 지원 유세를 해야만 해서 다른 지역 지원은 내가 메워야 했다. 청주, 원주 같은 곳에서는 내가 지원 유세를 나서니 비로소 국민의당 후보에 관한 기사가

연합뉴스에 올라오곤 했다.

선거운동 기간 중 4·3 기념일이 끼어 있어서 나는 국민의당을 대표해서 제주 4·3평화공원 행사장에 나갔다. 그런데 새누리당은 김무성 대표가, 더불어민주당은 김종인 비대위원장이 참석해서 화제가 됐다. 박근혜 대통령을 도왔던 세 사람이 세 정당을 각각 대표해서 4·3 추모식에 참석했으니 그럴 만도 했다.

2016년 총선에서 제3당을 표방한 국민의당은 기대 이상의 성과를 냈다. 하지만 돌이켜보면 호남에서 너무 큰 지지를 받은 것이 오히려 발목을 잡았다고 생각한다. 호남에서 의석을 잃더라도 김한길, 김영환, 문병호 의원이 원내에 들어와 주고, 수도권에서 한두 명이라도 초선을 당선시켰더라면 하는 아쉬움이 남는다. 서울에선 장진영 변호사, 서울시 시의원을 지낸 김기옥과 이행자, 정당 생활을 오래 한 고연호 등이 선전했으나 소선거구 양당제의 장벽을 넘지 못했다. 반면 정당투표를 26% 넘게 받아서 민주당을 능가했으니 대단한 성공이었다.

이 같은 높은 정당 득표는 지역구 선거에서 선전했던 후보들의 힘이 컸지만, 정작 그 과실은 다른 사람들이 가져간 셈이다. 국민의당은 호남 외에선 서울에서 두 석을 얻는 데 그쳤지만, 양당 후보의 당락에는 영향을 미쳤다. 서울 지역구에서 선전한 정호준, 김기옥, 이행자 후보 덕분에 그 지역에 나온 새누리당 후보들이 어부지리(漁父之利)로 당선됐다. 19대 총선에서 자유선진당을 했던 후보가 국민의당 후보로 출전한 충청지역에선 국민의당 후보가 새누리당 후보의 표를 잠식하기도 했다.

총선 기간 중 교섭단체 비례대표 후보 TV 연설은, 더불어민주당은 김종인 비대위원장이, 국민의당은 내가 했다. 새누리당과 더불어민주당은 20분을 했고 우리는 돈을 아끼기 위해 10분을 했다. 나는 양당이 친노·비노, 친박·비박 같은 계파정치, 그리고 계파가 지배하는 패권정치에 물들어 있으므로 이를 견제하기 위해서는 제3당이 필요하다고 지지를 호소했다. 마지막 판에 국민의당 지지가 상승한 데는 그런 간략하지만 명료한 메시지도 꽤 기여했다고 본다. 교섭단체 비례대표 TV 토론에도 내가 나갔고, 총선 기간 중 아침 라디오 프로도 내가 제일 많이 나가는 등 국민의당 홍보에도 많이 기여했다고 자부한다. 선거운동 기간 중 라디오 인터뷰에서 나는 국민의당이 40석을 목표로 하고 있으며, 30석을 넘길 것이라고 말한 적이 있었다. 정당 지지도 여론조사는 그렇게 나오지 않았지만 현장에서의 느낌이 그랬기 때문이다. 이 역시 내가 2012년 총선을 치러 봤기에 가능했다고 생각한다.

선거가 끝나고 국민의당을 취재했던 이데일리 하지나 기자는 '국민의당 일등공신 Mr. 쓴소리 이상돈'(2016년 4월 27일 자)이라는 제목의 기사에서 이렇게 썼다.

"30석은 넘을 것이다" 국민의당 이상돈 공동선대위원장의 말을 듣고는 처음에는 반신반의했다. '수도권 야권연대 안 된다'는 그의 주장 또한 단순히 당의 정체성만을 고려한 고집이라고 치부했다. 하지만 20대 총선이 끝나고 뚜껑을 열어 봤을 때 그의 예견은 적중했다. 비록 수도권 성적은 부진했지만 국민의당의 정당 지지율은 제1야당인 더불어민주당을 제치고 2위를 달성했다. 이는 38석이라는 놀라운 성적을 이끌어 냈다. 일부 '야권연대' 지지자들이 우려했던 새누리당 어부지리설은 나타나지 않았다. 합리적 보수층들이 대거 국민의당을 지지한 결과다. …… '중도'를 강조하는 국민의당 창당 취지를 고려했을 때 그만큼 합리적 보수 세력을 대변할 사람도 없다."

환경노동위원회로 20대 국회 입성

국회가 개원협상을 하게 되면 의원들은 상임위원회를 배정받게 되는데, 의원들의 희망을 접수한 후 원내대표가 조정해서 국회의장에게 통보하는 절차를 밟게 된다. 나는 환경노동위원회를 지망했다. 다른 위원회는 생각지도 않았는데, 무엇보다 박근혜 대통령이 자기가 당선되면 4대강 사업을 재검토하겠다는 약속을 지키지 않아서 나라도 국회에서 그 문제를 다루어야 할 의무감이 있었기 때문이다. 노동문제는 대학 시절에 노동법을 공부한 후에 깊이 들여다볼 기회가 없었지만, 환노위에는 노동 전문가는 넘쳐나기 때문에 내가 걱정할 이유가 없었다. 그래서 개원 초에 환노위를 가겠다고 했더니 당시 국민의당 원내 수석부대표이던 김관영 의원이 "정말 거기를 가시겠어요?" 하면서 너무나 반가워했다. 어느 당이나 환노위로 갈 의원을 구하는 게 보통 어려운 일이 아니었기 때문이다.

국회 상임위원회 중 환노위는 의원들이 가장 기피하는 상임위원회라서 대체로 힘없는 초선 의원들이 밀려서 오기 마련이다. 상임위원회 배정은 2년 후인 임기 후반기에 다시 배정하는데, 후반기에는 원하는 좋은 상임위원회에 보내 주겠다는 조건을 내걸고 의원을 환노위에 배정하기도 한다. 그러다 보니 환노위에는 초선 의원이 많고, 비례대표 의원이 많고, 여성 의원이 많다. 그런데 나는 당시 국민의당 최고위원이라서 다른 위원회를 가고 싶으면 갈수도 있었겠지만 그럴 생각이 애당초 없었다.

환노위가 상임위원회 중 가장 인기가 없는 위원회가 된 데는 이유가 있다. 환노위에서 만나게 되는 이해관계자는 노조 아니면 환경단체뿐이다. 반면에 국토위원회, 산업자원위원회, 정무위원회는 토건 업계와 지자체 개발부서, 제조업·에너지업 등 업계, 그리고 금융계 등 막강한 이익단체와 관련이 있어서 일상적으로 만나는 집단이 환노위와는 차원이 다르다. 국회의원들은 후원금 걷는 데 사활을 거는데, 후원금은 이익단체 구성원들이 내는 비중이 크다. 환노위 의원 중 노조를 대표하는 의원은 노조원들이 후원금을 십시일반 보내서 그래도 모금 실적이 좋은 편이다. 하지만 환경을 생각하는 의원들에게 산천(山川) 자연과 동식물이 후원금을 내지는 않는다. 20대 국회 환노위는 전반기에는 홍영표 의원이, 그리고 후반기는 김학용 의원이 위원장을 했다. 특히 홍영표 의원은 내가 환노위에 온 것을 매우 환영했다. 나와 많은 일을 같이했으며 해외 출장을 같이 가기도 했다.

국민의당을 뿌리째 흔든 리베이트 사건

20대 국회가 막 시작할 즈음인 2016년 6월 9일, 동아일보는 '국민의당 비례 김수민 의원 검찰 고발'이란 단독 기사를 내보냈다. 선관위가 4·13 총선 당시 선거 홍보물 제작업체 등에 일감을 주고 업체들로부터 억대 리베이트를 받은 혐의로 국민의당 홍보위원장 김수민 의원, 사무총장 박선숙 등을 고발했다는 내용이었다. 선관위는 "김 의원이 받은 리베이트의 일부가 몇몇 국민의당 당직자 개인 계좌로 흘러 들어간 단서를 포착한 것으로 알려졌다"고 썼다. 다른 언론도 동아일보 기사를 그대로 옮겨서 보도함에 따라 국민의당은 완전히 쑥대밭이 되고 말았다.

국민의당 최고위원회 회의에서는 나에게 조사위원회를 맡아서 자체 진상조사를 하면 좋겠다고 해서 할 수 없이 총선 홍보비 문제를 살펴보게 됐다. 당내 관계자들을 만나 보았지만 특별한 이야기를 듣지 못했고, 김수민 의원의 숙명여대 은사이자 브랜드호텔이란 벤처 회사를 실질적으로 운영하던 김 아무개 교수를 만나서 홍보업계의 거래 관행에 관해 설명을 듣고 자금이 들어오고 나간 통장 사본을 건네받았다. 그런데 통장 출입금 내역을 아무리 살펴보아도 당직자는커녕 다른 사람에게 돈이 흘러나간 흔적을 찾지 못했다. 실질적으로 당에서 홍보비로 지출된 돈이 브랜드호텔 계좌에 회사가 경비로 지출한 것을 제외하고 그대로 남아 있음을 확인했다.

문제는 숙명여대 김 교수가 국민의당에서 발주한 일을 하기 위해 자기 회사 내부에 '국민의당 작업반'을 만들었는데, 검찰은 이 작업단이 브랜드호텔의 작업반이 아니라 국민의당 내부 조직인 작업반이라는 괴상한 논리를 세웠다. '국민의당 작업반'은 브랜드호텔의 작업반이 아니라 국민의당의 내부 조직이니까 돈을 받고 작업을 한 것은 리베이트를 받은 것과 마찬가지라서 정치자금법 위반이라는 주장이었다. 나는 그 이야기를 듣고 기가 막혀서 기자회견을 열어 자금이 그대로 통장에 있고, 누구한테도 돈이 흘러간 흔적이 없다고 발표하며 통장 사본을 공개했다.

6월 14일, 나는 CBS 라디오에 출연해서 그런 이야기를 하면서 "검찰이 정치자금법 위반으로 영장 청구하고 기소하면 망신을 당할 것이며, 공소 유지가 안 된다고 본다"고 말해서 크게 보도가 됐다. 다만 인쇄업자는 만나 보지를 못해서 그 부분은 알 수 없었으나, 적어도 김수민 의원이 관련된 브랜드호텔에 대해선 확신을 했다. 언론은 김수민 의원이 젊은 나이에 비례대표 공천을 받은 것을 이 문제에 연결하려고 했고, 나는 인터뷰에서 김수민 의원의 전략공천은 보는 관점에 따라 다를 수 있지만 불법적인 면은 전혀 없다고 방어막을 쳤다.

나는 다음 날 진상조사단 중간발표 기자회견을 하면서 검찰이 제기한 의혹은 근거가 없다고 밝혔다. MBN, SBS, 국민일보 등은 우리 주장을 반영해서 보도하는 등 처음에 있었던 의혹은 많이 가라앉는 듯했다. 그러나 당 일각에서는 내가 너무 빨리 검찰을 몰아붙여서 오히려 화를 키우는 게 아니냐는 말이 있었고, 실제로 공동대표이던 천정배 의원은 내 발표가 당의 공식입장이 아니라고 밝히기도 했다.

그런데도 검찰은 총선 실무를 책임졌던 사무부총장에 대해 영장을 청구해서 발부받았고, 박선숙 의원과 김수민 의원에 대해서도 영장을 청구했다. 일단 수사를 시작하면 멈추지 않는 것이 검찰의 속성임을 다시 한번 보여 주었다. 검찰이 영장을 청구하는 등 공세를 강화하자 국민의당 내부에서는 위기감이 감돌았고, 심지어 뭐가 있는 게 아니냐는 이야기마저 나오는 등 뒤숭숭했다. 또다시 내가 너무 성급하게 발표를 했으며, 심지어 안철수 대표가 책임을 져야 하는 게 아니냐는 말까지 들려왔다. 그러자 안철수 대표가 사퇴할 뜻을 밝혔고, 급기야는 6월 29일 비공개 최고위원회 회의에서 이 문제를 다루게 됐다.

당시 원내대표이던 박지원 의원과 나는 "제발 사퇴라는 말을 하지 말라"고 목이 닳도록 말렸다. 박지원 의원은 "이런 것으로 철수하면 안철수가 아닌 '또철수'가 돼버린다"면서 말렸고, 나도 "사퇴할 이유가 없으며, 만일에 사퇴하면 박선숙, 김수민이 잘못했다고 인정하는 꼴이 된다"고 했다. 그러나 공동대표이던 천정배 의원과 최고위원이던 박주현 의원의 반응은 나나 박지원 의원과는 달랐다. 박지원 의원과 내가 말리자 안철수 대표는 사퇴 의사를 접는 듯했으나, 다른 두 사람의 반응이 차가운 것을 느끼고 머뭇거렸다. 그때 천정배 의원이 "함께 책임집시다"라고 회의를 마무리해서 사퇴로 굳어지고 말았다.

당 대표가 사퇴하게 되면 남은 최고위원이 대표 대행을 선출해서 대행체제로 가거나 아니면 비대위원회 체제로 가야 한다. 나는 비대위원회 체제로 가야 하고, 박지원 의원이 비대위원장이 되어야 한다고 생각했다. 박지원 의원이 원내대표를 하고 있지만, 당내외에서 뾰쪽하게 비대위원장을 할 만한 사람도 없거니와 비대위원장이 별도로 있어 봤자 박지원 원내대표와 호흡이 맞는다는 보장도 없었기 때문이다. 비대위원회 구성을 논의하기 위해 모인 최고위원회에서 나는 먼저 발언권을 얻어서 "비대위원장을 박지원 의원으로 하고 비대위원 선출은 박지원 비대위원장에게 맡기자"고 제안해서 그대로 통과되었다. 이렇게 해서 국민의당은 박지원 원톱 체제로 굴러가게 됐고, 박지원 비대위원장은 그해 가을 탄핵 정국에서 국민의당을 이끌게 됐다.

국민의당을 뿌리째 흔들었던 리베이트 사건은 그 후 이렇게 흘러갔다. 박선숙 의원과 김수민 의원에 대한 구속영장은 영장 실질 심사에서 기각됐고, 불구속재판이 진행되어서 2017년 1월 11일, 1심 재판부에서 무죄 판결을 받았다. 1심에서 무죄 판결이 나오자 안철수 의원은 검찰의 무리한 기소의 배후에 우병우 민정수석이 관련돼 있을 가능성을 조사해야 한다고 주장했다. 2017년 6월 2심에서도 전원 무죄 판결이 나왔고, 2019년 7월 대법원에서 무죄가 확정됐다. 20대 국회가 개원하자마자 터진 이 사건으로 인해 국민의당은 지지도가 폭락했고, 구성원 간에도 갈등이 표출되는 등 만만치 않은 후유증을 남겼다. 과연 우병우가 국민의당을 죽이기 위해 무리한 수사를 발주했는지는 알 수 없다. 박근혜 탄핵 후 정권이 국민의당으로 넘어왔더라면 리베리트 사건을 적폐 차원에서 재조사했을 것이다. 그러나 이 사건의 정확한 배경과 검찰이 수사에 착수하게 된 계기 등 사건의 진상은 밝혀진 바가 없다.

"김 의원이 받은 리베이트의 일부가 몇몇 국민의당 당직자 개인 계좌로 흘러 들어간 단서를 포착한 것으로 알려졌다"는 허위 사실을 단독 기사로 쓴 동아일보 기자는 길진균과 조용우이다. 길진균 기자는 아직도 동아일보에 있고, 조용우 기자는 2017년 대선 때 문재인 캠프에 합류하더니 문재인 정권 들어서는 청와대 국정 기록 비서관으로 자리를 잡았다. 박선숙, 김수민 두 의원은 영장실질심사에서 지방법원, 고등법원, 그리고 대법원까지 네 번의 판결을 받느라 4년 동안 받은 국회의원 세비를 변호사 비용으로 탕진했을 것이다. 무엇보다 이들이 겪은 심적 고통은 이루 말할 수 없을 정도였다. 이 사건을 수사하고 소추한 검사들은 편안하게 국민 세금으로 봉급을 받아가면서 영장심사에서 대법원까지 법정 다툼을 했을 것이다.

여하튼 이렇게 해서 최고위원을 벗어 버리고 홀가분해진 나는 환경 현안이 있는 지방을 찾아가면서 현장을 찾아보는 유익한 시간을 보냈다. 그 한동안 안철수 의원을 볼 기회는 없었는데 어느 날 안철수 의원이 큰 사고를 쳤음을 알고 놀랐다. 안철수 의원이 일요일에 사드 배치를 반대하는 긴 성명서를 발표한 것이다.

사드 배치 반대로 드러난 안철수의 한계

6월 29일에 당 대표직을 내려놓고 열흘이 지난 7월 10일 일요일, 안철수 의원은 '사드 배치에 대한 입장'이라는 제목의 긴 성명을 냈다. "사드 배치는 한반도의 평화와 국민의 생존, 나아가 국가의 명운을 결정할 국가적 의제"라면서 "국민투표에 부치는 것도 심각하게 검토"해야 하며 특히 "영토와 비용을 제공하는 것이기 때문에 국회의 비준을 받아야 한다"면서, "사드 배치로 잃는 것의 크기가 더 크고 종합적으로 국익에 도움이 되지 않는다고 판단한다"는 입장을 분명히 했다. 사드 체계의 성능 문제, 비용 부담의 문제, 대(對) 중국 관계 악화, 사드 체계의 전자파로 인한 국민의 건강 문제 등 네 가지를 반대 이유로 들었다.

일요일에 이런 성명서를 냈다는 이야기를 뉴스로 듣고 나는 깜짝 놀랐다. 도대체 안 의원은 누구와 의논해서 이런 성명서를 냈는지, 아니 누가 안 의원에게 사드 배치 반대를 치고 나가자고 했는지 궁금했다. 안 의원 자신은 이런 문제를 알 리가 없기에 누가 주입한 것이 틀림없는데, 그게 누구인지는 아직도 밝혀지지 않았다. 주변의 누가 써 준 것인데, 그것을 자기가 썼다고 나서는 사람이 없는 것이다. 나는 그때 안 의원이 역사, 안보 외교, 헌법에 대해 아는 것이 없으며, 이런 사람이 대통령을 했다가는 큰일 나겠다는 생각을 하게 됐다.

사드(THAAD: Terminal High Altitude Area Defense)라고 부르는 고고도(高高度) 미사일방어체계를 주한미군에 배치하는 문제는 박근혜 정부 들어서 논의되기 시작했는데, 2016년 초 북한이 4차 핵실험을 강행하고 이어서 인공위성을 발사함에 따라 그 논의가 급물살을 탔다. 하지만 국내에선 진보 성향 시민단체들이 거세게 반대하고 또 중국 정부가 이에 대해 강력하게 경고하고 나서는 등 뜨거운 감자처럼 되어 있어서 정치권은 관망하고 있을 때였다.

나 자신도 그때까지 사드에 대해선 개략적인 지식밖에 갖고 있지 않았다. 하지만 사드를 우리나라에 배치하려는 결정은 오바마 정부와 미군 수뇌부가 결정한 것이기에 무언가 이유가 있다고 보아야 하며, 또 박근혜 정부가 오랫동안 숙고한 끝에 사드를 배치하기로 한 데도 합리적인 이유가 있을 것으로 생각했다. 하지만 그것은 나의 생각이었고, 국민의당의 주축이 되는 호남의원들과 당직자, 그리고 그 주변에 포진한 사람들은 민주당에서 정당 생활을 한 경우가 많아서 이런 문제에 대해선 나와는 거리가 있었다.

여하튼 사드 배치 같은 중대한 문제에 대해 이런 성명서를 만들어서 일요일에 툭 발표한다는 게 도무지 상식적으로 믿기지 않았다. 누가 써 준 것이냐고 알아보아도 도무지 필자를 알 수 없었으니 그 자체가 창피한 일이었다. 사드 배치에 대해 여러 가지 이유를 구체적으로 들어가면서 반대한다면 반대하는 것으로 끝나야 하는데, 국민투표를 거치고 국회 비준을 하자고 하니 도무지 논리적으로 말이 되지 않았다.

미군과의 협의를 거쳐 무기를 배치하는 권한은 헌법에 의해서 대통령에 부여된 국군통수권의 일환으로 보아야 한다. 그것은 국회가 사전에 동의할 사안은 아니지만, 국회는 사드 배치에 관한 예산 배정을 거부함으로써 똑같은 효과를 낼 수는 있다. 하지만 그러면 한미방위조약과 관련된 문제가 제기될 수 있다. 국방정책 문제를 넘어서 국제법 및 헌법과 관련된 문제가 있는데, 그 주변의 어느 훌륭한 측근이 그따위 아이디어를 안 의원에게 전했는지는 아직도 설(說)이 분분하다.

7월 12일 화요일, 사드 배치 문제를 다루기 위한 국민의당 의원 총회가 열렸다. 먼저 군 출신인 김중로 의원이 발언하겠다고 손을 들었다. 나는 당연히 사드 배치에 반대하면 안 된다고 발언할 줄 알았는데 정반대였다. 사드는 효과도 별로 없다는 등의 이유로 반대해야 한다는 것이었다. 안철수 의원도 반대 취지로 발언을 했다. 이렇게 해서 일사천리로 사드 배치 반대가 당론으로 결정되었다. 나는 내심 매우 허탈했지만, 사드에 대한 기술적인 지식이 없었기 때문에 무어라고 할 수가 없었다. 대북 유화론자인 정동영 의원이 사드 배치에 반대하는 것은 이해가 되지만 '안보는 보수, 경제는 진보'라면서 제3당을 지향한다는 안철수 의원이 이렇게 막 나가는 것은 참으로 이해가 되질 않았다.

7월 19일, 20일 이틀 동안 사드 배치만을 다루기 위한 국회 본회의 질의가 열렸는데, 그때 한민구 국방부 장관이 막힘 없이 답변을 정말 잘했다고 생각했다. 한민구 장관을 수행하고 온 국방부 국회 연락관 박문식 준장에게 한 장관이 답변을 잘하신다고 했더니 "장관님은 정말 전문가이시다"고 했다. 8월 17일, 나는 YTN 인터뷰에서 안 대표가 사드 배치를 반대하고 나선 것이 성급했으며, 전략적으로 접근했어야 했다고 국민의당 당론과 다른 언급을 해서 기사화되기도 했다. 나는 안철수의 사드 배치 반대 입장으로 인해 2016년 총선에서 국민의당의 존재 이유로 내걸었던 진영 정치와 계파정치를 타파하겠다는 제3지대론이 한순간에 붕괴됐다고 생각했다. 민주당도 현실을 고려해서 쉽게 하지 못했던 사드 배치 반대를 내걸고서 무슨 제3지대 정치를 하겠나 싶었다.

그 후 안철수는 사드에 대해 말을 바꾸고 또 바꾸고 했다. 8월 말 북한이 잠수함발사탄도미사일(SLBM)을 발사하고 이어서 5차 핵실험까지 감행하자 9월 19일에는 "사드를 중국과의 협상 카드로 써야 한다"고 했다. 즉, "북한 제재에 중국을 끌어들이기 위한 도구로 써야 한다"는 것이었다. 하지만 이 또한 논리가 없는 말장난에 불과했다. 12월 27일 서울신문 인터뷰에서는 "정부 간 협약을 다음 정부가 바로 끊거나 뒤집을 수 없다"면서, "다음 정부에서 사드 배치를 철회한다는 것은 불가능하다고 본다"고 했다. 이듬해 2월 15일에는 사드 배치가 "한미 양국이 공식 합의한 내용"이라면서 국민의당이 사드 배치 철회 당론을 철회해야 한다고 밝혔다. 2월 21일 국민의당 의원총회는 사드 당론을 다시 논의했지만, 사드 배치를 철회해야 한다는 당론을 유지하기로 했다. 휴일에 호기 있게 온갖 이유를 들어가면서 사드 배치 반대를 들고 나왔던 안철수는 불과 넉 달 만에 꼬리를 내리기 시작한 것인데, 대선이 닥쳐오니까 보수표가 필요해서 말을 바꾼 것이다.

3월 들어서 주한미군이 사드를 배치하기 시작하자 안 후보는 "사드 배치를 최대한 빠른 시일 내에 완료해야 한다"면서 "사드를 빨리 기정사실화해서 우리 군사주권을 분명히 한 다음 다양한 분야에서 협력할 것은 협력하면서 외교를 시작하면 된다. 그게 오히려 중국의 경제보복 기간을 줄이는 지름길"이라고 설명했다. 사드 배치가 우리의 군사주권을 분명히 하는 것이라는 이야기도 궤변이고, 중국과 외교가 어떻고 하는 것도 마찬가지로 말이 안 되는 이야기였다. 4월 6일 관훈클럽 초청 토론회에서 안철수는 "사드 배치를 제대로 해야 한다"면서 사드 배치 반대 당론을 변경하겠다고 밝혔다.

4월 11일, 박지원 대표는 사드 배치 철회 당론을 바꾸겠다고 밝혔다. 그러나 의총은 열지 않았고 김관영 원내수석이 휴대폰 메시지로 의원들의 의견을 물어서 당론 변경에 필요한 3분의 2 동의를 얻었다고 밝혔다. 정동영 의원 등 두세 명이 반대했는데 무응답이 한 명 있었다고 발표했다. 그 무응답 한 명이 바로 나였다. 나는 애당초 사드 배치에 반대하는 당론에 찬성하지 않아서 당론 변경에 동의할 필요가 없었고, 무엇보다 창피해서 답을 할 수가 없었다. 이것이 정당인지, 그리고 이런 후보가 대통령을 하겠다는 것이 정상인지 정말 한심했다.

그러면 호남 다선의원들은 왜 당론 변경에 동의해 주었나? 호남의원 중에도 몇몇은 사드 배치 철회를 성급하게 당론으로 채택한 것을 탐탁하게 생각하지 않았으니까 그들도 한심하다고 생각하고 당론 변경에 동의했을 것이다. 무엇보다 어차피 대통령 당선은 되지도 않을 텐데 하자는 대로 해 주자는 심정으로 당론 변경에 동의해 준 것이었다.

의원내각제 기반 분권형 정부를 꿈꾸던 개헌특위

20대 국회가 시작되자마자 개헌특위가 가동되었는데, 국회 개헌특위 구성은 1987년 후 처음이었다. 나도 개헌특위 위원으로 위촉되었다. 정세균 국회의장부터가 진지한 개헌론자였고, 현 의장인 박병석 의원도 개헌론자였다. 당시 국회 사무총장이던 우윤근 전 의원은 분권형 정부인 오스트리아 헌법에 대한 열렬한 팬이었다. 그러니까 당시 민주당도 개헌 지지세력이 많았다. 변변한 대선 후보가 없었던 당시 새누리당은 물론 개헌을 지지했다.

개헌 방향은 의원내각제에 기반을 둔 분권형 정부에 양원제 국회를 두고 지방자치와 기본권을 강화하는 것이었다. 당시 정계 재진입을 생각하던 손학규 전 대표도 이런 개헌을 정치 재개 명분으로 삼았다. 국민의당 내에서도 호남의원들은 모두 개헌을 지지했고, 나도 마찬가지였다. 나는 우리 의원실 주최로 '제3지대와 개헌'이란 주제로 토론회를 개최했는데, 손학규 전 대표, 정의화 전 의장, 박지원 의원, 박영선 의원 등 많은 사람이 참석했다. 나는 박병석 의원(현 국회의장)과 함께 양원제에 대한 토론회도 개최했다. 그런데, 국민의당에는 개헌이 못마땅한 사람이 있었다. 바로 안철수였다. 자기가 대통령이 된다는 집념 내지는 환상에 사로잡혀 있었기 때문이다.

특위 위원으로 위촉된 나는 열심히 회의에 참석했다. 다선의원들은 경험적으로 헌법을 알고 있지만, 헌법 지식을 갖춘 의원은 나를 위시해 몇 명이 안 되었다. 개헌특위의 지배적 분위기는 사실상 의원내각제인 분권형 정부였다. 민주당 소속 위원들도 다수가 그러했다. 그러나 탄핵 결의가 국회를 통과하고 조기 대선이 기정사실이 되자 개헌 논의는 맥이 빠지기 시작했다. 민주당이 개헌특위 위원을 대통령제를 그대로 두자는 비(非)개헌파 친문 의원들로 교체함에 따라 개헌 논의는 동력을 상실하고 말았다.

바른정당의 대통령 후보였던 유승민 의원은 원래부터 대통령 4년 연임제를 주장해 왔다. 안철수 의원은 자신이 잘 알지도 못하는 개헌 문제에는 관심이 없었다. 안철수와는 달리 국민의당 의원들은 개헌에 대한 의지가 있었다. 김동철 의원을 중심으로 개헌특위 논의에 근거해서 분권형 의원내각제 개헌안을 만들어서 의총을 거쳐 통과시켰다. 자기가 대통령이 된다고 생각했던 안철수는 개헌에 관심이 없었지만, 국민의당 의원들 가운데 안철수가 당선된다고 진정으로 생각했던 의원은 거의 없었다고 나는 생각한다.

JTBC 태블릿 PC가 몰고 온 엄청난 후폭풍

2016년 10월 24일, JTBC 저녁 뉴스는 한순간에 우리 역사를 바꾸어 버렸다. 최순실이라는 사람이 대통령의 연설문을 미리 받아서 고쳤고, 박근혜 대통령은 그것을 읽었다는 내용이다. 그것이 범죄가 되는지는 애매하지만 자체로서 국민적 공분을 사기에 충분했다. 그때 나는 스위스 제네바에서 열리는 국제의원연맹(IPU) 총회에 참석 중이었다. 새누리당에선 정종섭, 이만희 의원, 민주당에선 진영, 박영선 의원, 국민의당에선 내가 참석했고 우윤근 사무총장도 동행했다. 우리 일행은 회의가 끝나면 오스트리아 빈 (Wien)을 방문해서 오스트리아의 분권형 정부 형태를 알아보고 귀국할 예정이었다. 하지만 나는 국민의당 당내 사정이 급박하게 돌아가서 제네바에서 곧장 귀국길에 올랐다.

JTBC 보도가 나온 후 우리 일행은 아침을 같이하면서 이 사태를 놓고 이야기했다. 진영, 박영선 의원 그리고 나는 최순실과 정윤회에 대해 알고는 있었지만, 대통령의 연설문을 최순실이 사전에 고쳤다는 사실에 놀라지 않을 수 없었다. 정종섭 의원은 이 보도가 맞는다고 보느냐고 의아해했다. 박근혜 대통령을 아는 사람들은 전부터 최순실의 전 남편인 정윤회가 박 대통령한테 걸림돌이 될 수 있다고 우려했는데, 오히려 최순실이 폭탄이 되어 버렸다. 최순실이 박 대통령의 옷을 관리한다는 소문은 오래전부터 있었다. 2007년 한나라당 대선 경선 때 이명박 전 대통령에게 우호적인 매체가 박근혜 전 대표의 옷 사치가 심하다고 사진을 조합해서 크게 보도한 적이 있었다. 그런 탓인지 이명박 정권 들어서 박전 대표는 작업복처럼 편하고 검소한 상의와 바지를 주로 입었다.

여성 대통령은 무슨 브랜드의 옷을 입는지, 어디에서 구입하는지 관심의 대상이 되고 뉴스에 나오기 마련인데, 박 전 대통령의 경우에는 그런 것이 없었다. 최순실이 옷을 관리해서 그렇다는 것인데, 태블릿 PC에서 최순실이 옷을 고르는 동영상이 나와서 사실임이 확인됐다. 대통령의 옷을 관리해 주는 정도라면 문제가 아닌데, 혹시 다른 영역까지 확대되지 않을까 하는 우려가 있기는 했다. 하지만 대통령의 연설문을 최순실이 주물렀다고 하니 기가 막힐 일이었다.

10월 24일, 박근혜 대통령은 국회에서 임기 중 개헌을 천명하는 연설을 했는데, 그것은 그날 저녁 JTBC 보도 때문에 묻혀 버렸다. 박 대통령의 개헌론은 미르재단, K스포츠 등으로 시끄러운 국면을 전환하려는 의도가 컸다. 다음 날인 10월 25일, 박근혜 대통령은 JTBC 뉴스 보도를 인정하고 짤막하게 사과를 했다. 전에 없던 일이었다. 세월호 사건에서도, 그리고 부친의 문제였던 인혁당 사건에 대해서도 박 대통령은 사과가 너무나 힘들었는데, 이번에는 신속하게 사과를 했다. 그것이 오히려 놀라웠다.

사과문에 대해서 TV조선은 "우병우 민정수석이 자신의 사무실에서 김성우 홍보수석의 조력을 받아 연설문을 작성했다"고 전했다. 강경파였을 우병우 수석이 사과문을 썼다니 그것은 의외였다. 보다 진솔하게 사과했다면 사태가 그렇게 커지지 않았을 것이라고 보는 사람도 있지만, 그것은 알 수 없다.

〈월간조선〉 2019년 11월호에는 박근혜 청와대의 마지막 대변인이었던 정연국의 대담이 실려 있다. 방송언론인 출신인 그는 3년이 지나서 이렇게 말했다. "JTBC의 소위 최순실 태블릿 보도 바로 다음 날 사과를 한 것이죠. 참모들은 사과 기자회견을 말렸습니다. JTBC의 소위 최순실 태블릿 보도에 대해서도 사실관계를 따져 봐야 하지 않습니까? 그런데 대통령이 무턱대고 인정해 버린 겁니다. '정치 9단'이라고 하는 대통령의 판단력이 흐려진 것이죠. 국민께 사과부터 하는 게 도리라는 생각이 앞서다 보니까요."

정연국의 증언에 따르면 급하게 사과를 해서는 안 된다는 의견을 낸 참모들이 오히려 많았다는 것이다. TV조선 보도와 함께 내용을 살펴보면 급하게 사과를 하게 된 것은 대통령 본인의 뜻이고 우병우가 거기에 동의했던 것으로 해석이 된다. 정연국 전 대변인은 대통령의 판단이 흐려졌다고 했는데, 그 부분은 동의할 수 없다. 최순실한테 연설문을 맡긴 것 자체가 판단력이 없는 것이기 때문이다.

그러면 왜 그렇게 황급하게 사과하게 된 것일까? 나는 이렇게 생각한다. 박 전 대통령에게 최순실과 정유라는 절대로 수면 위로 올라와서 대중에 알려져서는 안 되는 존재인데, 그것이 폭로되니까 본인이 순간적으로 무너져 버린 것이다. 그리고 최순실과 관련해 설명하거나 변명하게 되면 정윤회와 최태민 목사 이야기까지 다시 거론될 것 같아 더 이상 변명하지 않았던 것이다. 그러나 박 대통령 본인은 물론이고 참모들도 그로 인해 촛불시위가 그렇게 거세게 일어날 줄은 꿈에도 몰랐을 것이다.

김병준 총리 지명과 국민의당 비대위원장 파동

2016년 10월 24일 JTBC 보도와 그다음 날 박근혜 대통령의 사과 후, 각 정당은 대응 방안 마련에 부산했다. 나는 제네바에서 열린 국제의원연맹 회의를 마치고 귀국하자마자 최순실 사태 때문에 긴급하게 열린 국민의당 의원총회에 참석했다. 여러 의원이 나서서 발언했는데, 추이를 보아 가면서 입장을 정해야 한다는 의견이 우세했다. 역풍이 불 수 있어서 조심해야 한다고 발언한 의원도 있었다. 나는 발언권을 얻어서 "현 여권을 아는 사람으로서, 현 정권이 보기보다 취약하다"고 간단히 한마디를 했다.

당시 국민의당은 비대위원장 문제로 심각한 내홍(內訌)에 빠져 있었다. 2016년 6월 말, 이른바 홍보비 리베이트 의혹 때문에 안철수·천정배 공동대표가 물러난 후 원내대표이던 박지원 의원이 비대위원장을 겸해 왔다. 그런데 그 기간이 4개월이나 되어 가고 이듬해 초 전당대회가 다가와서 박지원 의원이 비대위원장을 내려놓아야 한다는 이야기가 나왔다. 박지원 의원도 그렇게 하기로 했는데, 문제는 전당대회까지 누가 비대위원장을 하느냐이었다.

호남 다선의원들은 김동철 의원을 비대위원장으로 추대하고자 했다. 그러자 안철수 전 대표가 외부 인사를 영입하자고 태클을 걸어서 사정이 복잡하게 된 것이다. 언론에는 안 의원이 비례 초선의원들의 의견을 수렴해서 그렇게 했다고 났는데, 나는 그 문제에 대해 안 의원으로부터 어떤 연락도 받지 못했다. 그러니까 만만한 의원 몇몇과 그런 이야기를 했던 것 같다. 새 비대위원장은 전당대회까지 2개월 동안 하는 것이니까 구태여 외부 인사를 영입할 필요는 없는데, 안 전 대표가 고집을 피워서 풍파가 일어난 것이다.

안 의원이 내놓은 카드는 노무현 청와대에서 정책실장을 지낸 김병준 교수였다. 김 교수가 수락하자 안 의원은 10월 26일에 박지원 비대위원장에게 김 교수를 후임으로 통보했고, 그 소식이 전해지자 호남 다선의원들은 격앙됐다. 10월 28일, 박지원 비대위원장은 차기 비대위원장 선정을 다음 달 7일로 미루겠다고 발표했다. 나라 전체가 최순실 사건으로 들끓는데, 이런 엉뚱한 일로 국민의당은 내분 상태에 들어간 것이다.

안 의원이 차기 비대위원장으로 김병준 교수를 민다는 이야기를 들은 나는 생뚱맞다는 생각이 들었다. 안 의원은 호남 다선의원이 비대위원장을 하는 것이 싫어서 그랬을 것이나, 당사자인 호남의원들은 어떻게 생각했겠는가. 나는 행정학자인 김병준 교수를 별로 평가하지 않는다. 김 교수가 청와대 정책실장을 할 때 지방분권을 한답시고 환경부가 하던 지도 단속권을 지자체로 이관해서, 그 후로 환경 단속이 거의 이루어지지 않아 온 나라가 오염으로 뒤덮였기 때문이다.

그러던 중 김병준 교수가 이른바 거국총리로 임명될 것이란 소식이 들려왔다. 나중에 밝혀진 바에 의하면 10월 29일에 김 교수는 청와대에서 박 대통령을 만났고, 총리직 제안을 수락했다는 것이다. 그런 정보를 입수한 박지원 비대위원장은 계획대로 11월 7일에 후임 비대위원장을 뽑을 것이라고 11월 1일에 발표했다.

김병준 교수가 안철수 의원한테 비대위원장을 수락했음은 확인이 되었다. "안 전 대표는 최근 김 교수를 직접 만나 비대위원장직을 권한 것으로 알려졌으며, 김 교수도 이를 수락한 것으로 보인다. 김 교수는 10월 28일 '당에서 결정해야 한다'며 '말하자면, (당이) 어려움에 처해 있으니'라고 했다"는 것이라고 했다.(10월 28

일 자 헤럴드경제) 그랬던 김병준 교수는 10월 31일 〈뉴스1〉과의 통화에서 "정부가 이렇게 공백 상태인 게 걱정"이라면서 총리 제의 시 수락 가능성을 열어 두었다고 한다. 말하자면, 국민의당이 어려움에 처해 있어서 비대위원장을 하려고 했는데, 이제 공백 상태가 된 정부가 더 걱정되어서 총리를 하겠다는 이야기이니 참으로 대단한 사람이 아닐 수 없다.

11월 2일, 박근혜 대통령은 김병준 교수를 신임총리 후보자로 지명했다. 민주당은 박근혜 대통령이 아직도 정신 못 차리고 총리를 제멋대로 임명했다고 즉각적으로 비난했다. 국민의당도 박근혜 대통령의 독단적인 조치라며 비난 성명을 냈다. 국민의당 호남의원들은 한층 더 격앙된 분위기였다. 김병준 교수에 대한 경멸, 그리고 그런 사람을 비대위원장으로 불러오겠다고 해서 파문을 일으킨 안철수 전 대표에 대한 비난이 비등했다. 광주의 한 중진 의원은 "외연 확장을 하겠다며 무리하게 김 교수 영입을 추진했던 안 의원으로서는 당내에서의 입장이 곤란한 상황이 됐다"고 했다.(11월 3일 자 조선일보)

나는 1월 2일 저녁 교통방송 〈김종배의 색다른 시선〉 인터뷰에서 "김병준 총리 인준은 불가능하고, 이미 끝난 일이다. 김병준이 총리 제안을 받은 그날은 국민의당 비대위원장직을 수락한 날이니 국민의당을 우롱한 것이며, 김병준은 과대 포장된 인물이고 대통령은 이제 사임하지 않으면 탄핵으로 가는 수밖에 없다"고 분명하게 말했다. 11월 3일 YTN 라디오 인터뷰에서 천정배 의원은 "김병준 카드가 국회를 통과할 가능성은 제로"라며, 박 대통령이 국면전환용으로 기습 개각을 단행했다고 비난했다. 그는 "문재인 전 민주당 대표에게는 '김병준은 너희 정부 측 인사가 아니었느냐' 이런 얘기를 하는 것"이라며 "안 전 대표에게는 '그래, 당신이 비대위원장 시키려고 한 사람 아니냐'고 그렇게 던져 놨다"면서 김 교수를 총리에 지명한 노림수를 꼬집었다. 박 대통령, 김 교수, 안 전 대표를 한꺼번에 엮어서 비난한 셈이다.

11월 2일 오후, 안철수 전 대표는 박근혜 대통령의 즉각 퇴진을 요구하는 강경한 성명을 내놓았다. 안철수 전 대표가 갑자기 박 대통령에 대해 강공을 피기 시작한 이유에 대해 오마이뉴스 손병관 기자는 11월 3일 자 기사에서 이렇게 썼다.

"(국민의당의 한) 중진 의원은 …… 무리한 일을 벌인 안 전 대표가 '미안하다' 말 한마디는 해야 하는 것 아니냐고 쏘아붙였다. 안 전 대표가 2일 오후 박 대통령의 즉각 퇴진을 요구하는 성명으로 강공에 나선 배경에 대해서도 김 후보자를 지명한 대통령은 물론이고, 김 후보자에 대한 인간적인 배신감이 작용한 게 아니냐고 얘기하는 의원들이 많다. 안 전 대표와 가까운 초선 의원은 (김병준이) 영향을 안 줬다고 할 수는 없다. 그렇다고 가만히 있으면 더 이상하게 보이니 가까운 의원들이 더 세게 나가야 한다고 조언한 것으로 안다고 전했다."

안철수 전 대표가 박근혜 퇴진 운동을 열심히 벌이게 된 데는 김병준 파동의 영향이 분명히 있었다. 김병준 파동으로 당내에서 입지가 흔들리자 박근혜 퇴진을 외치면서 활로를 뚫은 것이다. 야

3당(민주당, 국민의당, 정의당)은 김병준 총리지명자에 대한 인준 청문 자체를 거부했고, 일주일도 안 돼서 김 교수는 창성동 청사에서 짐을 싸서 나와야 했다. 김 교수를 총리로 지명한 사건은 야 3당이 탄핵 절차를 본격적으로 가동하는 계기가 됐다. 안철수 전 대표는 촛불시위에 열심히 참가했고, 박근혜 탄핵 가두서명운동도 벌였다. 그렇게 모은 작은 트럭 한 대 분량의 서명지를 헌법재판소에 보냈는데, 헌재가 그걸 어떻게 했는지는 알 수 없다. 김병준 교수는 그 후에 그렇게 하고 싶던 비대위원장을 자유한국당에서 반년 동안 했다.

찬성 234표로 통과된 국회 탄핵 결의

2016년 11월 들어서 야 3당은 탄핵을 당론으로 채택하고 각각 탄핵소추준비단을 발족시켰다. 11월 말이 되자 각 정당이 준비한 탄핵소추안을 취합하여 본회의에 회부할 수 있게 되었다. 민주당은 12월 1일에 발의해서 2일에 표결을 하자고 주장했고, 정의당도 이에 동조했다. 국민의당은 박지원 원내대표 사회로 의원총회를 열어서 이 문제를 다루게 됐다. 몇몇 의원은 12월 2일에 표결을 하자고 했고, 안철수 의원도 그런 쪽이었다. 대부분 의원이 발언하지 않자 박지원 대표는 2일보다는 확실하게 탄핵할 수 있도록 9일에 표결을 하고, 주말에 김무성 의원을 만나 보겠다면서 의총을 마무리했다.

민주당도 처음에는 야 3당 중심으로 2일에 표결하는 방안과 새누리당 비박계 동참을 이끌어서 9일에 표결하는 방안을 두고 고심했으나, 12월 1일에 추미애 대표가 김무성 의원과 단독으로 만나는 바람에 혼란을 빚어서 2일 표결로 결정한 것으로 보였다. 당시 민주당 대변인이던 금태섭 의원은 9일 표결이 오히려 부결 리스크가 크다면서 2일 표결을 촉구했다. 이런 상황에서 국민의당이 9일 표결로 결정하자 2일 표결은 물 건너갔다. 그러자 이에 항의하는 문자와 전화가 국민의당에 쇄도했고, 그날 리얼미터 조사에선 국민의당 지지도가 눈에 띄게 떨어졌다. 정의당의 심상정 의원은 국민의당이 새누리당 비박계의 결재를 받느라 표결을 늦추었다고 라디오 인터뷰에서 비난했다.

2일 표결이 무산되자 그 주말 촛불집회엔 최대 인파가 몰렸다. 그 주말을 거치면서 김무성 의원 등 새누리당 비박계가 표결 참여와 탄핵 가결로 의견을 모았다. 야 3당 171명 의원이 제출한 탄핵소추 발의안은 12월 8일 본회의에 보고되었다. 다음 날인 12월 9일 오후 표결에 들어가서 4시 조금 넘어서 찬성 234표, 반대 56표, 기권과 무효 9표로 가결되었다. 국민의당 검표위원이 손가락으로 2, 3, 4를 가리키자 국민의당 의석에서 "아!" 하는 큰소리가 들렸다. 박지원 원내대표였다.

이렇게 해서 탄핵은 헌재로 넘어갔다. 만일에 2일에 표결을 강행했더라면 어떤 결과가 나왔을까? 단언하기는 어렵지만 200명선을 넘지 못해 부결됐을 것이라고 나는 생각한다. 그런데도 민주당이 2일 표결을 주장했던 이유는 내부 사정 때문이 아닌가 한다.

재야 촛불세력의 압력도 있었을 것이고, 추미애 대표가 김무성 의원을 단독으로 만난 것도 영향을 주었을 것이다. 만일 2일에 표결해서 부결됐다면 촛불이 횃불로 바뀌는 등 파급효과는 감당하기 어려웠을 것이다. 어쩌면 민주당과 정의당은 탄핵안이 부결돼도 크게 문제될 게 없다고 생각했을 수도 있다. 헌정 중단 리스크를 감수하고 2일 표결을 주장했을 수도 있다는 말이다.

민주당이 이렇게 생각했을 수도 있다. 국민의당이 9일 표결로 기울기 때문에 어차피 2일 표결은 안 되니까 표면적으로만 2일 표결을 주장해서 명분을 세우려 했을 가능성이다. 여하튼 민주당, 국민의당, 그리고 새누리당 비박계는 치열한 수 싸움 끝에 9일 표결로 결정했다고 본다. 2일에 표결해서 부결되었더라면 야 3당 의원들은 의원직을 사퇴하고 촛불시위대의 맨 앞에 서서 청와대로 향하는, 4·19와 비슷한 사태가 벌어졌을 것이다. 그런 점에서 나는 김무성, 유승민 등 탈당파 때문에 박근혜 대통령이 탄핵당했다고 보는 보수 일각의 시각은 잘못됐다고 본다. 오히려 이들이 헌정 중단 없이 탄핵을 통해 대선을 치르는 데 결정적 역할을 했다.

탄핵소추안이 통과된 후 박지원 원내대표는 이렇게 말했다. "12월 2일 '박근혜 대통령 탄핵안'을 표결했다면 부결이었을 것이고, 오늘 9일 표결해서 가결될 수 있었기 때문에 우리 국민의당의 전략이 성공했다고 자랑하지는 않겠다. 그러나 우리 국민의당은 이렇게 국민과 함께 갈 수 있는 길을 선택하는 역량이 있다는 것을 말씀드린다." 내가 보기에, 그것은 박지원 개인의 역량이었다.

아직도 이해되지 않는 박근혜 탄핵 미스터리

박근혜 대통령 탄핵과 관련해서 아직도 이해가 안 되는 점이 몇 가지가 있다. 첫째, 도무지 누가 천거해서 김병준을 총리로 지명했나 하는 점이다. 박근혜 대통령을 마지막까지 지킨 천영식 당시 홍보비서관의 책《천영식의 증언》(2019년 11월 발행, 옴므 리브르) 123쪽에는 "김병준 카드는 야당을 배려한 인선이었다"라는 다음과 같은 대목이 나온다. "노무현 정부의 정책실장이었던데다 안철수 국민의당 의원으로부터 비상대책위원장으로 영입 제안을 받고 있었던 만큼 야당과 통할 수 있는 인물이었다. 최소한 안철수를 끌어안을 수 있는 카드였다고 보았다."

노무현 정부의 정책실장이었던데다 안철수로부터 국민의당 비상대책위원장으로 영입 제안을 받고 있었던 만큼 야당과 통할 수 있는 인물로 보았다는 것이다. 참으로 웃지 않을 수 없는 어리석은 생각이다. 당시 청와대에 있던 비서니 참모니 하는 사람들이 야당의 정서나 사정을 전혀 모르고 자기들끼리 소꿉장난이나 하고 있었다는 게 여실히 드러난 것이다.

김병준은 노무현 정부에서 정책실장으로 있었지만, 그 후에는 친노 세력에 대해서 '영정(影幀) 정치'를 하고 있다는 식의 말도 했다. 민주당의 주류인 친노·친문 세력은 그런 김병준을 오히려 '노무현을 팔아먹는 사람'으로 볼 정도로 감정이 좋지 않았다. 더구나 안철수를 만나서 국민의당 비대위원장을 하겠다고 말했던 사람을 총리로 지명하면 그것이 안철수에게 어떻게 비치고 또 국민의당 의원들에게 어떻게 비치겠는가에 대해 청와대는 전혀 생각이 없었다.

김병준은 민주당에서 볼 때는 자신들을 배신한 사람이고, 국민의당에서 볼 때는 비대위원장을 하겠다고 해 놓고 총리를 하겠다고 해서 당을 모욕한 인간이었다. 나는 김병준이 총리로 발표된 11월 2일 저녁 교통방송 인터뷰에 이어 11월 4일 아침 CBS 〈김현정의 뉴스쇼〉에서도 "박 대통령 사과 담화는 아무런 의미가 없고, 안철수를 기만한 김병준은 윤리가 없는 인간이며, 국회는 탄핵을 준비할 수밖에 없다"고 단언했다. 당시 나는 국민의당이 김병준에게 모욕당한 데 대해 정말 화가 났다.

김병준 총리 기용에 제일 당황한 사람은 그를 비대위원장으로 끌고 오려던 안철수였는데, 안철수는 그것을 박근혜 하야 요구로 돌파했다. 안철수가 당 대표급 중에서 박근혜 사퇴와 탄핵을 제일 먼저 들고 나간 데는 김병준 때문에 당내에서 처한 곤란한 지경을 돌파할 필요가 있었기 때문이다. 그러니까 야당과 대화를 하겠다고 김병준을 총리로 지명한 박근혜 대통령은 야당으로 하여금 탄핵을 추진하도록 스스로 무덤을 판 것이다. 당시 청와대는 문고리니 십상시(十常侍)니 하는 무리가 바깥세상 돌아가는 것도 모르면서 국정을 운영한답시고 처박혀 있었던 것이다.

두 번째 의문은 박 대통령이 국회가 탄핵을 결의해도 헌법재판소가 이를 기각할 것으로 생각했다는 점이다. 통진당에 대해 해산 판결을 내린 헌법재판소니까 그 헌재가 자기를 파면하지는 않을 것이라고 생각하지 않았나 싶다. 하지만 그것은 정말 안이하고 한

심한 생각이었다. 무엇보다 청와대는 자살골이었던 김병준 카드
가 무산된 후 11월을 대책 없이 흘려보냈다. 천영식의 책 133쪽
에 의하면, "11월 말에 박 대통령은 조기 퇴진보다는 헌재의 판단
을 받아 보겠다는 쪽으로 마음을 굳혔다"고 한다. 그러면서도 11
월 29일 3차 담화에서 임기 단축을 꺼내 들었지만, 당시 국회는
이미 탄핵소추 조문(條文) 작업을 끝내 가고 있었다.

천영식의 책 137쪽에 의하면 "박 대통령은 12월 6일 들어서 헌
재에 의해 탄핵심판을 받겠다는 쪽으로 확실히 마음을 정했다"고
한다. 박 대통령을 도운 법률가를 중심으로 그런 이야기가 나왔던
것인데, 대통령이 그쪽 의견을 따랐다고 한다. 12월 6일이면 이미
탄핵 열차가 제동을 걸 수 없게 된 시점이어서 즉시 사퇴하지 않
으면 어차피 헌재로 탄핵이 굴러갈 상황이었다. 그러니까 그즈음
법률가라는 사람들이 박 대통령한테 헌재에서 탄핵이 기각될 것
이라고 이야기했고, 박 대통령은 그 말을 믿었던 것으로 보인다.

박 대통령에게 헌재 재판에서 승리할 것이라고 한 법률가가 누
구인지는 알려지지 않았다. 무엇보다 탄핵은 형사재판이 아닌 정
치적 재판인데, 그런 것도 모르는 변호사 말을 들었던 것이다. 그
리고 12월 9일, 국회는 재적의원 3분의 2를 훨씬 넘는 234명 찬
성으로 탄핵을 결의했다.

국회가 탄핵을 결의하면 헌법재판소도 그 영향을 당연히 받는
다. 대통령이 도로교통법을 위반했다고 해서 법률 위반으로 탄핵
할 수는 없다. 하지만 닉슨에 대한 하원 법사위원회의 탄핵소추는
개별 형사범죄의 범주를 넘는 포괄적인 권력 남용(Abuse of Powers)

과 사법(司法) 방해 혐의로 이루어졌듯이, 박근혜 대통령이 최순실에 국정농단을 허용했기에 역시 권력남용으로 탄핵의 대상이 충분히 되는 것이다.

이처럼 박 대통령에 대해 제기된 탄핵 사유는 노무현 전 대통령에게 제기됐던 것과는 차원이 다른데, 그것을 몰랐다는 점도 이해하기 어렵다. 그 상황에서 모든 책임은 자신에게 있다고 일찍이 거취를 정했다면 자신에 대한 형사소추는 피할 수 있었고, 집권당인 새누리당이 분열되지도 않았을 것이다. 사퇴하는 대통령을 향해 동정심이 일어서 정국에도 영향을 주었을 것이다.

스스로 무너져 버린 박근혜

나는 최순실 태블릿 PC 사건 후, 박 대통령은 닉슨처럼 스스로 사퇴하는 게 낫다고 방송 인터뷰에서 말한 바 있다. 최순실이 미르재단 의혹을 넘어서 대통령 연설을 주물렀다면 이 나라의 대통령이 누구냐는 말이 나오는 상황인데, 대통령 본인과 그 주변은 그런 판단을 하지 못했다. 박 대통령은 워낙 말이 적어서 주변에 무얼 물어볼 때면 해당 사안에 대한 의견만을 묻는 스타일이었다. 그러니 대통령한테 정국과 민심의 흐름을 전달할 사람도, 그런 창구도 없었을 것이다.

더 중요한 점은 박 대통령은 최순실에 대해 설명하거나 변명할 수가 없었다. 그 점은 나도 알고 손석희 앵커도 알고, 알 만한 사람은 다 아는 사실이다. 최순실은 최태민의 딸이고, 거기에 대해 박 대통령이 말을 하기 시작하면 최태민과 정윤회에 대해서도 변명하게 되니까 단지 "자기를 위해 소소한 일을 한 사람"이라고밖에 할 수 없었다. 그야말로 박근혜 대통령이 가장 숨기고 싶었고 또 숨겨야만 하는 부분인데, 그것을 노출시킨 장본인은 다름 아닌 박 대통령 자신이다. 문고리와 그 아래의 십상시가 모두 정윤회-최순실과 연결되어 있다는 것은 항간의 상식이었다. 그런데, 그것을 방치하는 정도가 아니라 그들에 의존해서 국정을 운영했으니 그 책임은 오로지 박 대통령 본인의 몫이었다. 무엇보다 그들은 '3류'이다. 보수 정권은 각 분야에서 가장 훌륭한 사람들을 기용해서 가동하는 '엘리트 정권'이어야 성공할 수 있는 법인데, 박 대통령은 자신의 정부를 '3류 정권'으로 만들어 버렸다.

워터게이트사건으로 하원 법사위원회가 탄핵소추안을 통과시키자 닉슨 대통령은 사임했다. 미국은 탄핵 심판을 상원이 하게 되어 있는데, 당시 상원은 민주당이 다수당이었지만 3분의 2는 못 되었다. 그때 배리 골드워터 상원의원을 위시한 공화당 원로와 상하원 지도부가 백악관을 방문해서 미국과 공화당을 살리기 위해 당신이 사임하는 수밖에 없다고 최후통첩을 했다. 닉슨은 사임하지 않을 수 없었다. 닉슨이 사임함에 따라 대통령이 된 제럴드 포드는 닉슨을 사면했다. 그 조치는 국민들 사이에선 인기는 없었으나 과거를 털어 버린 용기 있는 결단으로 평가된다.

그러나 우리나라는 미국과 달리 사전에 사면할 수 없다. 따라서 퇴임한 대통령도 그에 대한 재판이 끝나기 전에는 사면할 수 없다. 2020년 11월 17일, 지루한 재판 끝에 박근혜 전 대통령에 대한 대법원의 최종 판결이 나왔다. 징역 22년에 벌금 180억 원이란 어마어마한 형량이다. 그러나 이런 형량이 과연 박 전 대통령에게 무슨 의미가 있을까 한다. 이명박과 달리 박 전 대통령은 변론을 아예 포기해 버렸다. 박 전 대통령은 자기 스스로 아무것도 할 수 없는 상태에 있는 것으로 보인다.

나는 전부터 박 전 대통령이 재단에 대해 안이한 생각을 하고 있다고 느꼈다. 부친 시절에 생긴 5·16장학회의 후신인 정수장학회, 그리고 육영재단에 대한 생각이 그러했다. 지금 잣대로 보면 그런 재단을 갖는다는 것 자체가 도무지 말이 안 되는데, 그것을 털어 내지 못했다. 아니 털어 낼 생각을 하지 않은 것이다. 이처럼 박근혜 전 대통령은 재단법인에 대해서 도무지 개념이 없었다. 그러더니 자기가 대통령으로 재직하면서 삼성으로 하여금 거액을 재단에 기부하도록 해서, 이제는 삼성 이재용 부회장까지 영어(囹圄)의 몸이 됐다.

천영식은 자신의 책 147쪽에서 탄핵이 "낡은 운동권 세력 대 자유민주주의 세력 간 마지막 결투였다"고 썼다. 그런 분석도 일리는 있을 것이다. 그러나 백 보를 양보해서 그것이 맞다 하더라도 청와대에서 '자유민주주의'를 지킨다고 앉아 있던 인물의 면면을 돌아보기 바란다. 유신 정권의 잔당(殘黨)이고 구악(舊惡)의 상징인 김기춘이 비서실장으로 군림했고, 최태민 딸 내외의 냄새가 나는 문고리가 대통령을 둘러싸서 이 모양이 된 것이다.

2021년 들어서 박근혜 전 대통령에 대한 사면 이야기가 나오고 있지만 모든 것을 포기한 사람에게 사면이 무슨 위안이 될지 알 수가 없다. 내가 박 전 대통령을 처음 만난 때는 2010년 4월이었고, 마지막으로 만난 날은 2012년 9월 19일 정치쇄신분과 위원회 전체회의 때였다. 대통령 취임식에도 참석했지만 뒷좌석에서 지켜보았을 뿐이다. 박근혜 전 대통령은 노무현 정권 시절에 내가 사립학교법 개정에 반대하는 칼럼 등을 쓸 때부터 내 글을 주의 깊게 읽었다. 박 전 대통령은 나에게 "어쩌면 그렇게 글을 잘 쓰세요"라고 말할 정도였다. 노무현 정권과 이명박 대통령에 대한 나의 필설(筆舌)을 박근혜 전 대통령은 좋아했고, 그렇게 해서 2012년 한 해 동안 정치적 행로를 같이했다. 더구나 박 전 대통령은 나와 같은 해에 중학교, 고등학교, 대학교를 입학한 동년배이다. 각자의 인생을 살다가 중요했던 2012년을 앞두고 합류해서 한배를 타고 항해를 했다. 그러나 몇 년이 지나서 나는 박 대통령을 탄핵하는 쪽에 설 수밖에 없었다. 참으로 허무하고 허망한 일이 아닐 수 없다.

제11장

2017 ~ 2020년

2017 대선·제3당의 몰락

안철수의 고집과 국민의당 전당대회

20대 국회에 제3당으로 등장한 국민의당은 그야말로 시작은 창대했으나 끝은 미미한 꼴이 되어서 사라져 버렸다. 그다지 기억하고 싶지도 않지만, 그 우여곡절을 보면서 느꼈던 점을 정리해 보고자 한다.

난데없이 사드 배치를 반대하고 나서고, 김병준을 별안간 비대위원장으로 하자는 등 안철수는 식견도 없고 정치력은 더욱 없음이 드러났다. 호남의원 대부분은 안철수가 사드 배치를 반대한 데 대해선 이의가 없었지만, 김병준 파동에는 손을 들어 버렸다. 하지만, 나는 사드 배치 반대에 낙담한데다가 김병준 파동을 보고서 안철수에 대한 기대를 완전히 접어 버렸다. 기껏해야 두 달 동안 전당대회를 준비할 비대위원장을 외부에서 데려오겠다는 발상은 무엇인지 알 수가 없었다. 그것은 안철수는 호남의원들을 싫어한다는 것 외에는 다른 이유를 찾을 수 없다. 국민의당은 호남에서 선전해서 원내 교섭단체 제3당이 되었는데, 이제는 호남이 지겹다는 것인지, 도무지 이해가 되지 않았다. 뜬금없이 김병준을 끌어들이는 모습은 갈데없는 어린아이였다. 더구나 당시는 온 나라가 최순실 파동에 촉각을 세우고 있을 때였다.

2016년 12월 29일, 국민의당 의원들은 박지원 원내대표 후임으로 주승용 의원을 원내대표로 선출했다. 국민의당 창당 후 원내대표를 맡았던 주승용 의원은 4·13 총선 후 20대 원내 지도부를 구성하면서 그 임기를 채우지 않고 박지원 의원에게 원내대표 자리를 양보했다. 그것은 안철수 대표의 뜻이었다. 그러니만큼 주승용 의원은 박지원 의원 후임으로 자기가 원내대표를 하는 것이 마땅하다고 생각했고, 의원들도 그 점을 양해하고 있었다.

그런데 주승용 의원이 원내대표가 되면 국민의당이 호남당이 된다고 생각했는지 안철수는 김성식 의원을 원내대표로 밀었다. 투표 결과는 전체 35표 중 23표를 얻은 주승용 의원의 확실한 승리였다. 호남의원이 비대위원장 되는 것을 막기 위해 김병준을 불러들여서 파문을 일으켰던 안철수가 이번에도 호남의원이 원내대표가 되는 것을 막기 위해 김성식 의원을 내세운 꼴이었다. 그러니만큼 호남의원들은 주승용 의원을 확실하게 밀었고, 엉뚱하게 김성식 의원만 이상하게 되어 버렸다. 나도 주승용 의원을 지지했다. 주 의원과 나는 동년배이고 해군 장교 임관 동기였다.

2017년 1월 15일, 일산 킨텍스 전시관에서 국민의당 전당대회가 열렸다. 당 대표에는 박지원 의원이 당선됐고, 최고위원에는 문병호 전 의원, 김영환 전 의원, 황주홍 의원, 그리고 손금주 의원이 당선됐다. 최고위원은 출마자 전원이 당선된 것이라서 그나마 순위에 의미가 있었다. 나한테도 출마하지 않겠냐고 권하는 의원도 있었지만 그럴 생각이 없었다. 선거에서 패배하면 당 지도부가 무조건 물러나는 모습을 익숙하게 보아 온 나로서는 몇 달짜리 최고위원에 관심이 없었다. 국민의당 최고위원은 리베이트 사건으로 안철수가 물러나기 전까지 했기 때문이기도 했다.

대통령 탄핵 후 치러진 2017년 대선

나는 5월에 치러지는 대통령 선거는 별일이 없으면 문재인 전 대표가 된다고 생각했다. 박근혜 전 대통령이 탄핵을 당하고 물러난 후에 하는 선거이니만큼 탄핵의 주축이었던 민주당이 절대적으로 유리한 지형이었기 때문이다. 나는 반기문은 애당초 되지도 않을 선택이라고 생각했다. 평생 의전 외교를 전문으로 살아온 반기문이 정치에 서툴 건 불 보듯 뻔하고, 더구나 그는 정치적 언론을 대해 본 적이 없는 사람이기 때문이다.

1월 25일, 바른정당 남경필 경기도지사가 대선 출마를 선언했다. 이틀 전, 남 지사는 나한테 전화를 걸어서 대선 출마 선언을 하는 자리에 참석해 주기를 부탁했다. 자기는 협치와 통합을 기치로 내걸 예정이라면서 꼭 참석해 달라고 했다. 그래서 남 지사가 출마를 선언하는 자리에서 나경원 의원과 함께 손잡는 사진이 남게 됐다. 다음 날에는 바른정당 유승민 의원이 대선 출마를 선언했다.

2월 1일, 언론에 시달리면서 고전하던 반기문 전 유엔사무총장이 대선 불출마를 선언했다. 2월 17일, 손학규 당시 국민주권개혁회의 의장이 국민의당에 정식으로 입당했다. 이찬열 의원과 박우섭 인천 남구청장도 같이 입당했다. 나는 그다지 반갑지 않았다. 손학규 의장이 결국은 안철수 후보 지명에 들러리 설 것이 뻔했기 때문이다.

3월 15일, 박주선 의원이 대선 출마를 선언했다. 박주선 의원은 나와는 대학 동기이지만 나보다 두 살 많은데, 나한테 "우리 광주에선 안철수가 대통령감 같지 않다고 해서 내가 나갈까 한다"고 하더니 며칠 후 대선 출마를 선언했다. 3월 19일, 안철수 의원과 손학규 의장은 각각 대선 출마를 선언했다. 3월 28일, 바른정당은 유승민 의원을 대통령 후보로 선출했다. 3월 31일, 자유한국당은 홍준표 전 의원을 대통령 후보로 선출했다. 3월 31일, 박근혜 전 대통령이 구속되었다.

4월 4일, 국민의당은 안철수 의원을 대통령 후보로 확정했다. 손학규와 박주선은 기대보다 훨씬 못한 성적을 올렸다. 안철수는 대선 후보 수락 연설 직후 인기가 올라갔다. 4월 5일, 김종인 박사가 무소속으로 대선 출마를 선언했다. 최명길 의원이 사회를 보는 출정식에 다녀왔지만 마음은 무거웠다. 4월 6일, 이언주 의원이 더불어민주당을 탈당하고 국민의당으로 넘어왔다. 4월 23일, TV 토론 중 안철수가 자신이 'MB 아바타'임을 고백했다. 이것으로 사실상 대선은 끝났다.

나는 안철수의 '아킬레스건(腱)'은 TV 토론이라고 생각했는데,

역시 그렇게 되고 말았다. 그 후 '갑철수'와 'MB 아바타'는 안철수의 브랜드가 되고 말았다. 아무리 토론에 대비해서 연습한다고 해도 후보가 인문사회에 관한 기본 소양이 워낙 부족하니까 생긴 일이었다. 선거일을 사흘 앞두고 안철수 캠프의 청년 대표인지 뭔지 하는 아이들이 문준용 관련 녹취록을 공개했는데, 이에 대한 민주당의 반응이 전과 달리 강경해서 무언가 잘못됐다는 느낌이 들었다. 나중에 밝혀진 바에 의하면 그 녹취록은 조작된 것이었다. 국민의당 청년 최고위원을 지낸 이 아무개는 결국 유죄판결을 받고 감옥에 갔다. 공식 선거운동 기간 후반 들어서는 유세 자체가 되지 않았다.

촛불 정국의 연장에서 이루어진 대선은 더불어민주당이 승리하게 되어 있던 선거였다. 2016년 총선에서 국민의당이 정당투표에서 그렇게 선전하게 된 이유는 호남과 중도 성향 유권자, 그리고 새누리당에 경고를 울리고자 하는 보수 유권자의 지지에 힘입었던 것이다. 그러나 박근혜 대통령이 탄핵으로 물러나고 치르는 대선은 또 다른 문제였다. 총선 때에는 새누리당에 채찍질을 들었던 보수 유권자들은 이러다간 자유한국당이 완전히 와해될 수 있다는 위기의식을 느꼈다. 총선에서 안철수를 지지했던 호남 유권자들도 호남을 멀리하려는 안철수에 대해 지지를 거두기 시작했다. 대선 기간 중 광주에 사는 지인 몇 분에게 여론을 물어보았더니 모두 모르겠다고 답을 했다. 총선 때는 친노·친문을 혼내야 한다던 호남 사람들이 대선 기간 중에는 모르겠다고 하면 호남이 안철수로부터 이탈한다는 의미였다.

반면에 영남 유권자와 보수층은 자유한국당이 살아남아야 한다고 결심하고 홍준표 후보를 2위로 만들었다. 2007년 대선에서 이회창과 문국현을 누르고 정동영이 2위를 했던 현상이 그대로 나타난 것이다. 비록 3위를 했지만 안철수는 제법 많은 지지를 얻었다. 문재인, 홍준표 같은 후보를 찍기보다는 무효표가 되더라도 제3 후보를 찍는 유권자가 상당히 많았기 때문이다. 나도 과거에 그런 투표를 한 적이 있다.

회복 불능 상태에 빠진 국민의당 내부 분열

대선에서 패배했다고 해서 큰 정당이 없어지거나 하지는 않는다. 하지만 구조적으로 취약한 제3당은 당 자체가 흔들리기도 하는데 국민의당이 그렇게 되고 말았다. 대통령 선거에서 안철수가 3위로 패배하자 국민의당은 박지원 대표를 위시한 지도부가 전원 사퇴를 했다. 나는 그때 대선 패배는 후보의 책임이지 당 대표가 책임질 일은 아니라고 생각했다. 하지만 대선 책임론을 들먹이는 사람이 나오자 박지원 대표는 지도부 일괄 사퇴를 결정했다.

5월 16일, 국민의당은 원내대표를 새로 뽑았는데, 김동철 의원이 한 표차로 김관영 의원과 유성엽 의원을 누르고 당선됐다. 5월 25일, 국민의당 중앙위원회는 비대위원장으로 박주선 부의장을 추대하기로 했다. 그 후 박주선 비대위원장은 쓸데없이 어느 교수를 불러서 쇄신한다고 해서 그 후론 당에 큰 관심을 갖지 않았다.

6월 30일, 환노위에서 열린 고용노동부 장관 지명자 조대엽에 대한 청문회가 열렸다. 우리 의원실이 주도해서 그를 낙마시키는 데 성공했다. 박주선 비대위원장은 나한테 "야당은 장관 지명자를 낙마시켜야 야당 노릇을 하는 건데, 이 의원 덕분에 국민의당이 야당 역할을 했다"고 좋아했다.

국민의당은 8월 27일에 당 대표와 최고위원을 뽑는 전당대회를 하기로 했는데, 당헌을 바꾸어서 당 대표와 최고위원을 별도로 뽑기로 하였다. 8월 초, 천정배 의원과 정동영 의원이 대표 출마를 선언했다. 그런데, 안철수가 당을 살리겠다면서 대표로 출마하겠다고 나섰다. 천정배 의원과 정동영 의원은 대선 패배 후 불과 100일 만에 안철수가 다시 나오는 데 강력히 반발했는데, 안철수를 막을 수는 없었다.

8월 7일, 장병완, 황주홍, 조배숙 의원이 안철수를 만나러 간다면서 같이 가자고 해서 할 수 없이 국회 앞 호텔 커피숍에서 안철수를 만난 적이 있다. 대표 출마가 부당하고 소통도 안 되는 사람이 무슨 당 대표를 다시 하느냐고 의원들이 묻자 안철수는 얼굴이 붉어지면서 앞으로 소통을 잘하겠다고 했다. 나는 옆 테이블에서 이들이 하는 이야기를 듣고만 있었다. 우리가 호텔을 나오자 기자들이 기다리고 있었는데, 누가 "외계인과 이야기하는 것 같다"고 말해서 그것이 기사화됐다.

8월 11일, 이언주 의원이 당 대표 출마를 선언했다. 이언주 의원은 안철수와 러닝메이트로 최고위원에 나서려다 입장이 바뀐 것 같다는 지적에 "고민한 끝에… 제가 (안철수보다) 더 나은 대안이라 생각했다"고 답했다. 이언주는 나한테 도와 달라고 했는데, 나한테 전한 이언주의 출마의 변(辯)은 "겪어 보니까 안철수가 너무나 아는 게 없다"는 것이었다.

8월 27일, 개표 결과 50%를 조금 넘긴 안철수가 당 대표로 당선됐다. 2위는 정동영, 3위는 천정배 의원이었다. 모바일 당원 투표이기 때문에 안철수 지지자들이 다수를 차지하고 있어 이런 결과가 나온 것이다. 하지만 전체 당원 중 투표율은 25% 정도였고, 도대체 당원이라는 존재 자체도 의심스러운 상태였다. 이런 과정을 거치면서 과반수 의원이 안철수와 등을 돌렸다. 그런 안철수도 문제이지만 안철수에 대한 대안이 정동영 의원이라는 사실도 국민의당의 한계를 보여 주었다.

이때부터 국민의당은 내부적으로 회복할 수 없는 분열 상태로 빠져들었다. 나는 당 내부 일과 거리를 두고 싶었지만, 황주홍, 장병완, 유성엽 의원과 가까웠기 때문에 당내 문제에 대해선 이들의 입장에 동조하는 편이었다. 무엇보다 나는 국회의원 선거에 더 이상 나갈 뜻이 없었고, 국민의당이 영국의 자민당 같은 제3지대 정당이 되기는 이미 틀렸다고 생각해서 당내 문제에 관해 관심을 끄고 있었다. 영국 자민당은 제3당으로 지식인 층에서 지지가 높았고 전통적으로 스코틀랜드에서 높은 지지를 받았는데, 스코틀랜드 지역당이 생겨서 근래에 그 세력이 위축된 바 있다.

그러더니 드디어 바른정당과 합당을 하자는 이야기가 돌기 시작했다. 의원총회에서 박지원 의원이 안철수 대표에게 통합 이야기를 꺼내지 말라고 단호하게 질타하자, 안 대표는 얼굴이 붉어지면서 안 하겠다고 했다. 하지만 안철수는 이미 박지원, 정동영, 천정배 등으로부터 마음이 뜬 상태였다. 김관영 의원이 바른정당과 합당을 하면 시너지 효과가 나서 지지도가 25%가 된다는 여론조사가 있다고 하기에 나는 웃기지 말라고 했다. 김관영 의원은 이제 원점으로 돌아가기는 너무 나가 버렸다고 씁쓸하게 이야기했다.

2017년 12월 들어서 안철수가 보인 행태는 '광분(狂奔)했다'는 표현이 들어맞을 것이다. 12월 20일에 통합 여부를 수렴하는 의원총회를 열겠다고 해 놓고 그에 앞서 기자회견을 열고 전 당원 투표로 통합 여부를 가리겠다면서 그것을 자기에 대한 신임과 연결시켰다. 그러면서 안철수는 "호남의 지지로 우뚝 선 정당으로서 호남의 가치를 소중하게 여긴다"며 "국민의당이 앞장서 김대중 정신을 호도하는 구태 정치, 기득권 정치를 끝내야 한다"고 떠들었다. 그러고는 당헌 당규를 고쳐서 전당대회를 여러 곳에서 동시에 열 수 있도록 하더니 나중에는 전당대회를 열지 않고 통합결의를 할 수 있도록 고쳤다.

2017년 12월 31일, 국민의당 합당 추진파는 전 당원 투표를 통해 합당하기로 결의했다면서 전당대회 없이 합당을 결의했다. 한국 정당사에서 이런 식으로 정당을 끌고 간 경우가 없었다. 각목만 들지 않았을 뿐 정당민주주의를 유린한 폭력적인 조치였다. 그러면서 안철수는 자기가 진정한 김대중 정신을 추구하는 것처럼 이야기했으니, 지나가는 뭐가 웃을 일이었다. 〈전남일보〉는 2018년 1월 18일 자 사설로 "안 대표는 이번 통합 선언을 통해 지난 총선에서 자신에게 압도적인 지지를 보낸 호남을 저버렸다. 호남도 이제 명분 없는 보수 야합에 나선 안 대표와 미련 없이 결별해야 한다"고 안철수를 규탄했다.

2018년 1월 들어서 나는 박지원, 유성엽, 천정배, 장병완, 정동영, 김경진, 박주현, 최경환 등 합당 반대파 의원들 모임에 몇 번 나갔다. 당시에 박지원 의원은 부인이 심각한 병환으로 입원 중이었지만 회의에 어렵게 참석했다. 박주현 의원은 흥분해서 소송으로 통합을 무효화시켜야 한다고 주장했다. 나는 통합 무효를 주장하는 소송을 제기해도 법원이 그것을 들어줄 가능성이 적으므로 창당을 준비해야 할 것이라고 했다. 일련의 비공개 모임에서 내가 비교적 일찍 창당의 불가피성을 이야기했다.

창당 논의가 진행되어 감에 따라 당명을 어떻게 하는가를 두고 많은 이야기가 나왔는데, 나는 복지, 민생, 미래 같은 단어가 들어가면 당이 우스워지니 차라리 '민주평화당'이 어떻겠냐고 의견을 냈더니 모두 좋다고 해서 당명을 '민주평화당'으로 하기로 했다. '민주평화당'이란 당명은 내가 지은 것이다.

'일회용 플랫폼', 바른미래당

2018년 1월 28일, 국민의당은 합당에 반대하는 박지원, 천정배 등 호남의원과 나를 포함한 179명의 당원권을 정지시켰다. 그것은 신경을 쓸 일도 아니었다. 그리고 2월 6일 민주평화당은 창당대회를 개최했다. 2월 13일, 안철수 계파와 바른정당은 합당 절차를 마치고 창당대회를 열었다. 이렇게 해서 국민의당은 사라져 버렸다. 막판까지 눈치를 보던 박주선 의원과 김동철 의원은 바른미래당으로 붙었고, 더 이상 출마할 생각이 없었던 주승용 의원도 바른미래당으로 가서 20대 국회 후반기 국회 부의장을 지냈다.

내가 왜 바른정당과의 통합에 반대했느냐고 묻는 사람도 꽤 있었다. 나는 합당하면 모두 망한다는 확신이 있었다. 그 점에 있어서 나는 박지원 의원과 의견을 같이했다. 바른미래당 창당대회를 앞둔 시점인 2018년 2월 6일, 나는 CBS 〈김현정의 뉴스쇼〉 인터뷰에서 '미래'라는 단어가 들어간 정당은 비눗방울처럼 없어져 버리는 포말(泡沫) 정당이 될 것이며, 바른미래당은 지방선거에서 광역이든 기초이든 단체장은 한 명도 당선이 안 되고 안철수도 서울시장 당선이 안 된다고 확실히 이야기한 바 있다. 결과적으로 내 말은 모두 맞았다.

나는 유승민 의원과 이혜훈 의원에게도 안철수와 합치면 같이 망한다고 여러 번 경고했다. 그러면 유승민 의원은 왜 합당을 해야만 했나? 내가 알기로는 국민의당과 합당을 하지 않으면 자유한국당으로 돌아가겠다는 의원들이 있어서 불가피했다는 것이다. 통합이 실패하면 유승민, 이혜훈, 지상욱, 오신환 의원을 제외하고는 전부 자유한국당으로 들어갈 것이라는 관측이 있었다. 그러나 합당의 최대 피해자는 유승민 의원이었다. 아마도 유승민 의원이 정치를 시작한 후에 가장 잘못한 선택은 안철수와의 합당이라고 생각할 것이다. 6·13 지방선거에서 참패했을뿐더러 안철수의 선거에 들러리를 선 꼴이 되었기 때문이다.

2018년 6월 지방선거에서 바른미래당이 거둔 성적은 한국 정당사에 빛나는 역대급 참패였다. 광역단체장은 고사하고 기초단체장도 전원 낙선하는 기록을 세웠다. 대선에서 3위를 한 안철수와 4위를 한 유승민이 합치면 시너지가 난다고 했으나 시너지는커녕 폭삭 망하고 말았다. 하지만 국민의당을 억지로 분열시켜서 태어난 바른미래당은 원내 교섭단체를 유지한 덕분에 정당 보조금과 선거 보조금만은 풍족하게 받았다.

2018년 지방선거는 안철수가 서울시장 선거에 나가기 위해 무리하게 만든 바른미래당이 평가를 받는 선거였다. 선관위는 2018년 6·13 지방선거에 앞서 선거 보조금 총 425억 6,000만 원을 지급했다. 그중 자유한국당은 137억 6,400만 원, 더불어민주당은 135억 3,800만 원, 바른미래당은 98억 8,300만 원, 민주평화당은 25억 4,900만 원, 그리고 정의당이 27억 1,000만 원을 받았다. 선거 보조금은 교섭단체를 구성한 정당에 총액의 50%를 균등하게 배분하고, 5석 이상 20석 미만의 의석을 가진 정당에는 총액의 5%씩을 균등 배분한다. 남은 보조금의 절반은 각 정당에 의석 수 비율대로 배분하고, 나머지 절반은 직전 선거인 20대 국회의원 선거의 득표수 비율에 따라 배분한다. 자유한국당이 민주당보다 2억 원 더 받게 된 이유는 20대 총선 득표수 비율에서 민주당을 앞섰기 때문이다.

이렇게 해서 바른미래당은 무려 99억 원을 받았다. 교섭단체일뿐더러 20대 총선에서의 국민의당을 승계했기 때문에 20대 총선에서 국민의당이 얻은 득표수 비율에 따라 이렇게 많은 보조금을 받을 수 있었다. 이런 것을 우연한 결과라고 본다면 정당정치를 잘 모르는 것이다. 국민의당을 억지로 끌고 가서 바른정당과 합칠 때부터 이런 것을 계산에 넣고 한 것이다. 간추려 말한다면, 서울시장 선거에 도움도 안 되는 박지원, 정동영, 천정배 등 호남 다선 의원들을 버리고 바른정당과 합쳐서 그럴싸하게 포장해서 바른미래당을 만들면, 교섭단체일뿐더러 2016년 총선에서 국민의당이 얻은 많은 득표수까지 계산이 되어서 거액의 선거 보조금을 받을 수 있다는 계산이 있었던 것이다. 선거 보조금 타 먹는 구태 정치의 극치가 바른미래당이었다.

국민 세금을 99억 원이나 쓰고 얻어 낸 성적은 초라하기 이를 데 없다. 바른미래당은 광역단체장과 기초단체장 선거에서 전패(全敗)하는 한국 정당사에 전에 없는 기록을 세웠다. 기초의회 비례석 등 몇 석 건진 것이 전부였다. 서울시장 선거에서 안철수는 예상대로 3위를 했다. 내가 보기에 서울시장에 나온 안철수가 같은 당 다른 후보들에게 도움을 주기는커녕 그와는 반대로 많은 젊은 후보들이 자기 돈 들여 바른미래당 후보로 나와서 안철수 선거운동을 한 셈이었다. 세상 물정을 모르는 젊은 후보들이 결과적으로 이용을 당한 것이다.

이처럼 바른미래당은 처음부터 안철수가 서울시장 선거를 나가기 위해 만들었던 '1회용 플랫폼'이었다. 국민의당은 호남당 색깔이 진하니까 바른미래당 후보로 나가면 당선이 된다고 생각한 것이고, 서울시장에 당선되면 4년 후 대선에 나간다고 생각했던 것이다. 결과는 예상대로 또 3위였으나 득표율은 15%를 넘겨서 선거비용을 전액 보전받았다. 국민 세금을 선거 보조금으로 받고, 또 되지도 않을 선거에 나간 선거비용을 국민 세금으로 보전받았다. 그러니까 바른미래당은 국민 세금을 빼먹기 위해 만든 1회용 정당이었다.

바른미래당이 2018년 6월 지방선거에서 받은 성적표는 참패라는 단어로도 부족하다. 그야말로 전패(全敗)를 당한 것이다. 지방선거 후 유승민 의원은 당 대표직을 내려놓았다. 그 후 바른미래당은 우여곡절 끝에 손학규 대표 체제로 이어져 갔지만, 최고 회의에서 싸우는 모습으로 사람들의 기억에 남았다. 2019년 4월에 이르러서는 이언주 의원 당원권 정지를 두고 바른정당계와 호남계가 대판 싸우는 등 그것은 이미 정당이 아니었다. 5월에는 하태경 의원이 바로 옆에 있는 손학규 대표에 대해 "사람이 나이가 들면 정신이 쇠락해진다"고 했던 사건은 그런 싸움의 압권이었다.

그렇게 싸우면서도 국민의당 호남계와 바른정당계가 한 정당을 유지해 온 이유는 돈 때문이었다. 국민 세금으로 제3당 교섭단체에 준 돈이 너무 많아서 그것을 서로 자기가 차지하겠다고 네가 나가라고 싸운 것이다. 이런 사실을 사람들은 잘 모르다가 내가 2019년 4월 18일 교통방송 〈이숙이의 색다른 시선〉에서 "바른미래당에서 서로 나가라고 밀어내는 이유는 정당 보조금이 50억 원이 남아 있기 때문"이며, "남아서 버티는 사람이 다 갖게 되는 아주 치사한 게임"이라고 해서 비로소 알려지게 됐다. 이처럼 바른미래당은 처음도 정당 보조금이요, 끝도 정당 보조금이었으니 구태 정치의 극치였다. 손학규 대표는 나에게 바른미래당에 복귀해서 한번 같이 해보자고 몇 번씩 이야기했으나 나는 그냥 웃고 말았다. 내가 보기에 바른미래당은 2020년 총선에서 없어질 정당이었다. 무엇보다 국민 세금을 빼먹기 위해 만든 정당에 몸담을 이유가 없었다.

끝까지 비례대표의 발목을 잡은 바른미래당

국민의당 비례대표 의원은 13명이었는데, 그중 바른정당과의 합당에 공개적으로 반대한 의원은 박주현, 장정숙 그리고 나였다. 박선숙 의원은 합당에 반대했지만, 민주평화당에 참여하지는 않았다. 정당법에 의해서 비례대표 의원이 탈당하면 의원직을 상실하게 된다. 소속 정당에 대한 투표로 당선이 됐으니까 임의로 탈당해서 다른 정당에 가입하게 되면 정당에 투표한 유권자의 의사에 반한다고 볼 수 있다. 하지만 국민의당과 바른정당의 합당처럼 국민의당이 분열되는 상황이라면 비례대표 의원도 선택할 수 있어야 하는 게 합리적이다. 물론 이렇게 하기 위해선 법률 개정이 있어야 한다.

하지만 이런 경우라면 합당에 반대하는 비례대표 의원을 제명해서 각자의 길을 가도록 하는 게 정치적 도의에도 합당하고 신사적이라고 할 것이다. 그러나 무리하게 합당을 추진한 안철수는 그런 요구를 거부했다. 비례대표 의원을 제명하지 않는 이유는 순전히 돈 때문이다. 비례대표 의원을 제명해서 교섭단체가 무너질 수도 있고, 그렇지 않더라도 정당에 주어지는 보조금이 소속의원 숫자에 비례해서 지급되기 때문에 비례대표 의원을 제명하면 그만큼 정당 보조금이 줄어들게 된다. 그래서 한사코 제명하지 않았던 것이다. 돌이켜보면 기존의 구태(舊態) 정치를 타파하고 새 정치를 한다는 명분으로 정치를 시작한 안철수는 모든 행태가 이처럼 구태 중의 구태였다.

2016년 여름에 안철수는 나한테 어려운 일을 부탁한 적이 있었다. 민주당의 비례대표 공천으로 경남 도의원으로 당선된 전현숙은 2016년 총선 때 국민의당 선거운동을 도와서 민주당으로부터 당원권이 정지된 상태였다. 그때 안철수 대표가 "전현숙 도의원이 민주당에서 제명될 수 있도록 도와 달라"고 부탁해서 내가 김종인 민주당 비대위원장에게 전현숙 도의원에 대한 제명을 부탁했고, 당시 민주당 경남도당위원장이던 김경수 의원에게도 직접 전화를 걸어 부탁했다. 사안을 알고 있던 김경수 의원은 "전현숙 도의원 본인 의사가 중요하다면서 제명해 주겠다"고 흔쾌히 약속했다. 얼마 후 전 도의원은 민주당에서 제명되어 국민의당 창원시 진해구 위원장을 지냈다. 전현숙 도의원은 안철수의 새 정치에 매료되어서 민주당원임에도 국민의당을 공공연하게 지지했던 것이니, 지금의 안철수를 보면 어떤 생각을 하고 있을지 모르겠다.

정당 보조금을 늘려 받기 위해서 나를 위시한 비례대표 의원 3명의 제명을 거부한 바른미래당 의원 몇몇이 우리 세 사람한테 탈당하라고 라디오 인터뷰에서 이야기한 적이 있었다. 그런데 나는

"이렇게 해당 행위를 해도 제명도 못 하는 주제에 무슨 말이 많냐"고 라디오 인터뷰를 통해 바른미래당을 비웃었다. 6·13 지방선거를 앞두고 나한테 그런 욕을 얻어먹었으니 바른미래당이 잘될 수가 없었다.

당적은 바른미래당, 선거운동은 민주평화당

민주평화당이 발족해도 나는 입당을 할 수가 없으므로 정당 일에는 관여할 바가 아니었는데, 나한테 당의 연구원장을 맡아 달라는 부탁이 들어왔다. 아무래도 무리인 것 같아 고사했더니 박지원, 황주홍, 장병완, 유성엽 의원이 맡아 주면 좋겠다고 해서 할 수 없이 전당대회까지만 맡기로 했다. 당적은 바른미래당이면서 민주평화당의 연구원장을 맡게 된 것이다. 선관위는 불법은 아니라고 했지만, 정상이 아닌 것은 분명했다. 민주평화당 정책연구원장은 언론에 자주 나오는 당직은 아니라서 크게 표시 나지는 않았고 그 기간도 반년이었다. 반면에 박주현 의원과 장정숙 의원은 민주평화당과 대안신당의 대변인 등 여러 당직을 20대 국회가 끝날 때까지 맡았다.

민주평화당도 처음부터 내부에서 불협화음이 생기기 시작했다. 어렵게 시작한 정당이면 창당 멤버들이 골고루 참여하는 정당이 되어야 하는데, 당직자 임명이 조배숙 대표와 정동영 의원 중심으로 이루어지자 전남과 광주에서 불만의 목소리가 나왔다. 2018년

6월 지방선거가 다가오자, 나는 민주평화당 연구원장으로 선거를 준비해야만 했다. 민주평화당은 교섭단체가 아니어서 정당의 연구원에 지급되는 보조금이 많지 않았다. 하지만 적은 보조금이지만 선거에 대비한 여론조사를 하는 등 지방선거를 지원하는 데 요긴하게 사용했다. 민주당에서 당직자 생활을 오래 한 홍승태가 부원장으로 많은 일을 효율적으로 처리했다.

지방선거 운동 중에는 황주홍 의원의 지역구인 고흥과 강진, 그리고 유성엽 의원의 지역구인 정읍과 고창에도 지원 유세를 했다. 그중 고흥 군수로 출마한 송귀근 후보와 고창 군수로 출마한 유기상 후보는 당선이 됐다. 그 외에도 전남 영암과 광주 서갑에도 지원 유세를 했으나 당선되지는 못했다. 민주당 바람이 거세게 불었던 선거였지만 민주평화당은 전남과 전북에서 5개 기초단체장을 얻어 내는 성과를 냈다. 반면에 바른미래당은 광역은 물론이고 기초단체장을 하나도 얻지 못하는 완패를 기록했다. 지역 기반이 없는 제3당의 한계를 보인 것이며, 안철수의 사욕(私慾)이 초래한 당연한 결과였다.

8월 5일 민주평화당 전당대회에서 정동영 의원이 유성엽 의원을 누르고 당 대표가 됐다. 그러나 그때에는 이미 당이 둘로 쪼개진 상태였고, 연구원장 임기가 끝난 나는 그 후 당을 나가지 않았다. '사실상 무소속 의원'이 된 셈이다. 정동영 대표에 반대하는 의원들은 2019년 7월에 대안정치연대라는 모임을 만들어서 심리적 분당 상태에 들어가더니, 2020년 1월에 공식적으로 대안신당으로 창당을 했다.

한편 바른미래당에서는 2020년 1월에 유승민 의원이 새보수당을 만들어서 나갔고, 이언주 의원은 '전진 4.0'이란 정당을 창당했다. 그러나 한 달 후 두 정당은 자유한국당과 합류해서 미래통합당이 되었다. 같은 시기에 바른미래당에 남아 있던 박주선, 김동철 의원과 손학규 대표 등은 대안신당, 민주평화당과 합당해서 민생당을 창당했다. 이렇게 지리멸렬하더니 2020년 4월 총선에서 민생당은 의석을 전혀 얻지 못하고 식물 정당으로 전락했다. 바른미래당에 합류해서 대표와 원내대표를 지내고 2020년 총선 직전에 민생당으로 다시 합류해서 광주에서 출마한 박주선 의원과 김동철 의원은 15%도 얻지 못해 선거비용을 보전받지 못하는 수모를 당했다. 2016년 총선에 국민의당 비례대표로 당선되어서 바른미래당으로 묶어 들어간 몇몇 의원은 막판에 미래통합당 공천을 받아 출마했으나 전원 낙선했다.

설 자리를 잃은 제3당의 몰락

이렇게 해서 2016년 총선에서 화려하게 등장했던 국민의당은 민생당으로 초라하게 막을 내리고 말았다. 내 의사와 관계없이 나의 당적은 바른미래당에서 민생당으로 바뀌는 등 기복이 많았다. 나는 20대 국회 임기가 끝난 다음 날, 민생당에 탈당계를 제출해서 정당 생활을 끝냈다. 한편 황교안 대표가 이끄는 미래통합당은 2020년 4월 총선에서 103석을 얻는 데 그쳐 문재인 정부와 더불어민주당이 국정을 일방적으로 이끌어 갈 수 있는 결과를 초래했다. '미래' 같은 단어를 붙이는 정당은 잘 안 된다고 장담했던 내 말이 맞았다.

돌이켜보면 내가 국민의당 분열 국면에서 민주평화당 쪽으로 가게 된 원인은 안철수에 대한 부정적인 생각 못지않게 황주홍, 장병완, 유성엽 의원과의 인간적 관계, 그리고 박지원 대표와의 교감이었다. 나는 그 인연이 매우 뜻깊었다고 생각한다. 또한 그 인연으로 2018년 지방선거 때 고창, 정읍, 고흥, 강진, 영암, 그리고 광주에 몇 번씩 내려가 지원 유세를 했으니 그것 또한 잊지 못할 추억이다. 나는 더 이상 출마할 생각이 없었지만, 제3당이 콩가루가 되는 바람에 박지원 의원 등도 모두 21대 국회에 들어가지 못했다. 더 큰 문제는 제3당이 없어져서 더불어민주당의 독단적인 국회 운영을 제어할 수 없게 됐다는 사실이다. 하지만 정말 심각한 문제는 제3당이나 제3지대에 대한 부정적인 생각이다. 이제 누가 제3당이나 제3지대의 이야기를 귀담아듣겠냐는 것이다. '제3당 정치혁명'을 내세웠던 국민의당이 완전히 실패함에 따라 제3당 자체에 대한 신뢰가 사라져 버린 것 같다.

제12장

2016~2019년

환경노동위원회 활동

기피 대상 1호 상임위원회 신청

나는 20대 국회 4년을 기피 대상 1호 상임위원회인 환경노동위원회에서 일했다. 전반기 2년은 홍영표 의원이 위원장이었고, 후반기 2년은 김학용 의원이 위원장을 했다. 두 사람 모두 상임위원회를 무난하게 끌고 가서 다른 상임위에서 툭하면 발생하던 몸싸움이나 막말 같은 불상사는 한 번도 없었다. 환노위는 의원 숫자가 적은 위원회이다. 그래서 똑같은 국감에서 질의하는 경우, 의원 숫자가 30명이 넘는 큰 위원회에 비해 의원들의 발언 기회가 배가 넘는다. 발언할 기회가 많으면 좋은 면도 있지만 그만큼 준비를 해야 한다. 국정감사는 어느 위원회나 기간은 똑같아서 위원이 15명인 환노위 의원은 하루에 4~5회 질의하는 반면에 국토위원회처럼 위원이 30명이 넘는 위원회의 의원은 하루에 2회 발언하면 끝나게 된다. 더구나 법사위 같은 경우에는 툭하면 싸우고 정회를 해 제대로 질의하지를 못 하는 경우도 허다하다. 그래서 환노위 위원들은 다른 위원회 위원보다 질의 준비를 두 배는 해야 한다.

여야 할 것 없이 정당은 노조를 포용하기 위해 노조 출신 1~2

명은 꼭 비례대표로 배치하고 지역구에도 노조 출신을 공천한다. 그래서 환노위에는 노조 출신이 항상 4~5명 정도 있었으니까 과다 대표되고 있다고 할 정도다. 반면에 환경을 대표할 수 있는 의원이 비례대표로 포함된 적은 우리 헌정사에 없었다. 그런데, 내가 국민의당 선대위원장을 맡아서 비례대표로 환노위에 들어오게 되자 환경단체들은 기대가 컸다. 나는 그 기대를 나름대로 충족시켰다고 생각한다.

나 이외에도 환노위에서 환경에 대해 나름대로 관심과 소신이 있었던 의원은 신창현이었다. 원래 환경운동을 했던 신창현 의원과 나는 많은 환경 사안에 있어서 보조를 같이했다. 전반기에 환노위에 있었던 서형수 의원도 평소에 환경과 생태에 관심이 많아서 설악산 케이블카 문제를 집요하게 파헤치곤 했다. 한국노총에서 일했던 한정애 의원은 민주당 간사로서 노동, 환경 그리고 동물복지 문제에 관심이 많아서 큰 힘이 됐다. 정의당 이정미 의원은 노동문제에 관한 한 소신 있는 강경파이었지만 환경문제에 대해서도 적극적이었다. 대우자동차 노조를 이끌었던 홍영표 위원장도 환경 사안에 대해서 매우 전향적이었다. 그래서 전반기 2년 동안 환노위에선 홍영표, 한정애, 신창현, 서형수, 이정미 그리고 나로 이어지는 강력한 '환경 블록'이 있었으니, 우리 국회 역사상 처음 있는 일이었다. 20대 국회 후반기에는 홍영표 의원과 서형수 의원이 다른 상임위로 빠져나가서 '환경 블록'은 위축되고 말았다.

내가 환노위에서 환경부 현안에 대해 질의할 때면 모두 숨을 죽이고 경청했다. 다른 의원실의 보좌진은 내가 질의하면 환경부 간부들이 마치 교수의 강의 듣는 학생 분위기가 되어서 의아했는데, 환경부 실·국장들이 사무관으로 공직을 시작할 때 내가 이미 알려진 환경법학자였음을 알고 이해가 됐다고 했다. 나는 4대강 사업 현장은 물론이고 내성천, 영양 풍력단지 등 현장에도 여러 번 가서 실제로 상황을 파악하고 사진을 찍어서 국감에 제시하는 등 현장감을 살려서 질의했는데, 홍영표 위원장은 나의 이런 노력에 대해 여러 번 감사를 표명했다. 2019년 12월 7일, 환경운동연합은 4년간의 환경 분야에 대한 의정활동을 평가해서 나에게 '20대 국회 환경의원 대상'을 수여했다. 그것은 대단히 의미가 있는 상(償)이었다. 인사말을 하라고 해서 "나는 단지 알고 있고 공부한 바를 실천했을 뿐"이라고 했다. 누군가 내게 다가와서 "의원님은 정말 이 상을 탈 자격이 있습니다"고 이야기했다.

내가 겪어 본 환노위 소관 부처 장관·청장

20대 국회 환노위에서는 환경부 장관 4명과 고용노동부 장관 3명을 겪어 보았다. 박근혜 정부 마지막 기간에 고용노동부는 이기권 장관, 환경부는 윤성규 장관과 조경규 장관이었다. 윤성규 장관과는 국장 시절부터 아는 사이였으나, 박근혜 정부 들어서 설악산 케이블카 설치 등을 추진하여 야당이던 더불어민주당과 적대적이었다. 내부적으로도 장관을 너무 오래 한 탓에 불만이 많았던 것으로 들렸다. 이기권 장관은 중앙대를 졸업한 후 행정고시를 패스한 정통 관료였으나, 당시 박근혜 정부가 무리하게 추진한 고용 유연화와 성과급 도입 때문에 노동계 및 야당과의 사이가 거의 적대적이었다. 박근혜 정부는 비정규직 문제는 그대로 두고 성과급 제도에만 집착하다가 결국 정권 교체를 맞았다.

　문재인 정부의 첫 환경부 장관인 김은경 장관은 경력은 다소 부족하지만 환경에 대한 소신이 확실했다. 영양 풍력단지 공사를 중단시키고 흑산공항 건설이 무산된 데는 김은경 장관의 역할이 컸다. 청와대의 기류를 따른다면 풍력단지 건설을 저지하거나 흑산공항 건설에 반대하지 말았어야 했지만, 자리에 연연하지 않고 소신을 지켰다. 나는 이 점은 높이 평가해야 한다고 본다. 김은경 장관은 장관직에서 물러난 후 불거진 이른바 환경부 블랙 리스트 사건으로 기소되어서 불구속상태로 재판을 받다가 2021년 2월 9일 1심 재판에서 징역 2년 6개월을 선고받고 법정구속되었다.

　새 정권이 들어서면 항상 말썽이 되는 것이 산하기관의 기관장과 임원 인사였다. 대개는 형식과 절차를 지켜서 하지만 그것이 공정한 공모라고 생각하는 사람은 어디에도 없다. 대체로 청와대 등의 의견이 반영되어서 진행되기 때문이다. 산하기관장은 임기가 보장되지만 정권이 교체되면 전 정권에서 임명된 기관장은 자리를 지키고 연명하는 존재에 불과해서 그럴 바에야 차라리 새 정부가 책임지고 새 사람을 임명하는 것이 낫다는 생각이 들었다. 문제는 김은경 장관이 이런 절차를 너무 미숙하게 진행했고 그것을 문서로 남겼다는 데 있었다. 김은경 전 장관은 법원에서 변론도 제대로 하지 않은 것으로 보였다. 청와대의 압력으로 그렇게 했다는 식으로 변론을 했더라면 중형은 면할 수 있었을 것이나, 단지 관례에 따랐을 뿐이라고 변론해서 이례적으로 무거운 형을 선고 받았다.

사실 내가 보더라도 문재인 정부 들어서 임명된 환경부 산하기관장 중 몇몇은 함량 부족이었다. 어느 기관장은 국감 때 의원들의 질문에 답을 못해서 자리에 돌아가라고 핀잔을 들을 정도로 자질이 부족했다. 야당인 자유한국당 의원들은 이런 낙하산 인사 문제에 대해서 목소리를 높였지만, 이명박 정권 들어서 노무현 정부에서 임명된 기관장들을 일거에 몰아냈던 그들의 과거를 생각하면 그것도 우스운 일이었다.

김은경 장관이 산하기관의 인사 문제로 고초를 겪은 데는 당시 환경부 장·차관 모두 시민운동가 출신인 것도 영향을 주었다고 본다. 장관과 차관 중 한 명은 관료 출신이어야 하는 이유가 있는 것이다. 문재인 정부 들어서서 고용노동부는 금융노조 출신의 3선 의원인 김영주 장관과 관료 출신의 이성기 차관이 호흡을 맞추어서 무리가 없었다. 고용노동부는 박근혜 정권에서는 고용 유연화를 추진하다가 문재인 정권에서는 비정규직의 정규직화를 추진했으니 정책이 180도 바뀐 것인데, 그런데도 노동부에선 블랙리스트 같은 문제가 전혀 없었다. 정치인 장관과 관료 차관이라는 콤비가 있었기 때문이다.

박근혜 정부의 기상청장은 고윤화였다. 고윤화 청장은 환경부에서 대기 정책을 담당했었다. 기상청은 이명박 정부 시절 조석준

청장이 도입하기로 했던 프랑스제 라이더 문제로 골머리를 앓았다. 아무짝에도 쓸모없는 장난감 같은 장비를 공항에서 윈드시어를 감지하는 장비라고 들여올 뻔했는데, 고윤화 청장은 4년 동안그 문제를 뒷감당해야 했다. 박근혜 정부로 바뀐 뒤에도 당시 여당이던 새누리당에 엉터리 장비를 비호하는 세력이 있어 어려움이 많았다. 문재인 정부 들어서 기상청장으로 임명됐던 남재철은1년 만에 경질됐고, 공군 기상장교 출신인 김종석이 청장으로 임명되어 20대 국회 후반기 2년간 있었다. 김종석 청장은 기상모델같은 전문 분야에 아는 것이 없어서 국감에서 쩔쩔맸다.

사진은 거짓말을 하지 않는다

나는 환경 분야에서 4대강 사업의 폐단과 내성천 생태 훼손, 경북 영양군에 무분별하게 들어선 풍력단지로 인한 산지 파괴와 주민 피해, 경북 봉화군에 자리 잡은 영풍 석포제련소가 야기하는환경오염, 해상국립공원 내에 건설하려는 흑산공항의 안전성 문제 등을 제기했다. 그 결과 영양 풍력단지 공사가 중단되었고, 석포제련소에 대해선 강도 높은 단속이 이루어져 조업 정지 조치가내려졌으며, 흑산공항 건설은 국립공원위원회에서 보류되었다.

환노위에서 나뿐만 아니라 민주당 의원들도 4대강 사업으로 인한 녹조 등 생태 파괴에 대해서 강력하게 질타하고 나섰다. 그러나 웬일인지 새누리당, 자유한국당, 민주통합당은 4대강 사업에 관한 한 납득하기 어려운 행태를 취했다. 자신들의 정체성으로 생각하는지 4대강 사업과 관련된 증인과 참조인 채택을 막아서는 등 비상식적인 행동들을 4년 동안 계속해 왔다. 특히 황교안이 야당 대표가 되더니 당에 보철거반대대책위원회라는 괴상한 위원회까지 설치했다. 황교안이 공천해서 21대 국회에 들어온 국민의힘 의원 중에는 이명박 정부에서 4대강 사업 부본부장을 지낸 인물도 있다. 나는 국민의힘이 4대강 사업이란 숨넘어간 귀신을 붙잡고 있는 모습을 보고 정말 처량하다고 느꼈다.

2019년 국정감사 때에는 자유한국당 어느 의원이 금강보 수문 개방이 효과는 없고 농민 피해만 있다고 열을 올린 적이 있다. 하천관리나 물 문제에 대해 아는 것도 없는 사람과 논쟁을 하면 내가 부끄러워질 것 같아서 준비해 두었던 사진 여러 장을 화면에 올려서 보여 주었다. 수문 개방 전 금강의 더러운 모습과 수문 개방 후 모래톱이 드러나고 물이 맑아지고 물새가 찾아드는 금강의 모습을 사진으로 비교해서 보여 준 후 나는 이렇게 끝을 맺었다. "사진은 거짓말을 하지 않습니다."

영주댐은 과거에 건설교통부가 사업성이 없다고 스스로 철회한 송리원댐을 이명박 정권이 들어선 후 4대강 사업의 일환으로 이름만 바꾸어 추진한 사업이다. 오늘날 영주댐은 아무 용도도 없이 담수도 못 하고 서 있는 1조 1천억 원짜리 애물단지가 되었다. 환노위에서 나는 기회만 있으면 이 문제를 제기했는데, 자유한국당 의원들도 내가 보여 주는 현장 사진에 대해 할 말이 없었다.

우리 의원실은 4대강 사업 전후의 한강, 낙동강, 금강, 영산강 모습과 영주댐 건설 전후의 내성천 모습을 컬러 사진으로 비교해서 담은 정책보고서 2권을 발간했다. 또 내성천에서 멸종위기를 맞은 흰목물떼새와 흰수마자를 힘들게 렌즈로 잡은 사진 책자 2권을 펴냈다. 국회의원실에서 이런 현장감 넘치는 고품격 컬러판(版) 정책보고서가 나오기는 처음일 것이다. 의원실에서 보좌진으로 함께 일한 박용훈 생태사진가가 수년간 노력해서 제작한 이 보고서는 국회 사무처에 pdf 파일로도 비치되어 있다.

영양 풍력단지 공사 중단과 흑산공항 무력화

정부가 국책사업 수준으로 추진하는 개발 사업을 저지하거나 중단시키기는 어렵다. 어려운 정도가 아니라 거의 불가능하다. 나는 20대 국회에서 경북 영양군 홍계리에서 허가가 떨어져 한창 진행 중인 풍력단지 공사를 중단시키고, 흑산도에 공항을 건설하려는 계획을 공원위원회가 승인하지 못하게 하는 데 역할을 했다고 자부한다. 두 사안은 현 정부가 국책사업으로 추진한 탓에 환노위에서는 정의당 이정미 의원과 나만 공개적으로 문제를 제기했다. 풍력은 탈(脫)원전 정책과 맞물려서 현 정부가 적극적으로 추진하는 사업이었고, 흑산공항은 2018년 지방선거를 앞두고 더불어민주당이 공약으로 내세웠던 사업이었다.

경북 영양군 홍계리는 산간오지(奧地)여서 그 지역 국회의원도 찾아온 적이 없다고 한다. 나는 거기를 네 차례나 직접 찾아가서 현장을 보고 주민들의 의견을 들었다. 지방환경청이 감독하는 환경영향평가와 지방산림청이 감독하는 산사태 위험평가가 얼마나 허술하게 이루어지는지를 알 수 있었다. 국감 때 이장이 주민을 대표해 참고인으로 나와서 사업을 중단시켜 달라고 증언해서 의원들을 감동시켰다. 그즈음 의원실에서 일하던 박용훈 생태사진가가 공사 현장 부근에 천연기념물인 수리부엉이 여러 개체가 서식하고 있음을 발견하고 촬영하는 데 성공했다. 나는 국감에서 수리부엉이 사진을 제시하고 환경영향평가가 부실하게 이루어졌다고 질타했다. 이에 환경부는 공사 진행에 있어서 환경영향평가 조건을 이행했는지에 대해 강도 높은 감독을 했고, 이에 근거해서 공사중지 처분을 내렸다.

노무현 정부 때 천성선 터널 문제로 정부가 스스로 고속전철 공사를 중단한 적은 있어도 환경부가 감독권을 행사해서 환경영향평가 협의 사항 미(未)이행을 이유로 진행 중인 대형 토목공사를 중지시킨 경우는 전에 없었기에, 이는 우리나라 환경정책 역사에 기록될 만한 쾌거였다. 이 과정에서 환경부 장관과 환경부 차관은 물론 산림청장까지 현장을 방문했으니 경상도 산골짜기라고 우습게 보고 공사를 밀어붙였던 사업자는 혼쭐이 났다. 이 사건을 계기로 산꼭대기에 풍력발전기를 세우려는 시도도 주춤해졌다.

흑산공항은 2018년 여름에 국립공원위원회에서 거의 통과될 뻔했다. 나는 그 문제를 뒤늦게 찾아보게 됐는데, 사업 타당성이 황당하게 부풀려져 있긴 했지만 환경과 생태계 보호를 이유로 반대하기는 쉽지 않아 보였다. 그런데 사업계획을 훑어보던 중 흑산도 같은 작은 섬에 경비행기도 아닌 50인승 비행기가 이착륙한다는 게 의심스러웠다. 무엇보다 활주로 길이가 부족해 보였다. 관련 자료를 찾아보니까 사업자가 도입하려는 프랑스제 ATR 기종(機種)이 사고가 빈발하는 항공기임을 알게 됐다. 그리고 국토부는 항공안전 시뮬레이션도 제대로 하지 않았음도 알게 됐다.

나는 이러한 점을 여러 차례 보도자료로 만들고 환경단체들과 함께 기자회견도 했다. 그러자 국립공원위원회 위원들 사이에서도 항공기와 활주로의 안전성이 증명되지 않았는데 국립공원 내에서의 개발을 허가해 줄 필요가 있냐는 분위기가 돌아서 반대로 기울었다. 다급한 나머지 국토부는 보완해서 다시 신청서를 내겠다고 후퇴했다. 참으로 한심한 것은 국토부 항공담당 국·과장이 내가 구글로 검색해서 알게 된 사실조차 모르고 있다가 당황했다는 점이다. 인터넷에 널려 있는 영어 자료만 읽어도 알게 되는 사실을 알지 못했으니 그런 사람들이 국토부 국·과장이라는 사실이 한심해 보였다. 정권과 호남여론을 뒤에 업은 흑산공항은 거의 통과될 뻔했으나 이렇게 해서 보류되었다. 게다가 흑산공항에 취항한다던 신규 항공사 대표가 다른 비리로 구속되고 회사는 사실상 부도가 났으니, 꼴이 한심하게 됐다. 나는 영양 풍력단지와 흑산공항을 둘러싼 논란과 자초지종을 각각 정책보고서로 발간했다.

봉화 석포제련소의 심각한 환경오염

경상북도 봉화군 산골짜기에는 영풍그룹이 운영하는 석포제련소가 있다. 환경에 대한 인식이 없었을 때 낙동강 최상류 지역인 그곳에 제련소 허가가 난 것이다. 그 지역에는 아연 등 광물이 많아서 일찍이 광업이 성행했다. 광산은 문을 닫았지만 제련소는 꾸준히 조업을 해 왔다. 그런 제련소는 원래 오염이 많아서 세계적으로도 공장이 많지 않다. 그래서 영풍이 운영하는 고려아연과 석포제련소는 흑자 우량기업이다.

20대 국회 환노위에 들어가서 나는 이 제련소 상황을 파악하려 했다. 그런데 원래 공장이 두 개 있었는데, 이명박 시절에 3공장이 불법 증축되어 벌금을 내고 사후에 합법화되었음을 알게 됐다. 영풍은 대형 로펌을 동원해서 '선(先) 불법 공사, 후(後) 합법화'라는 편법 허가를 받아 냈으니, 이명박 정권하에서나 가능한 일이었다.

석포제련소는 주변 야산에서 나무가 집단으로 고사(枯死)하는 등 문제가 많았지만, 지도 단속은 거의 이루어지지 않았다. 노무현 정부 시절에 지방분권화를 한답시고 환경 단속권을 지자체로 이관한 후에는 단속이 거의 이루어지지 않았다. 2016년~2017년, 나는 여러 차례 봉화군에 내려가서 현장을 살펴보았고, 그때마다 환경부 대구청은 경북도와 함께 특별 점검을 하는 등 단속의 고삐를 조였다.

석포제련소 아래 하천에서는 물고기와 조류(鳥類)가 폐사하는 경우가 많았다. 이에 문제를 인식한 지역 환경운동가가 거기서 나온 물고기를 일본의 대학 연구소에 보내 검사를 의뢰했더니 카드뮴이 검출되었다고 한다. 그 환경운동가는 실험 결과를 내게 보내왔고, 나는 국감 때 그 자료를 제시하고 환경부에 대해 정밀조사를 요구했다. 몇 달 후 결과가 나왔는데, 실제로 카드뮴이 검출됐다. 우리 하천에서 잡힌 물고기에서 카드뮴이 검출되었음이 처음으로 확인된 것이다.

문제는 그다음이었다. 그 지역에서 잡힌 물고기를 먹지 못하게 하고 그 지역에 대한 토양조사를 하는 게 원칙인데, 아무런 조치도 하지 않았다. 그런 조치를 해야 하는 기관은 해당 지자체인 봉화군인데, 봉화군이 취한 조치는 하천에 경고문을 게시한 게 전부였다. 석포제련소는 봉화군 내 가장 큰 일자리이고 세수(稅收) 원천인 까닭에 봉화군은 단속 조치도 미온적이었다. 게다가 노무현 정부 시절에 추진한 단속권 지방 이양으로 인해 환경부는 더 이상 조치를 할 권한이 없었다.

나는 이런 문제를 시정하기 위한 수질수생태계보전법 개정안을 제출했고, 이 개정안은 2017년에 본회의에서 통과됐다. 이로써 환경부는 이러한 경우에 지자체에 대해 필요한 조치를 하도록 명할 수 있게 됐다. 이 개정법 덕분에 나는 2018년에 우수 입법 의원 표창을 받았다. 그 후 환경부 대구지청은 수시로 단속을 나가서 결국 석포제련소는 조업정지 처분을 받았다. 영풍은 행정소송을 제기하면서 버티고 있지만, 나는 석포제련소를 이전하든가 폐쇄해야 한다고 본다. 더 나아가 오염된 토양과 하천을 정화하기 위해 영풍은 막대한 비용을 지불하게 될 것으로 본다.

지리산 국립공원과 '국립공원의 날' 지정

국회에 있던 4년 동안 이런저런 일로 지리산 국립공원을 여러 번 방문했다. 임기 중 보좌진과 함께한 지리산 종주는 아름다운 추억이 되었다. 국립공원공단은 근래 들어 현역 국회의원이 지리산을 종주한 경우가 없었다며 반가워했다. 우리 의원실은 국립공원을 보존하고자 하는 시민단체와 함께 국회 의원회관과 전남 구례에 있는 지리산 생태교육관에서 토론회를 여러 차례 열었다. 지리산 반달곰 서식지 보호, 성삼재 도로 통행료 문제 등 여러 이슈를 시민단체 관계자 및 교수들과 함께 토론하고 고민했다. 뿐만 아니라 국회의원에게 배정되는 정책연구비로 소규모 정책용역을 발주해서 〈국립공원 주민정책 변화 필요성〉, 〈도·군립공원 공원계획 및 관리운영상 문제점〉, 〈지리산 생태통로를 통해 본 우리나라 생태통로〉 등 보고서를 펴냈다. 의원실에 배정되는 정책개발비도 쓰기에 따라서 이처럼 얼마든지 유용하게 쓸 수 있다.

구례에서 지리산 성삼재로 가려면 천은사(泉隱寺) 입구를 지나가야 하는데, 천은사가 문화재 관람료를 징수해서 지난 10여 년 동안 심각한 민원의 대상이 되어 왔다. 10여 년 전에 정부가 국립공원 입장료를 폐지할 때 조계종과의 협의 없이 일방적으로 추진한 탓에 그 후에도 국립공원 입구에 있는 사찰이 문화재 관람료를 징수해서 많은 등산객이 불만을 제기해 왔다. 그 가운데에서도 가장 심각한 곳이 지리산 성삼재 입구에 있는 천은사였다. 구례 화엄사의 말사(末寺)인 천은사는 오래된 사찰로, 주변 경치도 아주 뛰어난 곳이다. 그런데 입장료로 인해 이미지가 실추됐으나, 이 문제는 좀처럼 해결 방안을 찾기가 쉽지 않았다. 그래서 임기 초인 2016년 11월, 시민단체, 국립공원공단, 관련 교수 등과 함께 '성삼재 정령치 도로의 현황과 변화 가능성' 토론회를 열어 의견을 청취하는 자리를 가졌다.

성삼재 도로 문제를 두고서는 환경부, 국립공원공단, 전남도와 구례군, 그리고 화엄사와 천은사가 협의를 계속한 끝에 2019년 4월에 천은사 입장료를 폐지하기로 했다. 해묵은 문제를 해결한 쾌거였는데, 무엇보다 천은사의 본사(本寺)인 화엄사(華嚴寺) 덕문 주지 스님과 천은사 종효 주지 스님의 결단에 힘입은 것이다. 나는 한정애·신창현 의원과 함께 두 분 주지 스님께 국회의장 감사장이라도 해드려야 한다고 발의해서, 문희상 국회의장 명의의 감사장을 9월 중순에 천은사에서 두 주지 스님께 전달했다. 이렇게 해묵은 입장료 문제가 해결되어서 임기 중 자주 만났던 지리산 국립공원 사무소 소장을 위시한 여러 직원과 함께 보낸 시간이 더욱더 좋은 추억이 되었다. 20대 국회 마지막 국회 본회의에서 내가 대표 발의한 자연공원법 개정안이 통과되어서 '국립공원의 날'이 법정 기념일로 지정되었다. 이렇게 해서 우리나라도 '국립공원의 날'을 갖게 됐다.

개를 가축에서 제외하는 축산법 개정안 발의

나는 동물을 대하는 사회의 태도가 그 사회의 문명 수준을 보여
준다고 생각해 왔다. 10년 전부터 KARA라는 동물보호단체에 정
기적으로 후원하고 있는 나는 우리나라에서 가장 부끄럽고 추악
한 모습이 개고기를 먹고 또 그러기 위해 개 농장을 운영하는 것
이라고 생각한다. 그러나 이 추악한 문제는 농해수위 소관이라서
환노위가 직접적인 다룰 수 없었다. 그런데 환노위 소관 법률인
가축분뇨의 관리 및 이용에 관한 법률을 개정해야 할 상황이 생겼
다. 이 법률에 의해 가축을 사육하는 축사는 2018년 3월 24일까
지 강화된 분뇨처리 시설을 갖추어야 하는데, 많은 축사가 시한을
맞추지 못했다고 유예를 요청한 것이다.

2018년 2월 23일, 환노위 법안소위가 유예기간을 1년까지 연
기할 수 있도록 하는 개정법안을 심의하게 됐다. 그때 내가 소, 돼
지, 닭 축사는 유예하되 개 농장은 유예 대상에서 제외하자고 제
안해서 이의 없이 수용되었다. 그렇게 해서 추가된 부칙 제10조
의 2는 "개 사육시설은 제외한다"라는 단서가 붙게 됐다. 환경부
가 마련한 초안에는 없던 단서 조항이 법안소위에서 들어간 것이
다. 이 개정안은 2월 27일에 환노위 전체 회의를 통과했고, 2월
28일 국회 본회의를 통과했다.

이 소식을 들은 동물보호단체들은 환호했다. 개를 사육하는 시
설은 소, 돼지 등을 기르는 축사와 다르다는 점을 국회가 최초로
천명한 것이고, 개 농장을 불리하게 차별화했기 때문이다. 하지만

2017년 강아지 돌이와 함께

개 농장 로비 단체인 육견협회는 경악했다. 국회가 자신들을 타깃으로 하고 있다고 느꼈기 때문이다. 그러자 육견협회 관계인들이 의원실로 항의 협박 전화를 해대기 시작했다. 나는 오히려 평소에 생각한 대로 개를 가축에서 제외하는 축산법 개정안을 발의했다. 그렇게 해서 개 도살을 금지하자는 법안을 발의한 표창원, 한정애 의원과 함께 육견협회라는 흉측한 단체의 공적(公敵) 1호가 됐다. 국회 앞에선 우리 세 의원을 비난하는 플래카드가 2년 동안 휘날렸다.

이런 분위기를 이용해서 동물보호단체는 개를 가축에서 제외해 달라는 청원을 청와대에 넣어서 20만 명 찬성을 훌쩍 넘겼고, 청와대는 그런 방향으로 축산법을 개정하겠다고 약속했다. 그러나 내가 발의한 축산법 개정안은 20대 국회가 끝날 때까지 농해수위원회에 회부되지 못했다. 농해수위에 개고기를 먹고 또 육견협회의 로비에 휘둘리는 의원이 있었기 때문이다. 나는 동물보호단체가 주최하는 집회에도 나가서 그들에게 힘을 북돋아 주었고, 어떤 사안이 생길 때마다 국회 정론관에서 이들과 함께 기자회견을 해서 여론 형성에 힘을 보탰다. 동물보호단체 회원들은 나를 열렬히 지지했지만, 축산법 개정안은 농해수위 의원들의 높은 장벽을 넘지 못했다.

2019년 후반기 들어서 나는 한정애 의원과 함께 동물 카페의 문제점을 다루는 토론회를 개최하였다. 또 이형주 대표가 이끄는 동물권 단체 '어웨어(AWARE)'에 공영동물원 운영에 관한 정책연구를 발주하고, 그 결과를 갖고 토론회를 개최해서 큰 반향을 일으켰다. '어웨어'의 연구 결과를 계기로 환경부가 동물원 정책을 다시 정립하고 있다고 하니 뒤늦었지만 다행스러운 일이다.

고용노동부와 산하기관의 문제점과 해결 방안

고용노동 분야는 박근혜 정부 시절이던 20대 국회 초에는 고용노동부가 추진하던 고용 유연화와 성과급을 두고 당시 야당이던 더불어민주당의 공세가 치열했다. 그러다가 문재인 정부 들어서는 대폭 인상된 최저임금과 소득주도성장 정책을 두고 이제는 야당이 된 자유한국당의 공세가 치열했다. 치열한 정쟁이 되다시피 한 이런 논쟁에 구태여 참여할 필요를 못 느껴서 그런 공방이 있으면 구경하다시피 했다. 그때 가장 허망하게 느낀 점은 최저임금을 최저임금 위원회가 결정하고, 국민의 대의기관이라는 국회는 아무런 권한이 없다는 사실이었다. 그래서 위원회가 결정해 버리면 환노위에서는 너무 많이 올렸느니 뭐니 해서 항상 사후에 떠들 뿐이고, 그렇게 떠들어 봤자 아무런 영향도 주지 못하는 게 현실이었다.

한번은 국감에서 소득주도성장을 갖고 야당 의원이 자정이 넘도록 질타했지만 아무런 효과가 없는 헛된 일이었다. 최저임금이 그렇게 중요하다면서 그 결정 과정에 국회는 아무런 권한이 없어서 이 모양이 된 것이다. 다른 나라의 경우를 찾아보니 최저임금을 의회가 입법으로 결정하거나 의회의 동의를 구하도록 하는 나라가 제법 많았다. 그래서 그런 방향으로 최저임금 결정 구조를 바꾸는 의원입법을 발의해 보았으나, 실현 가능성이 없다고 보아서인지 호응을 얻지는 못했다.

고용노동부 산하에는 내가 생각하지 못했던 기관도 있었다. 성남시 분당에 있는 랜드마크 같은 한국잡월드가 고용노동부 산하기관임은 환노위에 들어와서 비로소 알게 됐다. 기관 설명을 들어보니 대부분 업무를 외주에 의존하고 있어서 문제가 되겠다고 생각했는데, 문재인 정부 들어서 비정규직의 정규직화 공약의 이행을 두고 큰 진통이 있었다. 역시 분당에 있는 한국장애인고용공단은 노사분규가 생겨서 플래카드를 걸어 놓고 농성하고 있었다. 그래서 2016년 국감 때 고용노동부 장관을 상대로 "고용노동부 산하기관에서 노사분규가 장기화하고 있는데, 어떻게 고용노동부가 민간사업장 노사분규를 예방하고 조정할 수 있겠냐?"고 물었지만 묵묵부답이었다.

문재인 정부 들어서 장애인 고용 문제를 현장에서 다루어 본 조종란 이사장이 한국장애인고용공단을 맡게 되자 조직이 안정되고 경영평가에서도 우수한 평가를 받게 됐다. 2018년 예산심의를 할 때 장애인고용공단의 숙원 사업인 경기 남부 직업능력개발원의 필요성을 강조해서 다른 일자리 예산은 감축됐지만, 경기 남부 직업능력개발원 건설은 신규 사업으로 예산을 배정받게 됐다. 지역구 의원 같았으면 크게 생색을 낼 만한 업적이었다.

고용노동부 산하에 한국폴리텍대학이 있는데, 전국 각지에 그렇게 많은 캠퍼스가 있는지 몰랐다. 한 캠퍼스에 가서 현황 설명을 듣고 여론을 청취했는데, 교수들이 폴리텍대학에 조교가 없다면서 그게 숙원 사업이라고 호소했다. 폴리텍대학은 기술교육을 주로 하는 기관이라서 실험 실습 기자재가 많은데, 그 관리를 교수들이 직접 하고 있었다. 환노위에 오는 노조 출신 국회의원들도 전통적인 노동자에게만 관심이 있지 교수들의 교육 여건은 안중에도 없었다. 문재인 정부 들어서 나는 폴리텍대학 조교 문제 해결을 김영주 장관에게 부탁해서 2017년 예산을 국회에서 조정할 때 의원 청탁예산(이른바 쪽지 예산)으로 조교 예산을 한국폴리텍대학에 배정할 수 있었다. 폴리텍대학 교수들이 만세를 불렀음은 물론이다. 나는 또한 폴리텍대학이 4차 산업시대를 끌어갈 기술 인력을 양성하는 데 중요한 역할을 해야 한다고 기회만 있으면 강조해서 새로 취임한 이석형 이사장에게 힘을 실어 주었다.

공영방송의 부당노동행위 비판

박근혜 정부 시절인 2016년 9월 26일, 고용노동부 국감에서 MBC 등 공영방송에서의 부당 해고와 부당노동행위가 크게 다루어졌다. 방송을 다루는 미래창조과학방송통신위원회의 위원장이 새누리당 의원이라서 증인·참고인 채택이 전혀 되지 않아서, 더불어민주당 홍영표 의원이 위원장인 환노위가 부당노동행위 부분을 다루게 됐다. 2012년 MBC 파업이 끝난 후에도 해직자들은 복직하지 못했고, 노조원들이 엉뚱한 곳으로 보복성 발령이 나는 등 심각한 부당노동행위 행태가 계속되고 있었다.

2012년 MBC 파업 후에 벌어지고 있는 상황에 대해 부채(負債) 의식이 있던 나는 "MBC만큼 부당한 해고와 징계가 공공연하게 이뤄지는 곳이 없다. 법원의 복직판결로 복직시켰다가 재징계하고 다시 소송하는 일이 벌어지고 있다"며 "일반 회사가 아니라 방송계이기 때문에 심각한 노동법 유린에도 고용노동부가 손을 놓고 있다"고 날 선 비판을 쏟아냈다. 참고인으로 출석한 최승호 해직 PD는 "법원의 복직판결에도 재징계를 내리는 것은 사법 정의 자체를 무시하는 행위"라면서 MBC 부당 해고에 대한 고용노동부의 책임 있는 자세를 주문했다. 그러나 증인으로 출석이 요구된 백종문 MBC 미래전략본부장은 출석하지 않았다.

백 본부장은 2012년 파업 이후 최승호 PD와 박성제 기자를 증거 없이 해고했다고 발언한 녹취록이 공개돼 논란이 있었다. 그는 "최승호와 박성제는 증거가 없다. 그런데 가만 놔두면 안 되겠다

싶어 해고한 것"이라고 말했음이 확인된 것이다. 2012년에 두 사람이 별안간 느닷없이 해고된 내막이 알려진 것인데, 이것을 국회에서 추궁하려는 했으나 실패한 것이다. 우리 국회법에 의한 증인 불출석에 대한 처벌은 약할뿐더러 그나마 철저하게 추궁하지 않고 있다.

열악한 방송 작가의 노동인권

나는 이명박 정권 들어서 평화방송 등 라디오 시사 프로에 자주 출연했고, 당시는 보도 채널이던 MBN의 시사 대담 프로에도 이따금 출연했다. 방송법 개정으로 종편 4사가 본격적으로 방송을 시작하자 제작비가 적게 드는 시사 대담 프로가 폭증했다. 그즈음 내가 박근혜 비대위에 참여하게 되자 TV 출연 요청이 쇄도했는데, 나는 공정한 입장에 서 있는 MBN과 연합뉴스 TV에 많이 나갔다. 라디오와 TV 시사 프로에 나가게 되면 방송 작가들과 가장 많이 접하게 된다. 방송 작가는 대부분 여성인데, 자의나 타의로 방송국을 자주 옮기는 등 고용이 불안정했고 보수도 열악했다.

무엇보다 기자와 PD는 정규직이지만 기자와 PD의 지시를 받아 일하는 작가는 명목상으로 프리랜서로 취급되고 있었다. 어느 방송사에서 자주 만났던 작가가 별안간 그 프로를 그만두고 쉬다가 다른 방송사의 비슷한 프로를 담당하는 일이 흔했다. 방송사 입장에서는 모든 직원을 정규직화할 수는 없지만, 경비와 청소 같은 단순 위탁업무도 아니고 방송프로 제작이란 방송사 본업을 하면서 직종 간에 이렇게 차이를 둔다는 것이 이해되지 않았다. 작가들이 대부분 젊은 여성이라서 자신들의 권익을 강력하게 주장하지 못했기 때문이기도 했다.

그래서 나는 방송 작가의 권익 문제를 다루어 보고 싶었다. 2017년 3월 28일, 우리 의원실은 '방송작가유니온'과 함께 의원회관에서 '방송 작가 노동인권 개선을 위한 토론회'를 개최했다. 방송작가유니온을 대표해서 주제 발표를 한 작가는 열악한 근무 여건과 보수, 그리고 방송사에서 온갖 일을 도맡아 하면서도 비정규직이란 이유로 대우받지 못하고 목소리도 낼 수 없는 처지를 설명하면서 감정이 북받쳐서 울먹이기도 했다. 토론자들은 방송 작가는 노동법에 말하는 노동자이며 방송사와 수직적인 고용 관계에 있다면서 제도 개선을 요구했다. 몇몇 언론이 토론회 내용을 보도했는데, 여성신문은 '화려한 영상 뒤 막내 작가의 눈물'이란 제목으로 섬세한 기사를 내보냈다.

나는 국감에서도 방송 작가뿐만 아니라 방송 외주업체의 열악한 근로 환경을 다루었고, 이로 인해 고용노동부가 방송사 비정규직 문제에 대해 전반적인 현황 조사에 나서게 됐다. 작가를 위시한 방송사의 비정규직 스태프 문제는 방송사의 구조와 관련되어 있어서 해결책을 찾기가 쉽지 않다. 하지만 나는 보도 분야는 방송사의 본질적 업무이기 때문에 이 분야에서 일하는 작가들은 노동자로서의 신분을 보장해야 한다고 믿는다.

국감 스타가 된 항공사 여승무원과 비정규직 아나운서

2018년 국감에서 내가 신청해서 고용노동부 국감에 나온 참고인 두 사람이 큰 화제가 됐었다. 대한항공의 유은정 부사무장과 대전 SBS에서 아나운서로 일했던 김도희였다. 10월 11일 세종시 고용노동부 청사에서 있었던 국감에서 두 사람은 완전히 스타였다.

나는 미국의 여러 도시에 갈 때는 델타항공 같은 미국 항공사 편을 즐겨 이용했다. 항공 요금도 국적기보다 싸고 연결이 편해서였다. 미국 항공사 승무원들은 편한 근무복을 입고 일하고 나이와 성별에 차별이 없다. 나는 미국 헌법을 공부하면서 1960~1970년대에 나온 항공사 승무원과 관련된 판결을 많이 읽었다. 그전까지는 미국 항공사도 젊고 아름다운 여성을 승무원으로 채용했었는데, 연방법원이 그런 관행을 불합리한 차별이라고 판결해서 변화를 이끌었음을 잘 알고 있었다. 그러나 1990년대 초까지 우리 국적 항공사는 젊은 여승무원이 1등석 남자 승객에게 담요를 덮어 주는 광고를 내보냈는데, 미국 같으면 있을 수 없는 일이었다. 나는 미국 항공사 승무원의 복장에 비해 우리 국적기 승무원들의 복장은 너무 타이트해 불편해 보인다고 생각해 왔다.

그런데 이런 문제를 환노위에서 다룰 수 있게 됐다. 2018년 들어서 대한항공 회장 가족의 갑질 논란에 이어서 아시아나 회장의 여승무원 성희롱 등으로 국적 항공사가 환노위의 타킷으로 등장한 것이다. 우리 의원실도 여러 채널을 통해서 국감 때 참조인 진술을 할 항공사 관련자를 찾고 있었는데, 대한항공의 땅콩 회항에 항의하는 운동을 조직한 직원을 지방으로 발령을 낸 사건과 여 승무원 복장 문제를 다루게 됐다. 그런 과정에서 지방으로 보복성 인사 발령을 당한 정비 직원과 승무원으로 오래 근무한 유은정 부사무장이 참고인 진술을 하겠다고 해서 사전에 만나 질의 내용을 조율하는 등 준비를 했다.

같은 시기에 비정규직 아나운서 문제도 함께 다루게 됐다. 과거에는 방송사 아나운서가 최고의 직업이던 시절이 있었지만, 지금은 아나운서를 정규직으로 채용하는 곳이 드물고 방송사에서의 근무 여건도 좋지 않음을 나는 잘 알고 있었다. 그런데 TJB 대전 방송 아나운서를 지내다가 퇴직한 후 퇴직금 지급을 요구하는 소송을 제기한 김도희와 연락이 되어서 국회에서 참조인 진술을 할 의향이 있냐고 물어보았더니 당장 하겠다고 했다. TJB에서 메인 뉴스도 진행한 김도희는 비정규직 아나운서에 대한 차별에 실망하고 퇴직한 후 법학전문 대학원에 진학해서 공부하고 있었다.

2018년 10월 11일, 고용노동부 국감에서 참고인으로 나온 유은정과 김도희는 큰 주목을 받았다. 참고인 진술은 참고인을 청구한 의원이 질의하면 답변하는 형식을 취하는데, 질의 시간을 포함해서 주어진 시간은 7분이다. 나는 참고인 질의를 할 때 질의는 최대한 짧게 하고 참고인이 하고 싶은 말을 최대한 하도록 하고, 마지막 진술을 이어서 할 수 있게 했다. 유은정 부사무장은 국감장에 승무원복을 단정하게 입고 나와서 입장할 때부터 카메라 세례를 받았다. 유은정은 글로벌 기준과 동떨어진 승무원 복장 때문에 일하기도 불편하고 승무원을 성적 대상으로 보는 부작용을 야기한다는 등 여승무원들이 겪는 애로사항을 조리 있게 진술해서 큰 주목을 샀다. 그날 저녁 모든 TV 뉴스에 크게 보도가 되어서 당황했다고 전해 들었다.

김도희 전 아나운서도 메인 뉴스를 진행했던 앵커답게 방송사의 처사가 노동법 위반이며 고용노동부가 방치하고 있다고 조리 있게 지적했다. "비정규직 방송인들의 근로자성에 대해 노동청이 적극적으로 나서 줬으면 한다"고 말하면서, "언론 자체가 떳떳하지 않으면서 노동·인권을 이야기할 자격이 없다"고 일갈(一喝)했다. 한마디 빼거나 더할 것도 없이 명쾌하게 진술을 해서 듣고 있던 의원들과 고용노동부 간부들이 감동할 정도였다. 그러나 김도희의 진술은 방송에는 보도가 되지 않았다. 비정규직 아나운서 문제는 모든 방송사가 안고 있는 자신들의 문제였기 때문이다. 이 문제에서 자유로운 중앙일보와 한겨레신문만 김도희의 증언을 비중 있게 실었다. 한국 언론은 아직도 자신들에게 불편한 진실은 애써 외면하고 있다.

얄팍한 전문성 뒤로 숨은 기상청 간부들의 민낯

환노위는 환경부와 고용노동부 외에도 기상청을 감독하는데, 의원들이 기상, 기후 같은 과학 문제를 잘 모르기 때문에 기상청 국감은 대개 겉돌았다. 의원들이 질문할 때면 배석한 기상청 간부들은 너희들이 무얼 아느냐 식의 표정을 지을 정도였다. 그런 기상청이 20대 국회에서는 나 때문에 꽤 고생했다. 2016년에는 수백억 원 규모의 도농(都農)기상연구사업의 문제를 파헤쳐서 결국 그 사업은 중단되고 말았다. 2017년에는 아태(亞太)기후센터의 난맥상을 지적해서 기관장이 임기 만료 전에 물러나고 사업을 축소하게 됐다. 2018년에는 공항 기상장비 라이더 도입 문제를 심도 있게 다루었지만, 이미 공소시효가 끝나서 재수사는 이끌어 내지 못했다. 2019년 국감에서는 1,000억 원 규모의 한국형 수치예보 모델 개발사업의 문제점을 미국의 신형 모델과 비교해서 비판했는데, 기상청장은 이틀에 걸친 내 질의에 제대로 답변하지 못했다.

환경에 대해 공부한 나는 기상과 기후에 대해서도 기본적인 지식을 갖고 있고, 이런 문제에 대해선 구글 등을 통해 검색해서 직접 외국 문헌과 연구자료를 찾아내서 공부했다. 이렇게 했기에 알량한 전문성을 방패 삼아 숨어 있던 기상청 간부들의 민낯이 드러난 것이다. 그런 점에서 국회의원의 지적 수준이 높아지지 않는 한 효과적인 국정감사는 불가능함을 새삼 느끼게 된다.

2016년 국감에서 논의가 된 도농기상연구사업은 무엇을 연구하겠다는 것인지가 의심스러운 연구사업인데, 막대한 연구비를 기상학 교수들에게 배분하다가 문제가 생겨서 관리단을 재차 공모해서 한국외국어대학을 사업단으로 선정했다. 그런데 사업단 공모를 심사한 퇴직 교수가 그 후에 한국외국어대학의 특임교수로 취직했음이 밝혀지는 등 문제점이 드러났다. 이런 비판에 봉착하자 도농기상연구사업은 중단되고 말았다. 2017년 국감에서 내가 문제 삼았던 아태기후센터는 부산에서 열린 APEC 정상회의 때 우리 정부가 약속해서 부산에 설치했는데, 그 후 APEC과는 무관하게 기상청 예산으로 운영해 왔다. 아태기후센터는 태평양 도서 국가에 지원 사업을 한다는 등 방만한 운영을 해왔다. 이런 논란이 제기되자 기관장이 임기 만료 전에 사퇴했으며, 예산도 삭감되고 말았다.

1982년 7월, 팬앰 보잉 727기가 뉴올리언스공항에서 이륙 도중 윈드시어에 걸려서 추락하는 큰 사고가 있었다. 이 사고를 유학 중 현지에서 본 나는 윈드시어의 위험성을 잘 알고 있었다. 이명박 정부 시절 기상청은 케이웨더라는 회사를 통해서 공항에 설치한 윈드시어 측정 장비인 라이다(Lidar)를 프랑스로부터 도입하기로 계약했다. 그러나 그 장비는 휴대용 간이 장비 같은 것이라서 공항에서 사용할 수 없는 것이었다. 경찰청은 장비 도입 과정에 대해 수사를 했으나 검찰은 불기소 처분을 했고, 계약 해지를 둘러싼 민사소송에서 1심 법원은 검찰의 불기소를 이유로 케이웨더 편을 들었다. 박근혜 정부 들어서 기상청장으로 임명된 고윤화는 고등법원에 항소해서 1심을 번복하고 승소했으며 대법원에서도 승소했다. 2018년 국감에서 나는 이 문제를 다시 상세하게 다루었는데, 그런 장비를 고가로 도입하는 계약을 체결한 기상청 간부 중 어느 누구도 처벌받거나 책임지지 않았기 때문이다.

2019년 국감 때는 기상청이 1,000억 원을 들여서 개발했다는 한국형 수치예보 모델은 낙후된 외국 모델과 비슷하며, 독자 모델임을 강조하기 위해 평가를 조작했다고 질타했는데, 기상청장은 제대로 답변하지 못했다. 미국은 유한체적(finite volume)에 근거한 혁신적인 수치예보 모델인 FV3를 사용하고 있음에도 기상청은 앞서가는 미국의 동향을 은폐하다시피 했고 성과를 과장했다고 지적했다. 하지만 이러한 과학 기술적 문제는 전문가 집단의 폐쇄성으로 인해 객관적인 평가를 하는 데는 한계가 있음을 느낄 수밖에 없었다. 미국에 비해 막대한 연구개발비를 투입했지만, 그 실효성은 검증되지 않는 게 우리의 현실인 것이다.

국회 임기를 마치면서

마지막 본회의

2020년 5월 20일, 20대 국회가 마지막 본회의를 열고 법안 130여 건을 처리했다. 내가 대표 발의한 자연공원법 개정안도 위원회 수정안으로 통과됐다. '국립공원의 날'을 법정 기념일로 정하는 내용이다. 이로써 국립공원공단은 물론이고 국립공원을 사랑하는 시민단체의 숙원이 해결됐다.

우리나라 국회는 법안 통과율이 낮다는 비난을 듣고 있다. 국회가 처리할 수 있는 한도를 훨씬 넘는 많은 법안이 발의되기 때문이다. 의원 보좌진이 이것저것 베끼거나 이익단체가 만들어 온 법안을 내는 경우도 많고, 정부 부처는 법 개정 없이 할 수 있는 일도 법률 개정이 있어야 한다는 식으로 책임을 미루는 탓에 법안이 늘어나기도 한다. 알량하게 토씨나 표현을 고치는 법안도 많다. 공천심사 등 의원 평가에 법안 발의 숫자가 비중을 차지하니까 의원들은 법안 발의 건수 올리기에 혈안이 되어 있다.

환경노동위원회에선 가습기 살균제, 미세먼지 등 큰 이슈가 생기면 엇비슷한 법안이 수십 개가 제출된다. 환노위 소속이 아닌 의원들도 엇비슷한 법안을 발의해서 환노위로 넘어오는데, 그에 앞서 입법조사처와 전문위원실의 검토를 거쳐야 하니까 엄청난 행정력이 낭비된다. 의원 10명이 공동발의에 서명해야 해 엇비슷한 법안에 같은 의원 이름이 공동발의자로 중복되어 제출되기도 한다.

경쟁적으로 법안을 내기 때문에 누가 더 강력한 법안을 내는지 경쟁하기도 한다. 그러다 보니 '10배수 징벌적 배상제' 같은 놀라운 법조문이 등장하곤 한다. 징벌적 배상제(punitive damage)는 미국 판례법에서 형성된 것인데, 부작용이 많아서 논란도 많다. 미국 독점금지법이 도입한 '3배수 배상 소송(treble damage suit)'도 본산지인 미국에서는 논쟁이 많은 제도인데, 우리는 의원 보좌진이 적당히 만들어서 법안으로 제출하고 있다. 어떤 비극적인 사건이 발생하면 규제와 처벌을 대폭 강화한 법안이 마치 기다렸다는 듯이 소나기처럼 제출된다. 그러나 법률은 일반적 규범이기 때문에 규제와 처벌을 강화한 법률이 효력을 발휘하면 사회 전반에 불필요한 부담을 줄 수 있다.

환노위에서 미세먼지와 관련되어 있었던 일이다. 미세먼지를 배출하는 경유 엔진을 줄여야 함은 맞다. 그런데 어느 의원이 낸 법안에는 항공기에 경유 사용을 금지하는 조문을 담고 있었다. 그런데 라이트 형제 시절부터 지금까지 비행기에는 디젤엔진을 장착한 적이 없다. 디젤엔진은 트럭은 끌어도 비행기를 하늘로 띄울 수 없기 때문이다. 이런 우스운 법안이 한둘이 아닐 것이다.

우수 입법 의원이 되다

임기가 끝나기 1주일 전인 5월 22일, 나는 '2019년도 우수 입법 의원'으로 선정돼서 상패를 받았다. 2018년에도 '2017년도 우수 입법 의원'으로 수상했으니, 4년 임기 중 두 번 선정됐다. 매번 의원 약 40명이 선정됐으니까 4년 동안 선정된 의원은 150명 정도로, 대략 의원 100명이 수상했다고 보면 될 것 같다. 300명 의원 중 우수 입법 의원으로 한 번이라도 선정된 100명 중 한 명인 나는, 두 번 선정됐으니까 훌륭한 편이다. 나는 법안을 가장 적게 발의한 의원 중 한 명이라서 특히 그러하다. 정성(定性) 분석에 중점을 두고 심사했기 때문이다.

2018년에는 수질 오염으로 주민 건강이 위협을 받는 경우 환경부가 더 적극적으로 조치를 취할 수 있도록 한 '수질 및 수생태보전법' 개정안이 본회의를 통과해서 수상자로 선정됐다. 노무현 정부 시절에 지방분권을 한다는 명분으로 환경오염 단속과 처벌권이 지방자치단체로 이관됐는데, 이로 인해 지자체가 단속을 제대로 하지 않는 등 문제가 많았다. 지자체의 이런 미온적인 대처로 인해 낙동강 상류에서 잡힌 어류에서 중금속이 검출되어도 정작 환경부는 별다른 조치를 할 수 없게 되어 있었다. 그런 문제점을 바로잡아서 주민 건강이 위협을 받을 때는 환경부가 보다 적극적인 조치를 직접 취할 수 있도록 한 법안을 내가 제출해서 통과된 것이다.

2020년에는 2019년도에 발의해서 통과된 '수도권 대기보전법' 개정안이 인정을 받아 수상했다. 어린이 통학에 쓰이는 미니버스와 택배에 많이 쓰이는 1톤 이하의 화물차는 2년 후부터 경유를 쓰지 못 하게 한 법안이 본회의를 통과한 것이다. 석유업계 반대로 통과가 어려울 것 같았는데, 미세먼지 문제가 부각되어 그 문턱을 넘었다. 이런 미니버스와 소형 화물차는 아파트 단지 등 주택가를 상시 다니기 때문에 주차장에 늘 주차해 있는 자동차보다 오염지수가 훨씬 높다. 그래서 미국도 통학버스와 택배 차량은 가스 연료를 쓴다. 우리도 2년 후부터는 이런 차량은 LPG를 쓰는 가스 엔진을 장착하게 될 것이다. 10년쯤 후에 전기차로 대체될 때까지는 가스가 대안이기 때문이다.

내가 큰 노력을 기울인 전면개정 법안이 두 건 있었는데, 모두 문턱을 넘지 못했다. '자연공원법' 전면개정안과 '문화자연유산 보호를 위한 국민신탁법' 전면개정안인데, 환경부가 내 안을 참조해서 관계부처 의견을 참조한 대안을 만들기까지 했으나 결국 기득권 세력의 반대로 상임위원회를 넘지 못했다. 전면개정안을 준비하는 것은 조문 한 두 개 고치는 개정안에 비해 그 노력이 30배는 들어간다. 이 두 개의 전면개정안을 준비하느라 많은 시간과 노력을 들였는데 결국 무위(無爲)로 돌아가고 말았다.

세상이 많이 바뀌어서 이제는 통과될 줄 알았던 다른 두 개 법안도 상임위 문턱을 넘지 못했다. 백두대간에 송전탑이나 풍력발전기를 못 세우게 한 '백두대간 보호법' 개정안은 환경부와 산림청은 찬성했으나 산업자원부가 반대했다. 또 개를 가축에서 제외하자는 '축산법' 개정안은 농해수위 법안소위 위원장 박완주 의원이 상정 자체를 틀어막아서 무산되고 말았다. 이들 법안을 배척한 배후에는 업계가 있기 마련이다. 이처럼 국회의 입법 과정은 이해관계자들이 로비하면 얼마든지 틀어막을 수 있다. 그것이 의원입법의 한계이다.

의원 외교

국회의원은 의원 외교, 회의 참석, 자료 수집 및 시찰로 외국 출장을 하게 된다. 나는 회의 참석차 외국 출장이 많았던 편에 속한다. 회의 참석은 회의장을 지켜야 하고 발표하거나 토론을 해야 하기에 의원들이 선호하는 출장은 아니다. 4년 임기 중 국제의원연맹(IPU) 회의, 아시아정당국제회의(ICAPP), 나토(NATO)의원연맹 연차회의 등에 참석한 적이 있다. 정세균 국회의장은 나를 콕 찍어서 회의에 보내곤 했는데, 내가 영어 발표와 토의가 되기 때문이었을 것이다. 특히 주목받았던 회의는 2019년 7월 26일 워싱턴에서 열린 한미일 의원회의였다.

2019년 7월 워싱턴 한미일 의원회의

　연례적으로 서울과 워싱턴에서 열리는 한미일 의원회의는 원래 심각한 논의를 하는 회의체는 아니었다. 2017년 2월 서울에서 열렸을 때도 미국 및 일본 의원들과 가벼운 대화로 회의를 진행하고 점심을 같이하면서 담소를 즐기는 수준이었다. 그런데 일본이 우리나라에 대해 기초 소재 수출제한 조치를 취하자 때마침 워싱턴에서 열리게 되어 있던 한미일 회의가 주목받게 됐다. 한미일 회의는 정세균 의장이 오래전부터 우리나라의 창구 역할을 해 왔다. 한일 간에 긴장이 감도는 가운데 워싱턴에서 한미일 의원회의가 열리게 되니까 우리는 그 자리를 빌려 일본의 수출제한이 부당함을 알리려 했다. 그러자 일본은 이에 맞서 한국이 위안부 협정을 일방적으로 파기한 조치가 부당함을 알리려 했고, 이렇게 해서 워싱턴에서 한국과 일본 의원들이 오랜만에 서로 논쟁을 벌이게 된 것이다.

　의장직을 내려놓은 정세균 의원은 이수혁, 김세연, 최교일 의원, 그리고 나로 대표단을 구성했는데, 나중에 박경미 의원 등이 대표단에 추가됐다. 의원회의는 26일 하루 동안 진행했는데, 한미일 의원회의가 아니라 사실상 한일 의원 회담이었다. 일본 측은 1965년 한일협정으로 강제징용 보상 문제도 타결됐고, 박근혜 정부와 맺은 위안부 협정을 문재인 정부가 일방적으로 파기했다는 일본 정부 입장을 그대로 이야기했다. 우리는 일본 정부의 수출규제 조치가 부당하며 한일 양국 모두에게 좋지 않다는 기본 입장을 전달했다.

우리는 의원들 간에 별다른 입장의 차이가 없었으나, 일본 의원 중 우익 성향 의원은 문재인 대통령에 대해 노골적인 반감을 표시하기도 했다. 일본은 이노구치 쿠니코(猪口邦子) 참의원과 나카가와 마사하루(中川正春) 중의원이 공동대표로 발언과 토의를 주도했다. 자민당 소속인 이노구치 의원은 예일대에서 정치학박사를 한 여성으로, 조치대학 교수를 하고 군축회의 대사와 양성평등사회성 장관을 지냈다. 민주당 소속인 나카가와 의원은 조지타운대학을 나오고 잠시 교육문화과학성 장관을 지낸 다선의원이었다. 나와 동년배인 두 의원은 모두 미국에서 공부해서 영어를 잘했다.

이노구치 의원은 회의 중 "왜 이낙연이 일본에 오지 않느냐?"고 몇 번이나 말했다. 일본 특파원을 지낸 이낙연 총리가 막혀 있는 한일 관계를 풀어 주기를 바란 것이다. 나카가와 의원은 "한국 법원이 한국에 있는 일본 기업의 자산을 현금화하면 사태는 불가역적으로 악화된다"고 강조해서, 일본이 그 점에 대해 얼마나 민감하게 생각하고 있는지 알 수 있었다. 나는 워싱턴에서 우리 시간으로 7월 29일 아침에 MBC 라디오와의 인터뷰에서 일본 의원들이 이낙연 총리의 역할을 기대하며, 강제징용 판결에 따른 일본 기업 자산 현금화에 특히 우려하고 있다고 강조해서 많은 언론에 기사화되었다.

한미일 의원회의가 있은 다음 날은 7월 27일로 한국전쟁 휴전 기념일이었다. 해마다 7월 27일이면 워싱턴 한국전 참전 기념공원 앞에서 참전용사를 초청해서 기념식을 한다. 2019년 기념식은 우리 재향군인회가 한국전쟁에서 전사한 미군 장병의 이름을 새기는 '추모의 벽'을 건립하기 위한 모금 운동으로 거둔 5억 2천여만 원을 전달하기로 해서 특히 의미가 깊었다. 재향군인회 측은 휴전기념일 행사가 있는 날, 한국 의원들이 회의 참석차 워싱턴에 방문하는 줄 모르고 있었다. 그런데 내가 뒤늦게 연락을 해서 27일 뜨거운 햇살 아래서 열린 기념행사에 우리 의원 일행 4명이 참석해서 자리를 빛냈다. 미국 참석자들은 한국 국회의원 여러 명이 행사에 참석해 준 데 대해 고마워했다.

나는 워싱턴에 베트남전쟁 전사자 추모의 벽은 있지만 한국전쟁 전사자 추모의 벽이 없어서 섭섭하게 생각했는데, 재향군인회가 그것을 세우기 위해 모금한다고 해서 100만 원을 기탁했다. 그러자 김재호 재향군인회장이 너무나 고마워했다. 나는 국회의원들도 그 모금 행사에 제법 참여할 것을 기대했는데, 나 외에는 성금을 냈다는 소식을 듣지 못했다.

의원 생활을 돌아보며

나는 국회의원 4년 동안 당적이 여러 번 바뀌었다. 국민의당으로 당선됐지만, 바른정당과 무리하게 합당하는 데 반대해서 법적 당적은 바른미래당이지만 실제로는 민주평화당에 잠시 몸을 담고 있다가 민주평화당에도 내분이 생겨서 2018년 여름부터는 실질적으로는 무소속으로 의정 생활을 마무리했다. 그야말로 '사실상 무소속'이란 희한한 의원이었다.

나는 영국의 자유민주당 같은 제3지대 정당을 꿈꾸었지만, 그것이 불가능하다는 것은 처음부터 명백했다. 그러나 어차피 국회에 들어왔으니 내 역량을 동원해서 그래도 의미 있는 일을 많이 했다고 생각한다. 환경노동위원회에서 4대강 사업의 폐해, 내성천과 영주댐 문제, 풍력발전으로 인한 자연파괴, 석포제련소 문제, 흑산공항 문제 등의 환경 사안, 그리고 MBC 노조 탄압, 비정규직 방송 작가와 아나운서의 노동인권 문제 등을 다루었다. 나는 고용노동부 산하에 있는 한국폴리텍대학이 4차 산업 교육 훈련 기관으로 탈바꿈하도록 성원했고, 장애인 고용이란 어려운 일을 담당하고 있는 한국장애인고용공단에도 힘을 실어 주었다.

반면에 기상청은 4년 동안 나 때문에 고생을 많이 했다. 기상청 업무는 전문성 때문에 국회의원이 파악하기가 어려워서 국감에서도 건성건성 넘어가곤 했는데, 나 때문에 기상청은 연구과제가 중단되고 산하기관장이 임기를 못 마치고 퇴임하는 일도 일어났다. 국감에서 기상청장의 전문성이 의원보다 못함이 드러나는 수모도

2020년 4월 국회

겪었다. 나는 우리나라의 연구개발비가 헛되게 쓰이고 있다고 생각하며, 국회의원은 그런 것을 감시하고 통제해야 한다고 본다.

21대 국회 모습을 보니 20대 국회에서 국회의원을 했기에 그나마 의원 노릇을 했다고 생각되어 다행이다. 20대 국회에선 4년 동안 어느 한 정당이 의석 과반수를 차지하지 못해서 중간 지대에 있던 의원들이 할 만했다. 그런데 국민의당이 바른정당과 무리하게 합당하는 등 이합집산을 하면서 결국 모두 망해 버렸고, 제3당이 없어진 결과로 지금과 같은 여당 독주를 초래하고 말았다. 특히 20대 국회는 대통령을 탄핵한 의미 있는 국회였다. 국회가 대통령을 탄핵 소추하고, 헌법재판소가 탄핵 결정을 하고, 헌법 절차에 따라 순탄하게 대선을 치르는 경우는 한 세기에 한 번 있을까 말까 한 일이다. 20대 국회에선 대통령이 지명한 헌법재판소장이 한 표차로 국회 동의를 얻지 못한 일도 있었다. 이런 묘미(妙

味)가 있어야 국회의원도 할 만한 것이고, 중간 지대에 있는 국회의원의 경우는 특히 그러하다. 21대 국회에선 의원이란 존재가 퇴락했는데, 제3당이 몰락했기 때문이기도 할 것이다.

4년 동안 황주홍, 장병완, 유성엽 의원, 그리고 박지원 대표와 함께 온갖 우여곡절을 겪었던 시간이 기억에 남는다. 2018년 지방선거 때는 황주홍 의원의 지역구인 강진군과 고흥군, 그리고 유성엽 의원의 지역구인 정읍시와 고창군에 출마한 민주평화당 군수 후보를 위해 지원 유세도 했는데, 고흥과 고창에서는 당선되는 보람도 있었다. 국회의원회관에서 내가 사용했던 의원실을 기준으로 왼쪽에는 유승민, 이혜훈 의원, 그리고 오른쪽에는 황주홍, 장병완 의원의 방이 있었다. 각자 사정은 다르지만 20대 국회를 마치고 모두 짐을 싸서 나오고 말았다.

우리나라 국회의원의 급여, 의원실 여건, 그리고 보좌진 규모는 세계적 수준이라고 해도 과언이 아니다. 그러나 거기에 상응하는 역할을 하고 있는지는 의문이다. 의원에게 배정된 소규모 정책연구비 예산도 잘만 쓰면 꽤 유용하게 사용할 수 있다. 나는 자연보호운동과 동물보호운동에 애쓰는 시민단체와 같이 토론회를 하고 함께 정책보고서를 내는 데 그런 예산 대부분을 지출했다. 4년 임기 동안 나를 도와 끝까지 함께 일한 민경일, 박성우, 이주호, 박용훈, 김이진, 김유나 보좌진에게도 감사의 뜻을 전하고자 한다.

시대를 걷다

초판 1쇄 발행 | 2021년 6월 3일

지은이 | 이상돈
발행인 | 승영란, 김태진
편집주간 | 김태정
마케팅 | 함송이
경영지원 | 이보혜
디자인 | 여상우
출력 | 블루엔
인쇄 | 다라니인쇄
제본 | 경문제책사
펴낸 곳 | 에디터
주소 | 서울특별시 마포구 만리재로 80 예담빌딩 6층
전화 | 02-753-2700, 2778   팩스 | 02-753-2779
출판등록 | 1991년 6월 18일 제313-1991-74호

값 20,000원
ISBN 978-89-6744-233-0 03340